Elijah Morgan

Achterbahn Weltwirtschaft

Irrwege oder Auswege

EDITION PJI

Elijah Morgan

Achterbahn Weltwirtschaft

Irrwege oder Auswege

God@Work
— GERMANY —

Impressum

Die Bibelzitate wurden, wenn nicht anders vermerkt, der Lutherbibel 1984 entnommen:

An den gekennzeichneten Stellen wurde aus folgenden Übersetzungen zitiert (www.bibleserver.com) oder ins Deutsche übertragen:

Die Maße der Stiftshütte, des salomonischen Tempels und ihrer Geräte in Kapitel 2 sind angegeben nach *Hoffnung für alle*.

Ergänzungen in Klammern sowie Hervorhebungen einzelner Wörter oder Passagen innerhalb von Bibelstellen wurden vom Autor vorgenommen.

Die Münze auf dem Umschlag wurde frei gestaltet.

in Koproduktion mit edition PJI, Agentur PJI UG, Adelberg

Übersetzung: Dr. theol. Rainer Behrens, Konstanz und Kreuzlingen; Gabriele Pässler, Görwihl

Lektorat: Gabriele Pässler, Görwihl; Frank H. Wilhelmi, Frankfurt am Main; ein Experte aus der Finanzwirtschaft

Layout, Cover und Publikation: Agentur PJI UG, Adelberg, www.agentur-pji.com

ISBN 978-3-944764-29-0

Inhalt

Stimmen zum Buch

Sind Sie bereit, Undenkbares zu denken? Wagen Sie, über den Tellerrand hinauszuschauen? Falls Ja: Könnte es sein, dass die Bibel vielleicht die Ursachen von Wirtschaftskrisen erklären kann – und sogar weiß, wie man ihnen vorbeugt? Hat die Bibel irgendetwas zu sagen zu Preissteigerungen und warum es die geben sollte? Das sind ungewohnte Fragen, und Dr. Morgan war mutig genug, sie zu stellen. Ob Sie seinen Ausführungen und Schlussfolgerungen zustimmen oder nicht: Dies ist eines der Bücher, die Sie dieses Jahr lesen sollten.

Prabhu Guptara
Vorstandsmitglied, Berater, Vorsitzender des Relational Thinking Network (Cambridge);
Vorstandsmitglied des Instituts für Betriebswirtschaft an der Universität St. Gallen;
Distinguished Professor für Global Business, Management and Public Policy
der William Carey University (Indien)

Elijah Morgans Buch ist höchst informativ, der Stil packend, der Inhalt akademisch. Durch seine großartigen Recherchen – und wie er die Zahlen und Fakten verarbeitet – bietet er einen tiefen Einblick in die momentane Lage sowie provozierende Gedanken über Zukunftstrends und bevorstehende Entwicklungen. – Dieses Buch muss man gelesen haben!

René Meier
Beiratsvorsitzender der Entrepreneur & Retcom Group AG

Dr. Elijah Morgan kenne ich seit 1997. Ich erinnere mich lebhaft, wie er mit mir über die unvermeidlich kommende weltweite Wirtschaftskatastrophe sprach. Er warnte mich davor, diesen Zug zu besteigen, der, von Furcht und Gier getrieben, schon damals eine unheimliche Geschwindigkeit hatte.

Inzwischen leben wir in einer Zeit, in der die Ausgaben völlig entglitten sind: Jeder will alles sofort haben und nicht mehr warten müssen. Man nimmt einen Kredit um den anderen auf, ohne dass man ihn zurückzahlen könnte, und so häuft sich ein unbezwingbarer Schuldenberg an. Ein Zusammenbruch der

Wirtschaft steht unumgänglich bevor, bei dieser hemmungslosen Neuverschuldung ohne eine solide Grundlage, die die Währung stützen könnte. Die „Achterbahn Weltwirtschaft" hat alle Sicherungsvorrichtungen durchbrochen – der endgültige Kollaps ist fast sicher.

Das Traurigste daran: Oft scheint die christliche Gemeinde, die Kirche, das gutzuheißen, sie ist eine Art Zugbegleiter – um mehr Angebote machen zu können und größere Gemeindehäuser zu bauen, haben wir nachgegeben, es der Welt gleichgetan und die Regeln der Bibel verlassen. Und wie die Kirche, so das Volk: Es wird immer der zum Leiter gewählt, der die Allgemeinheit am besten zu vertreten scheint. Zerfall, sei es einer der Werte oder der geistliche oder der finanzielle, beginnt in der Gemeinde; was im Volk Gottes hinter verschlossenen Türen geschieht, ist bald schon bei den Ungläubigen im Land zu sehen: Wo die Gemeinde starr und kontrollierend ist, sind es auch die Spitzenpolitiker, und wenn die Kirche in der Krise steckt, passiert das dem ganzen Land.

Die Prinzipien des Reiches Gottes unterscheiden sich drastisch von den Systemen, in denen die Welt sich bewegt. Leider haben viele im Volk Gottes die Systeme der Welt übernommen – und damit können sie nicht mehr in dem Segen leben, den Gott ursprünglich für die Menschheit vorgesehen hat.

Wenn Gott in einem Land etwas tun will, verändert er zuerst Herz und Leben derer, die zu seiner Gemeinde gehören. Nur wenn die Kirche gereinigt ist von ihrer Verweltlichung und von materialistischer Gesinnung, kann sie für ihr Land wieder Salz und Licht sein und wahrer Wegbereiter der Reform.

Dieses Buch ist Pflichtlektüre, wenn wir, das Volk Gottes, wirklich ernsthaft unserem Auftrag gerecht werden wollen und herrschen und regieren – und genau dazu hat Gott uns geschaffen.

Eugene Strite
Autor, Geschäftsmann,
Coach und Unternehmensberater

Bei Dr. Elijah Morgan findet sich die seltene Verbindung von scharfem Intellekt, prophetischer Sicht und Mut. In diesem Buch kommt diese Kombination voll zur Geltung.

Der Wirtschaftsexperte aus Südafrika lebt und arbeitet in Deutschland und der Schweiz und hat eine beachtliche Reihe respektabler Klienten beraten; wegen seiner Weisheit und Einsicht ist er hoch geschätzt. Als Prophet sieht er hinter die Fakten. Er hat ein tiefes Verständnis der ewigen Wahrheiten, die den Gang der Ereignisse stützen und prägen. Natürlich trägt zu seiner weiten Sicht auch seine breite Erfahrung bei; und dass er sich in der Bibel ebenso gut auskennt wie in Geschichte und Wirtschaft, gibt ihm eine besondere Autorität, Erkenntnis zu vermitteln.

Schon als junger Mann im Apartheid-Staat Südafrika bewies er Mut und die Entschlossenheit, der Wahrheit und seinen eigenen Überzeugungen zu folgen. In einer Zeit zunehmender Unsicherheit verbreitet er Klarheit und Einsicht. Als enger Freund und Mitstreiter habe ich in Afrika, Europa und hier in den USA vielfach mit ihm zusammengearbeitet. Dr. Elijah Morgan ist einer dieser Gottesdiener, deren Zeit nach sorgfältiger Vorbereitung jetzt gekommen ist.

Dr. jur. Sam Soleyn, Alburqueque (New Mexico, USA)
Autor von „My Father! My Father!" u. a.

Es ist allgemein unbestritten, dass die Regierungen dieser Welt im Großen und Ganzen nicht nur versagt, sondern die Menschheit in eine abgrundtiefe Krise gestürzt haben. Trotz des enormen intellektuellen Fortschritts scheint es keine vernünftige Lösung zu geben, die uns herausführen könnte aus dem Sumpf, in dem wir stecken. In solch schrecklichen Zeiten stehen prophetische Stimmen auf und werfen Licht auf die Grundursache unserer Probleme – und sie zeigen den Ausweg.

Eine dieser prophetischen Stimmen ist Elijah Morgan, er ist mit Adleraugen gesegnet. Seine reiche Erfahrung in der Wirtschaftswelt, gepaart mit dem Dienst als anerkannter Prophet, befähigt ihn zur Analyse, Evaluation und Interpretation nicht nur des Verhaltens des Menschen, sondern auch der Politik der Regierungen sowie der Trends in der Gemeinde. Seine Untersuchung der Geschichte des Geldes und geistlicher Grundsätze zeigt überdeutlich: Unser gegenwärtiges Dilemma rührt daher, dass die Menschheit althergebrachte Normen über Bord geworfen hat.

Dieses Buch ist eine Auseinandersetzung mit den komplexen Zusammenhängen der Weltwirtschaft und ihrem Abweichen von den Normen der Bibel. Elijah vergleicht die Finanzkrisen mit dem geistlichen Niedergang der weltweiten Christenheit. Und natürlich ruft er zur Rückkehr zu den unveränderlichen Prinzipien Gottes, zur Herrlichkeit Gottes. Die Bibel unterstreicht: Immer, wenn Gottes Herrlichkeit wiederhergestellt ist, folgt die Heilung der Weltwirtschaft auf Grundlage des Silber- und Goldstandards auf dem Fuß.

Thamo Naidoo
Leitender Ältester bei Gate Ministries Sandton
Johannesburg (Südafrika)

In dieser andauernden Wirtschaftskrise sucht die Welt verzweifelt nach Lösungen – ähnlich wie in den Tagen des Propheten Daniel, als die Weisen der Chaldäer versuchten, den Traum des Königs zu deuten.

Elijah Morgan zeigt: Eine Hauptursache für die Krise ist, dass der Goldstandard für Währungen aufgegeben wurde, was eine schrankenlose Schuldenkultur ohne Haushaltsdisziplin nach sich gezogen hat. Parallel dazu hat das Verwerfen gewichtiger und solider ethischer Werte der Gesellschaft ihren Tribut abverlangt: Hauptsache Flexibilität, Arbeitnehmer müssen bei Tag und Nacht Überstunden machen, Kinder müssen auf ihre Eltern verzichten, das Ehrenamt verwaist und immer mehr leiden an Erschöpfungsdepression.

Einzelmaßnahmen zur Stützung der Wirtschaft greifen zu kurz, wir brauchen einen fundamentalen Wandel. Von den Prinzipien der nachhaltigen Wirtschaft im alten Israel leitet Dr. Morgan einen ermutigenden Aufruf ab, wieder bescheiden zu werden und Familie und Kleinunternehmen aufzuwerten zu Kern und Vorbild für Gemeinde, Wirtschaft und Gesellschaft. Die Lösung liegt nicht in tausend neuen Regeln, sondern in echter Herzensveränderung: Wir brauchen eine neue Gesinnung! Wie kann man das Menschenherz verändern? Nicht durch religiöse Maßnahmen, sondern nur, indem wir Gottes Angesicht suchen, zu unserem Versagen stehen und verantwortungsbewusst handeln.

Sandra Latour
Rechtsanwältin für Finanz- und Kapitalmarktrecht

Dank

SOLI DEO GLORIA

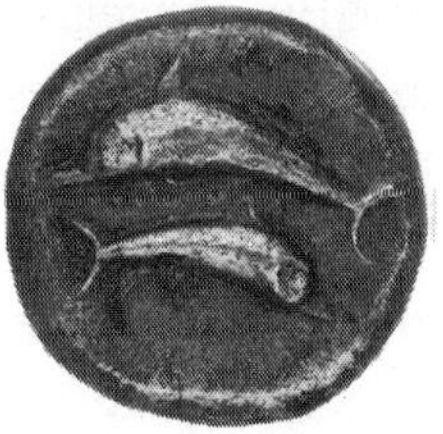

Aber was ich jetzt bin, das bin ich durch Gottes Gnade.
Die Gnade, die er mir gegeben hat, war keine unfruchtbare Gabe.
Ich habe schwerer gearbeitet als die anderen – aber das war
nicht ich, sondern genau diese Gnade Gottes in mir.

Paulus von Tarsus (1.Korinther 15,10; Phillips)

Zu Ehren meines liebenden Vaters Jack Govender und meiner lieben Mutter Meenambah: Als liebevolle Eltern haben sie aufopferungsvoll in mein Leben investiert. Sie haben in mir ein starkes geistliches Fundament gelegt; das gab mir die Fähigkeit und Ausdauer zu wachsen, zu leben und jeden Sturm zu überwinden. Sie sind mir sehr zum Segen geworden.

Zu Ehren von Stephanie Morgan-Wolf, meiner wunderbaren, liebenswürdigen und liebenden Ehefrau, und meinen drei Kindern Jasmin Christina, Simon Nicholas mit seiner Ehefrau Dr. Nirvana Morgan und meiner hinreißenden Enkelin Ariana sowie meiner jüngsten Tochter Melinda Marie: Ohne ihre Liebe, Unterstützung und nachsichtigen Herzen wäre ich nicht da, wo ich heute stehe. Den ganzen Erfolg und den Segen, den ich genießen darf, danke ich ihnen.

Dieses Buch hätte ich nicht schreiben können ohne die Hilfe von wunderbaren Menschen um mich herum; es ist verständlich, dass ich hier nur einige davon ausdrücklich nennen kann:

- Elsbeth und Willi Rutishauser, Roland und Manuela Karrer: Danke für eure Treue und Liebe zu mir. Vom ersten Tag an habt ihr mir zur Seite gestanden.
- Thomas und Marianne Trachsel: Ihr seid warmherzig und großzügig – und ausgezeichnete Ratgeber!
- Dr. Pascal und Elizabeth Girod: Freunde, treu wie Gold!
- Meinen lieben Freund Professor Prabhu Guptara, der mich zum Schreiben aufgefordert hat: ein Mann, in dem neben einem riesigen Fundus von Wissen und Weisheit eine große Bereitschaft ist, dies alles mitzuteilen. Ein Vorbild, ein Mentor, ein Motivator. Ich schätze deine Anregungen, deine Einsicht und Hilfe von ganzem Herzen.
- Danke auch an Gabriele Pässler, meiner Lektorin und Übersetzerin, für ihren Einsatz für die deutsche Ausgabe.

Zum Abschluss Hans Jürgen und Katharina Brozio, Leiter von God@Work – Germany e.V.: Ich schätze euch sehr. Ihr wart eine starke Quelle der Inspiration, Motivation und tatkräftigen Hilfe.

Vorwort

Würden Sie jemandem Geld leihen, der

- sein Geld mit beiden Händen zum Fenster hinauswirft?
- nicht daran denkt, Ihnen Ihr Geld zurückzuzahlen?
- vorhat, einen Teil Ihres Geldes für Waffen auszugeben, damit er etwas in der Hand hat, wenn Sie Ihr Geld mit Zinsen zurückfordern?

Bis Oktober 2013 widersetzten sich die meisten Republikaner dem Ersuchen von Präsident Obama, Amerikas Schuldengrenze anzuheben. Die größte Volkswirtschaft der Welt muss sich von Ihnen Geld leihen, weil sie nicht in der Lage ist, ihre Angestellten zu bezahlen. Wenn die USA sich nicht mehr Geld leiht, kann sie keine Zinsen bezahlen, und der Staatenbund hat rund 17 Billionen Dollar Schulden.

Die Republikaner widerstanden Obamas Gesundheitsreform unter anderem deshalb, weil diese die Staatsverschuldung vergrößern wird. Der „prinzipielle" Widerstand führte zum Verwaltungsstillstand – ein Teil der Bundesbehörden musste vom 1.–16. Oktober 2013 die Arbeit einstellen. Rund 800 000 Angestellte, die „nicht lebensnotwendige" Dienste versehen, mussten entlassen werden. Als die öffentliche Meinung sich immer stärker gegen die Republikaner wandte, gaben sie ihre Prinzipien auf. Die USA können sich nun so lange Geld leihen, wie es Leute gibt, die bereit sind, ihnen welches zu borgen.

Aber was passiert, wenn die Welt aufhört, das benötigte Geld zu verleihen, und Rückzahlung verlangt?

Nun, die Schulden des Bundes sind nicht das einzige Problem. Am 18. Juli 2013 ging Detroit, die viertgrößte Stadt Amerikas, bankrott: die Stadt hat über 18 Mrd. Dollar Schulden und kann sie nicht zurückzahlen. Warum nicht? Ein Grund ist die Autoindustrie, die ums Überleben kämpft. Ein tieferes Problem besteht darin, dass in Detroit 70 % der Kinder in Familien mit nur einem Elternteil aufwachsen. Im Allgemeinen erhalten unvollständige Familien mehr Unterstützung, als sie Steuern bezahlen. Alleinerziehenden fällt es auch schwer, ihre Kinder zurechtzuweisen. Kinder, die nicht diszipliniert werden, bringen es aber nur selten zu Wohlstand; nur zu häufig tappen sie in die Falle von Gangs,

Gewalt, Drogen, Sex und unehelicher Schwangerschaft. Die 30 % Familien, die Steuern zahlen, in denen beide Eltern arbeiten und dafür sorgen, dass ihre Kinder gesichert und sorglos aufwachsen, sind weggezogen in ruhigere Gegenden. Ihre Abwanderung bedeutet einen weiteren Verlust an Steuereinnahmen.

Die Stadt ist nicht mehr in der Lage, ihren pensionierten Lehrern, Polizisten und Feuerwehrleuten das zu bezahlen, was ihnen zusteht. Wenn die Gerichte Detroit erlauben, sagen wir mal, nur 60 % dessen zu zahlen, was es zahlen müsste, dann werden viele weitere Städte ebenfalls den Bankrott erklären. Senioren, die auf ihre Rente angewiesen sind, werden sich vieles Lebensnotwendige nicht mehr leisten können. Einige könnten gar Selbstmord begehen.

Es ist ganz klar: Amerikas Krise ist sozialer, moralischer und geistlicher Art. Amerikas intellektuelle Elite hat das Land verführt zu dem Glauben, ihre (durchaus vernünftige) Lehre von der Trennung von Kirche und Staat könne ausgeweitet werden auf die Trennung von Bildung und Ethik, Sexualität und Heiligung, Wirtschaft und Moral.

In diesem Buch nimmt Dr. Elijah Morgan uns mit auf eine historische und intellektuelle Reise, auf der er erkundet, wie Amerika die geistlichen Grundlagen seines erstaunlichen wirtschaftlichen Erfolges zerstört hat.

Angenommen, Sie besäßen fünf Milliarden Dollar und wollten fünf weitere dazugewinnen: Ist das Gier oder gesunder Ehrgeiz? Der Kapitalismus entstand schon ein Jahrhundert vor Adam Smith, nämlich als John Lilburn das Gleichnis Jesu von den anvertrauten Pfunden auslegte. Unter Berufung auf die Autorität Christi lehrte Lilburn, es sei gut, Kapital einzusetzen, um mehr Kapital zu erhalten, aus fünf Pfunden zehn zu machen. Dies sei etwas Gottgefälliges, denn das Gebot „Du sollst nicht begehren“ bedeute: Du musst etwas erschaffen – du musst werden wie der Schöpfer.

Was ist der Unterschied zwischen Gier und Ehrgeiz? Beides liefert die Energie, die Sie in die Lage versetzt, aus fünf Milliarden zehn zu machen. Energie ist wie ein reißender Strom. Wenn Sie Dämme bauen, um ihn zu kontrollieren, können Sie das Wasser auf Turbinen lenken und so elektrischen Strom erzeugen. Aber wenn Sie die Dämme einreißen, wird dieselbe Energie die Stadt überfluten und zerstören.

Ehrgeiz ist kontrollierte Energie. Um aus fünf Milliarden zehn zu machen, arbeitet Ihr Konkurrent vielleicht sieben Tage pro Woche; Sie aber gehorchen Gottes Gesetz und arbeiten deshalb nur sechs Tage in der Woche. Ihr Konkurrent lügt vielleicht, wenn er seine Waren und Dienstleistungen anpreist; für Sie aber kommt irreführende Werbung nicht in Frage, und Sie können die Waren und Dienste Ihres Konkurrenten auch nicht schlechtmachen, denn Sie gehorchen dem Gebot „Du sollst kein falsch Zeugnis geben". Ihr Konkurrent gebraucht vielleicht falsches Gewicht oder schlechtes Material oder er schlampt bei der Verarbeitung; Sie aber müssen dem Gebot gehorchen: „Du sollst nicht stehlen." Ihr Konkurrent schwört vielleicht bei Gott und manipuliert damit seine Investoren, Geschäftspartner, Arbeiter, Zulieferer, Einzelhändler, Klienten und Kunden; Sie aber gehorchen dem Gebot „Du sollst den Namen des Herrn nicht missbrauchen", und dabei ist Ihnen klar, dass dieses Gebot Integrität verlangt, sowohl in Ihrem Herzen als auch in Ihren Worten und Taten. Ihr Konkurrent gibt sein Geld vielleicht für Gespielinnen aus; Sie aber machen Ihre Familie stark, denn Sie befolgen das Gebot „Du sollst nicht begehren deines Nächsten Weib", und lieben Ihre eigene Frau.

Die Unterwerfung der Neigungen unseres sündigen Wesens unter übernatürliche Gebote – das war das Erfolgsgeheimnis des Kapitalismus. Die Säkularisierung des Kapitalismus hat die Dämme zerstört, die Amerikas kreative Energie kanalisierten. Gordon Gekkos Spruch „Gier ist gut" in Oliver Stones Film „Wall Street" zeigt: Die Vernunft der Welt, die Vernunft ohne Gott, ist nicht mehr fähig, Ehrgeiz und Gier zu unterscheiden.

Die Missachtung von Gottes Gebot „Du sollst nicht begehren [sondern erschaffen]" hat den amerikanischen Dollar, die Leitwährung der Welt, nicht etwa auf ein wertloses Stück Papier reduziert, sondern ihn zur gefährlichsten Sache der Welt gemacht. Sich etwas zu leihen, wenn man weiß, dass man es nicht zurückzahlen kann, das ist mehr als gewissenlos.

Kann die Kreativität Amerikas nicht ein fliegendes Auto patentieren lassen, das GPS-gesteuert ist und dessen Autopilot von Supercomputern unterstützt wird? Können Amerikaner nicht die Billionen erwirtschaften, die sie zur Schuldentilgung brauchen? Doch, das können sie. Aber warum sollten brillante Erfinder ihre Billionen Onkel Sam überlassen, der das Geld mit beiden Händen zum Fenster hinauswirft? Warum sollten sie ihr Geld nicht in Steueroasen deponieren?

Die Amerikaner zahlten ihre Steuern, und zwar wegen des Apostels Paulus: Er lehrte, alle Obrigkeit sei von Gott eingesetzt; daher müsse man aus Gewissensgründen Steuern bezahlen (Römer 13,1–7). Aber welche öffentliche Schule oder Universität lehrt heute noch die Bibel? Und „Gewissen" – was ist das überhaupt? Ist es nicht nur kulturell konditionierte Chemie? Warum sollte ich mich bestimmen lassen von der Vorstellung meines Großvaters, dass es sich einfach *gehört*, dass man seine Steuern zahlt, auch wenn die Politiker korrupt sind?

Wo führt uns der säkulare Kapitalismus also hin? James Camerons Film „Avatar" war prophetisch: Ein von Gier und Arbeitslosigkeit getriebener Kapitalismus wird Amerika zum größten Terrorstaat der Welt machen. Die größte Bedrohung des 21. Jahrhunderts kommt nicht aus islamischen, orthodoxen oder katholischen Ländern, denn diese Weltanschauungen bringen keine „großen Nationen" hervor. Schauen wir nach Deutschland: Deutschland war die erste protestantische Nation der Welt. Laut Max Weber hatte der Glaube es so stark gemacht; doch Deutschland wurde zum Erzschurken des 20. Jahrhunderts – warum? Das Land hatte seine geistlichen Grundlagen verworfen.

Die USA waren die protestantischste und stärkste Nation der Welt. Das säkulare Amerika ist nun zur größten Gefahr der Welt geworden, denn weder die Demokraten noch die säkularen Republikaner haben irgendwie vor, die Schulden zurückzuzahlen, die sie weiterhin anhäufen. Sie werden Ihre Darlehen dafür nutzen, um sich zu bewaffnen für den Tag, an dem Sie Ihr Geld zurückfordern.

Nachdem der Kapitalismus säkularisiert, also Gott-los geworden ist, muss sich die Welt gefasst machen auf einen weiteren Weltkrieg, und der wird sehr viel zerstörerischer sein als seine Vorgänger – oder Sie können Dr. Morgan lesen und mithelfen, die Weltwirtschaft und die Nationen wieder zur Vernunft zu bringen.

Vishal Mangalwadi, LL.D.

Autor von *Das Buch der Mitte. Wie wir wurden, was wir sind: Die Bibel als Herzstück der westlichen Kultur*
und *Die Seele des Westens – Wie Europa schöpferisch bleibt: Die Bibel als Brücke zwischen Wahrheit und Toleranz*,
Honorarprofessor für angewandte Theologie, Gospel and Plough Faculty of Theology am Sam Higginbottom Insitute of Agriculture, Technology and Science, Allahabad (Indien)

Einleitung:

Die Neuauflage des Römischen Reiches

Quis custodiet ipso custodes?
(„Aber wer bewacht die Bewacher?")

Juvenal, römischer Dichter

Es ist eine Zeit großer ziviler und sozialer Unruhe. Eine arbeitsfähige Regierung gibt es praktisch nicht mehr. Parteipolitik, Interessengruppen und das Gerangel von Legislative und Exekutive haben zum Reformstau geführt, den Fortschritt zum Stillstand gebracht. In der Politik ist Korruption gang und gäbe; Ämter und Wählerstimmen werden an den Meistbietenden verkauft. Die reiche Elite, ohnehin schon klein genug, nimmt weiter ab und wird dabei reicher; die Armen werden immer zahlreicher – und ärmer. Ständiger Krieg, hohe Ausgaben für das Militär und ausufernde Soziallasten zur Aufrechterhaltung eines stets dichter werdenden sozialen Netzes: diese dreifache Last hat die ohnehin schwache Wirtschaft an den Rand des Ruins gebracht. Über zwei Drittel aller Staatsgelder gehen in Rüstungs- und Sozialausgaben. So kann es nicht mehr lange weitergehen! Staatsinsolvenz, einst unvorstellbar, ist jetzt alarmierende Wirklichkeit.

Die Arbeitslosigkeit ist extrem hoch, nicht zuletzt aufgrund der ausufernden Staatsausgaben sowie der schlecht durchdachten und kurzsichtigen Wirtschaftspolitik, die Jobs vernichtet und ein Umfeld geschaffen hat, das der

Entstehung neuer Arbeitsplätze nicht förderlich ist: Schrankenloser Handel und die Verlagerung vieler Arbeitsschritte in Regionen mit niedrigen Lohnkosten machen den Arbeitern schwer zu schaffen; viele Firmen gehen pleite und das führt zu weiterem, massivem Arbeitsplatzverlust. In den Städten schwillt die Zahl der neuen und dauerhaft Mittellosen an, und die verlangen immer mehr Arbeitslosengeld. Demonstrationen und Randale auf den Straßen sind zum Alltag geworden; damit zeigen die Bürger ihren Unmut über Steuererhöhungen, Arbeitslosigkeit und die zunehmende Ungleichheit zwischen Arm und Reich. Die meisten Reichen berührt all das nicht (außer dass sie dabei reicher werden), aber der Lebensstandard der Mittel- und Unterschicht ist durch die Inflation gesunken; hinzu kommt die Abwertung der Währung, die die Kaufkraft noch weiter schmälert.

Die moralischen Standards sind im freien Fall begriffen. Sexuelle Freizügigkeit und Perversionen, über die man einst nur flüsterte und die hinter verschlossenen Türen begangen wurden, stellt man jetzt landauf, landab stolz und schamlos öffentlich dar. Die Frömmigkeit dagegen ist auf einem Tiefstand: Immer mehr sind der traditionellen Glaubensrichtungen überdrüssig, und die Religiösen geben sich weithin zufrieden mit lauen Ritualen und glaubensloser Liturgie. Der Niedergang ethischer Normen und Werte folgt der Abwärtsspirale der moralischen und geistlichen Standards auf dem Fuß: Das Menschenleben im Allgemeinen steht nicht mehr hoch im Kurs, besonders das Leben der Ungeborenen, Älteren und Behinderten – kurzum, all derer, die der Gesellschaft keinen „Nutzen" bringen.

Allgemein herrscht ein Gefühl der Hoffnungslosigkeit. Hoffnungslosigkeit macht gleichgültig gegenüber dem Status quo, aus Gleichgültigkeit wird Verzweiflung und Verzweiflung bringt Unruhe und Gewalt hervor. Weltuntergangs-Propheten haben Hochkonjunktur. Sie predigen, dass das Ende nahe ist; und tatsächlich befürchten viele Menschen in jeder Gesellschaftsschicht, dass ihre Kultur, ihre Lebensweise und in der Tat ihr gesamte Welt am Rande der Zerstörung stehen.

Hört sich an wie unsere Welt im 21. Jahrhundert, nicht wahr? Tatsächlich gibt es viele Parallelen zu unserer eigenen Zeit: doch das meiste von dem, was ich gerade geschildert habe, trifft zu auf die Verhältnisse im Römischen Reich und besonders in seiner Hauptstadt Rom – vor 1700 Jahren, im ersten Viertel des 4. Jahrhunderts. Im Jahre 293 n. Chr. hatte Kaiser Diokletian eine Tetrarchie eingerichtet mit dem Ziel, nach 50 Jahren Bürgerkrieg und Aufruhr von innen und außen das Reich wieder zu stabilisieren. Die Macht wurde auf vier Einzelpersonen aufgeteilt: zwei im westlichen Teil des Reiches, zwei im Osten. Interne Konkurrenzkämpfe und Ehrgeiz ließen dieses System allerdings nie so richtig funktionieren. Die Mächtigen kamen und gingen, einige gingen im Einvernehmen, andere durch Attentate, noch andere wurden militärisch besiegt. Im Jahre 312 n. Chr. waren nur noch vier Personen übriggeblieben: Konstantin I. (später bekannt als Konstantin der Große) und Maxentius im Westen, Licinius und Maximinus im Osten. Die Spannungen blieben bestehen, und im Oktober 312 besiegte Konstantin den Maxentius in der Schlacht an der Milvischen Brücke außerhalb Roms und wurde damit zum Alleinherrscher der westlichen Hälfte des Reichs. Licinius tat es ihm gleich und besiegte Maximinus; damit war er Alleinherrscher im Osten. Auch die beiden neuen Kaiser hatten ein gespanntes Verhältnis; im Jahr 324 schließlich besiegte Konstantin den Licinius in einer Schlacht und wurde zum Alleinherrscher des Römischen Reiches.

Als Konstantin den Thron bestieg als unumstrittener Herrscher des mächtigsten Reiches, das die Welt je gesehen hatte, befand sich dieses Reich bereits im Niedergang. Wohl sollten noch über anderthalb Jahrhunderte ins Land gehen bis zum endgültigen Fall Roms im Jahre 476, doch seine Herrlichkeit war bereits im Sinken begriffen, als Konstantin ans Ruder kam. Der Schwerpunkt der Macht hatte sich schon vorher von Rom weg verlagert; in der Tetrarchie herrschte jeder Tetrarch von seiner eigenen Hauptstadt aus, und Rom gehörte nicht dazu; Reichshauptstadt war es nur noch auf dem Papier. Im Jahre 324, kurz nach dem Sieg über Licinius, gründete Konstantin eine neue Hauptstadt im Ostteil des Reiches auf dem Gebiet einer bereits bestehenden Stadt namens Byzanz und nannte sie Konstantinopel, Stadt des Konstantin. Sie lag an einer strategisch wichtigen Stelle am Bosporus, der Verbindung von Schwarzem Meer über die Dardanellen mit der Ägäis und dem Mittelmeer. Von dieser Stadt aus beherrschten Konstantin und seine Nachfolger das Reich über ein Jahrtausend lang.

Als Rom 476 n. Chr. erobert wurde, fiel mit der Stadt nur die Westhälfte des Reiches. Die Osthälfte, die von Konstantinopel aus regiert wurde, bekannt als

„Ostrom" oder Byzantinisches Reich, fiel 1453 an das muslimische Reich der Osmanen. Die Stadt existiert bis heute: Istanbul in der Türkei.

Über die Gründe für den Niedergang und Fall des Römischen Reiches ist viel geschrieben worden. Der Vergleich der Verhältnisse im Reich während seines Niedergangs mit den Verhältnissen im heutigen Westen ist ebenfalls nichts Neues. Es gibt also keinen Grund, dieses Thema nochmals aufzugreifen. Der einzige Vergleich, den ich ins Blickfeld rücken will, hat direkt mit dem Thema dieses Buches zu tun: die Ähnlichkeit der wirtschaftlichen Verhältnisse Roms zur Zeit Konstantins mit der Weltwirtschaftslage im Jahr 2014, insbesondere im Westen.

Zur Zeit Konstantins war die Wirtschaft des Reichs aufs Äußerste angespannt. Dafür gab es im Grunde zwei Faktoren: Zunächst waren da die enormen Kosten für Aufbau, Ausbildung und Unterhalt der römischen Heere. Diese Armee musste groß genug sein, um auch die entlegensten Provinzen des Reiches zu verteidigen: von Nordafrika im Süden bis Schottland im Norden und von Großbritannien im Westen bis zur Ukraine im Osten – im Grunde ein Ding der Unmöglichkeit. Der Versuch, das dennoch zu stemmen, belastete die Staatskasse sehr. Zweitens: Sklaven waren so wohlfeil, dass der Durchschnitts-Arbeiter keine Arbeit mehr bekam. Die Arbeiter schoben Langeweile, wurden aufmüpfig und lebten von den Zuwendungen des Staates; auch das war eine hohe Belastung der Staatsfinanzen. Doch damit nicht genug: Roms Politik des schrankenlosen Handels raubte den römischen Bürgern der Arbeiterklasse die Konkurrenzfähigkeit gegenüber der Importware; ihre Produkte wurden subventioniert, um den Preisunterschied wettzumachen. Ein Großteil des Goldes floss zum Reich hinaus, ausgegeben für den Luxus der Reichen. Das Ergebnis: Es mangelte an Gold für die Münzen, was zu einem katastrophalen Währungsverfall führte. Das Geld wurde so knapp, dass viele sich in Tauschhandel flüchten mussten, um zu bekommen, was sie brauchten.

Die Weltwirtschaft des 21. Jahrhunderts steht vor ähnlichen Herausforderungen. Die letzten Jahre brachten ernsthafte Wirtschaftskrisen in Spanien, Irland und besonders Griechenland, wo unter anderem die hohe Staatsverschuldung zum Zusammenbruch der Volkswirtschaft führte, was eine Rettungsaktion anderer Mitgliedsstaaten der Europäischen Union notwendig machte. Auch die

EU selber steckt in Schwierigkeiten, insbesondere was die Solvenz des Euro angeht – was einige Analysten dazu führt, zu hinterfragen, ob der Euro als Währung Bestand hat.

In den USA haben die enormen Militärbudgets anlässlich der letzten beiden Kriege (Afghanistan, Irak) sowie noch höhere Staatsausgaben für den Schuldendienst die Volkswirtschaft stark unter Druck gesetzt. Man füge hinzu: den Zusammenbruch des Wohnungsmarkts, hohe Arbeitslosigkeit, steigende Preise, 15 Billionen Dollar Staatsschulden (die führten im Sommer 2011 zur erstmaligen Herabstufung der nationalen Bonitätsbewertung) – und man steht vor einer Wirtschaftskrise, ja, einer Katastrophe.

Besonders im Westen kommt eine zweite „Wirtschaftskrise" hinzu; die hat mit Geld allerdings nichts zu tun. Sie ist auch nicht so bekannt (oder erkannt worden) wie die erste, doch in vielerlei Hinsicht ist sie sogar noch wichtiger. Ich meine die spirituelle „Wirtschaftslage" der christlichen Kirche. Diese „Wirtschaftskrise" der Kirche ist nichts Neues; sie geht zurück auf die Zeit Konstantins vor 1700 Jahren; damals fand in der Struktur, in der Ausrichtung und dem Status der Kirche eine fundamentale Verschiebung statt. Konstantin war direkt daran beteiligt.

Dieses Buch handelt von zwei übergreifenden Wirtschaftssystemen und davon, wie sie einander beeinflussen. Das erste System ist die Weltwirtschaft mit all ihren Auswirkungen: Gelderzeugung, Währungsstandards, Handelsregeln, Verschuldung, das Gesetz von Angebot und Nachfrage, Kampf von Arm gegen Reich sowie der Unter- und Mittelschicht gegen die Elite, dazu gehören auch Philosophien zu Herrschaftsformen und schließlich die Rolle des Staates im Wirtschaftsleben eines Landes. Das zweite System, von dem dieses Buch handelt, ist die Wirtschaft des Reiches Gottes und damit auch der Kirche Jesu Christi.

Die Wirtschaft des Reiches Gottes arbeitet nach Prinzipien, die den Prinzipien der Weltwirtschaft diametral entgegengesetzt sind. Beide Wirtschaften wirken aufeinander ein; doch die Geschichte zeigt: Die Weltwirtschaft hat die Kirche viel stärker geprägt als die Kirche die Weltwirtschaft. Im Großen und Ganzen ähnelt die Kirche heute in ihren Haltungen, Annahmen, Philosophien und Methoden der Weltwirtschaft in einem viel höheren Maße, als die Weltwirtschaft der Kirche ähnelt.

Die stabilen Wirtschaftssysteme früherer Zeiten beruhten auf einem zuverlässigen Wertestandard; üblicherweise diente ein Edelmetall – Gold oder Silber – als Tauschmittel für Geldschöpfung und Handelsverkehr. Aufgrund seiner Knappheit, die es wertvoll macht, war Gold jahrtausendelang als Standard besonders beliebt; ebenso aufgrund der Tatsache, dass Gold nicht altert und daher wertbeständig ist. Gold ist ein Metall von besonders hoher Dichte und Schwere. Eine Währung, die durch Gold abgesichert ist, ist deshalb stark, stabil und zuverlässig, weil sie auf einem „gewichtigen" Standard beruht, der ihren Wert erhält. Solch ein Standard dient auch als Kontrollmechanismus, wenn Geld gedruckt wird.

In den letzten Jahrzehnten hat die Weltwirtschaft unter der Führung der USA den Goldstandard fallengelassen und ihn ersetzt durch ein System, das keinerlei echten Wert zur Absicherung hat, ein System, das auf etwas beruht, das Ökonomen „Fiatgeld" nennen (Papiergeld ohne Deckung). Das hat zur Folge, dass wir heute nicht mehr eine Volkswirtschaft haben, die durch einen soliden, gewichtigen Goldstandard abgesichert ist, sondern eine Weltwirtschaft, die auf illusorischem Geld beruht; solches Geld hat an und für sich keinen intrinsischen Wert. Die auf Schulden gegründete Weltwirtschaft hat uns im Lauf des letzten halben Jahrhunderts in einen Sumpf getrieben – und all unsere Bemühungen, unsere Wirtschaftsprobleme zu lösen durch die Produktion von mehr wertlosem Geld, sind so absurd wie der Versuch des Abenteurers Baron Münchhausen, der sich am eigenen Schopf aus dem Sumpf ziehen wollte. „Sich am eigenen Schopf aus dem Sumpf ziehen", so nennt man den verzweifelten Versuch, etwas zu tun, was leider völlig unmöglich ist. Unsere Münchhausen-Versuche, unsere Wirtschaftsprobleme zu lösen mit genau den Ansätzen, die uns überhaupt erst in den Sumpf gebracht haben, haben die Weltwirtschaft an den Rand des Zusammenbruchs geführt. Das ist der wahre Grund, warum sie zur Achterbahn geworden ist, die, ins Schlingern geraten, zu entgleisen droht.

Die Wirtschaftskrise in der christlichen Kirche ist dem insofern ähnlich, als die konstantinischen Reformen kaum merklich und tückisch begannen, den ursprünglichen „Goldstandard" der Kirche zu unterhöhlen, bis er letztlich komplett fallengelassen wurde; an seine Stelle trat eine Mischung aus Christentum, Politik, Reichtum und heidnischen Vorstellungen. Die Kirche tauschte ihr wahres und herrliches geistliches Gold gegen eine christliche Institution ohne Substanz.

Konstantin gilt als der erste christliche Kaiser des Römischen Reiches. Historiker und Theologen diskutieren über Grad und Echtheit seiner Bekehrung; doch besteht kein Zweifel: Konstantin war der erste Kaiser, der der Kirche und dem christlichen Glauben offiziell Wohlwollen entgegenbrachte. In den ersten drei Jahrhunderten ihrer Existenz hatte die Kirche vonseiten des Staates Verdächtigungen, Feindseligkeiten und Verfolgung erdulden müssen, und bei Konstantins ausschlaggebendem Sieg an der Milvischen Brücke lag die verbreitetste und schwerste Verfolgung erst wenige Jahre zurück. Am Vorabend jener Schlacht, so geht die Sage, hatte Konstantin eine Vision, in der er am Himmel ein „Chi-Rho" sah, ein Monogramm, das entsteht, wenn man die ersten beiden Buchstaben des griechischen Wortes für „Christus" als Großbuchstaben übereinanderschreibt: *X* (Chi) und *P* (Rho). Die Vision wurde begleitet von den griechischen Wörtern *ἐν τούτῳ νίκα*: „In diesem Zeichen wirst du siegen." Konstantin hielt das für ein Zeichen von Gott und wies vor der Schlacht seine Soldaten an, das christliche Kreuz auf ihre Schilde zu malen. Konstantin siegte – und begegnete der Kirche hinfort mit großem Wohlwollen. Von da an war der christliche Glaube *en vogue*.

Als Jesus Christus seine Kirche gründete, baute er sie auf sich selbst, den „Felsen". Seit seinem Tod und seiner Auferstehung ist er seinen Jüngern im Heiligen Geist gegenwärtig. Die „Wirtschaft" der Kirche wurde gegründet auf die gewichtigen „Goldstandards" der Gegenwart und Herrlichkeit Gottes – das hebräische Wort für „Herrlichkeit" in der Bibel bedeutet wörtlich „schwer" oder „gewichtig". In den ersten drei Jahrhunderten der Kirche war die gewichtige und herrliche Gegenwart Gottes ihr Standard gewesen, mit der Thronbesteigung Konstantins änderte sich das aber schnell.

Der vorteilhafte Status, den die Kirche unter Konstantin erlangte, war weniger ein Segen, der „mit Vorsicht zu genießen" gewesen wäre, als ein mit K.o.-Tropfen versetzter Cocktail. Ja, die Verfolgung hörte auf – Konstantin machte das Christentum im Reich erstmals zu einer offiziell erlaubten, anerkannten Religion. Dass die Bedrohung durch Verfolgung von außen wegfiel, bedeutete allerdings leider auch, dass die Christen nun anfangen konnten, sich gegenseitig zu verfolgen. Mit der Zeit hatten in der Christenheit die Unterschiede in der Auslegung zugenommen, und die betrafen nicht nur Nebensachen, sondern so bedeutsame Themen wie die Gottheit Christi – also die Frage, ob er als Sohn Gottes im Fleisch zwei Naturen hatte (eine menschliche und eine göttliche), oder ob er eine einzige, menschlich-göttliche Persönlichkeit hatte (also Gottmensch war). Diese Frage verursachte große Diskussionen und brachte Spaltung, Feindseligkeit und sogar Gewalt zwischen den Parteien mit sich.

Konstantin wollte Frieden und Einheit in allen Teilen seines Reiches, und um dies zu erreichen, hatte er keine Bedenken, seine politische Macht auch in kirchlichen Angelegenheiten auszuüben. Die Kombination aus dem juristisch äußerst vorteilhaften Status des Christentums und Konstantins politischen Manövern in Kirchenangelegenheiten (man könnte auch sagen: seiner Einmischung) führte zu einer unseligen „Ehe" von Staat und Kirche. Ein Fehler folgte dem anderen; die Kirche wich schrittweise von der Wahrheit ab, ließ schließlich ihren „Goldstandard" der Gegenwart und Herrlichkeit Gottes fallen und ersetzte ihn durch den leeren „Fiat-Standard" aus Ritual und Zeremonie. Die Braut Christi tauschte ihre Beziehung zum lebendigen Herrn ein gegen eine tote Religion. Äußerlich prächtig geschmückt, wurde sie innerlich zur armen Witwe. Ja, es gab immer wieder große Bewegungen des Geistes Gottes, die der Kirche neues Leben einhauchten – die Reformation unter Luther, Calvin und anderen sowie bis dahin beispiellose Erweckungen und Erneuerungsbewegungen wie das „Great Awakening" im Amerika der Kolonialzeit –; doch ihres ursprünglichen „Goldstandards" der herrlichen Gegenwart Gottes beraubt, steckt ein Großteil der Kirche bis heute in geistlicher Armut fest.

Dieses Buch spricht über die Krisen in beiden Wirtschaften und über die Frage, wie sie zusammenhängen. Es erklärt ihrer beider Anfänge, wo sie auf den Holzweg gerieten und was unternommen werden muss, um sie zurechtzubringen.

Kapitel 1 und 2 zeichnen jeweils die Geschichte der Weltwirtschaft und der Kirche nach und zeigen, wo beide einst standen, wo sie sich jetzt befinden, wie sie dorthin gelangt sind – und sie beleuchten ihre jeweilige Krise, die zu ignorieren wir uns nicht erlauben können.

Kapitel 3 und 4 leisten Vorarbeit für das weitere Verstehen; sie legen Wirtschaftsprinzipien dar (Kapitel 3) und umreißen eine kurze Geschichte des Geldes, also seiner Ursprünge und Funktionen (Kapitel 4).

In Kapitel 5 spreche ich über die weltweite Schuldenkultur, die heute die Volkswirtschaften und damit die Weltwirtschaft antreibt.

In Kapitel 6 erkläre ich die Beharrlichkeit, mit der die Armut sich in der Welt hält – aller Armutsbekämpfung zum Trotz; und ich erkläre auch, warum Armut unter den Bedingungen der jetzigen Weltwirtschaft unvermeidlich ist.

Kapitel 7 spricht über die Technokratie, also das Konzept, dass Nationen und ihre Wirtschaft beherrscht werden sollten von einer erlesenen, elitären Gruppe, und wie diese Idee eine Entwicklung fördert hin zu einer einzigen Weltwährung und -wirtschaftsordnung.

In Kapitel 8 spreche ich über mangelhafte Konzepte der Kirche – über die Ersatzformen, die die Kirche an die Stelle der Gegenwart und Herrlichkeit Gottes gesetzt hat. Dazu gehören auch fehlerhafte Auffassungen vom Wesen und der Form des Reiches Gottes, inklusive der Transformation-Dominionismus-Ideologie. Darüber hinaus definiere ich Schlüsselelemente der populären christlichen Kultur und wie sie sich tarnt als Gottes herrliche Kirche auf Erden, als „Himmel auf Erden".

Kapitel 9 behandelt die Frage, was jenseits der globalen Schuldenkultur und der bankrotten Systeme der christlichen Kirche liegt und wie wir Fortschritte machen können hin zu einer neuen, gerechten und vorzüglicheren Wirtschaft. Zur Veranschaulichung des biblischen Modells, das die Kirche hätte übernehmen sollen, betrachten wir das alte Israel – ein Fallbeispiel von jahrhundertelangem Wohlstand in einer Kultur ohne Schulden.

In Kapitel 10 präsentieren wir das Reich Gottes als das perfekte Wirtschaftssystem. Wir untersuchen, was die Kirche tun muss, um ihre ursprüngliche Ausrichtung auf die Herrlichkeit Gottes wiederzuerlangen; im Zentrum der Aufmerksamkeit steht dabei das Konzept der Kirche als Familie Gottes, die aus *Hausgemeinschaften* besteht. Die Lösung der Herausforderungen, vor denen die Wirtschaft steht – sowohl die der Welt als auch die der Kirche –, die Lösung also findet sich nicht in den Philosophien oder Methoden der Menschen, sondern ausschließlich in der Rückkehr zu den zeitlosen Prinzipien, die im Wort Gottes dargelegt sind.

Kapitel 1

Von Gold zu Papier: Eine katastrophale Wendung

Seit unvordenklichen Zeiten sind Gold und Silber die beiden Metalle für Währungen. ... Hartgeld-Standards, sei es in Gold oder Silber, sind im Grunde deckungsgleich mit der Geschichte der Zivilisation.

Murray N. Rothbard[1]

Wer heute unter 40 Jahre alt ist und ein paar Generationen zurückversetzt würde, fände sich wieder in einer Welt, die ihm in einiger Hinsicht vertraut wäre – und dabei in anderer Hinsicht so fremd, als wäre man auf einem anderen Planeten. In den letzten 50 Jahren hat sich die Welt dramatisch verändert, schneller und grundlegender als zu jeder anderen Zeit in der Menschheitsgeschichte. Eine der bedeutsamsten und weitreichendsten Veränderungen betrifft das Geld, das heißt die Art und Weise, wie Menschen und Staaten Geld betrachten und gebrauchen.

Unser hypothetischer Zeitreisender ist aufgewachsen in einer Welt, in der chronische Inflation und Währungsverfall die Norm sind. Staaten geben unaufhörlich Geld aus, als gäbe es kein Morgen; dabei sind sie zufrieden, dass „mehr Geld" nur so weit weg ist wie die staatliche Gelddruckerei oder der Geldbeutel des Steuerzahlers. Er ist aus seiner Zeitmaschine heraus eingetreten in eine

Welt, deren Wirtschaftssystem völlig anders ist: Hier, so stellt er fest, ist Inflation etwas, das man fürchtet; die Währung wird sorgfältig stabil gehalten, ihr Wert wird bewahrt und geschützt; und die Staatsausgaben sind begrenzt durch das Gesetz und den Druck der Bürgervertretung.

Die Stimmung in der Wirtschaft könnte in den beiden Welten unterschiedlicher nicht sein. Ein Ökonom erklärt es so: „Die Einstellung der Politik zum Geld hat sich im letzten halben Jahrhundert fundamental verändert, und es fällt uns schwer zu verstehen, dass die Politik noch vor ein, zwei Generationen in Geldfragen beeinflusst, wenn nicht gar bestimmt war von Sparsamkeit und Zurückhaltung."[2] Die wenigen (aber zunehmenden) Stimmen in der Wüste, die heute zur Zurückhaltung mahnen, gehen unter in einem Tsunami aus Papiergeld, der unaufhörlich sich ausbreiten wird, solange es Papier zu bedrucken gibt. Es ist allerdings noch gar nicht so lange her – Babyboomer mögen sich daran erinnern –, da wurden sowohl die Staatsausgaben als auch die Geldemission unter Kontrolle gehalten: Die Währungen waren gekoppelt an einen Standard, definiert durch ein Vermögen von inhärentem und konkretem Wert, meist ein Edelmetall, in der Regel Gold.

Unsere heutige Situation – schrankenloses Drucken von Papiergeld, Staatsverschuldung durch Kreditaufnahme, Volks- und Weltwirtschaften, die von Schulden angetrieben werden – diese Situation ist eine historische Anomalie. Der Ökonom Murray Rothbard merkte in dem Zitat zu Beginn dieses Kapitels an, dass Gold und Silber (hauptsächlich Gold) „seit unvordenklichen Zeiten" als Finanzstandard gedient haben. Er fügt hinzu: „Abgesehen von ein paar verhängnisvollen Experimenten ... war bis zum 20. Jahrhundert immer Hartgeld das Standardgeld, nie Papiergeld."[3] Der Unterschied zwischen damals und heute besteht darin, dass es heute *keinen* Geldstandard gibt. Es gibt tatsächlich keinen finanziellen Standard irgendeiner Art, der heute die Volkswirtschaften der Welt reguliert; und genau darin liegt das Problem.

Die Geschichte lehrt: Ein Geldstandard, der auf einem Handelsgut von unveränderlichem Wert beruht (z. B. Gold), stabilisiert die Wirtschaft auf allen Ebenen, was auch immer der Mensch unternehmen mag. Wie weise! Gleichzeitig gilt: Die meiste Zeit der Menschheitsgeschichte gab es keine koordinierte globale Anstrengung, Geld zu standardisieren; Reisen war beschwerlich, die Brieflaufzeiten lange, die Politik suchte nur das Wohl des eigenen Landes und den meisten mangelte es an einem Blick für die ganze Welt.

Das änderte sich im 19. Jahrhundert: Ein wahrhaft internationaler Goldstandard trat in Kraft, heute bekannt als „klassischer Goldstandard", und behielt seine Gültigkeit bis Anfang des 20. Jahrhunderts. Dieses „goldene Zeitalter" war geprägt von der Tatsache, dass erstmals in der Menschheitsgeschichte der Gegenwert aller wichtigen Währungen der Welt durch Gold bemessen wurde; die einzelnen Nennwerte beruhten auf dem jeweiligen Goldgewicht. Murray Rothbard erklärt dazu:

> Beim klassischen Goldstandard wurde jede nationale Währung als Gold-Gewichtseinheit definiert; die Papierwährung konnte vom Emittenten (der Regierung oder ihrer Zentralbank) eingelöst werden gegen ein festgelegtes Gewicht an Goldmünzen. Für den internationalen Zahlungsverkehr gebrauchte man Goldbarren; im Alltag bezahlte man mit Goldmünzen.[4]

Gold als Standard – das war kein Zufall, es beruhte nicht auf irgendeiner Vorliebe. Wegen seiner besonderen Qualitäten hatte Gold schon immer einen hohen Wert, und der machte es unter allen Anwärtern zum stabilsten und zuverlässigsten Standard für ein Zahlungsmittel. Dazu später mehr; im Moment belassen wir es bei der Aussage, dass Gold eine sagenumwobene Geschichte hat, als Rohstoff genauso wie als Geld. Als Währungsstandard lieferte Gold einen Mechanismus wechselseitiger Kontrollen, durch die man die Zahlungsbilanz eines Landes im Blick behalten und die inflationären Tendenzen des Staats begrenzen konnte. Hier noch einmal Murray Rothbard:

> Aus offensichtlichen Gründen besteht die inhärente Tendenz jeder Geld emittierenden Institution darin, so viel Geld wie möglich zu produzieren; doch zu Zeiten des Goldstandards waren Regierungen und Zentralbanken in ihrer Papiergeld- oder Bankeinlagenausgabe beschränkt durch die eiserne Notwendigkeit, alles auf Verlangen direkt in Gold einzulösen, insbesondere in Goldmünzen ... Kurzum: Der klassische Goldstandard setzte der inhärenten Tendenz der Geldemittenten eine klare Grenze, so dass sie Geld nicht unkontrolliert ausgeben konnten.[5]

In den Augen vieler war einer der größten Vorteile des Goldstandards, dass er Einzelpersonen und Firmen Schutz bot vor Eingriffen des Staates. Er förderte die Wirtschaftsfreiheit, indem er Einzelpersonen schützte vor willkürlicher, autoritärer Einmischung der Regierung in die Wirtschaft, z. B. vor Steuern, die einer Beschlagnahme gleichkamen, und vor Währungsabwertung.[6]

Ein weiterer Vorzug des Goldes ist seine universelle Anpassungsfähigkeit. Der Goldstandard war ein legitimes internationales Mittel im Rechnungswesen und für Zahlungen; damit beschleunigte er Ende des 19. Jahrhunderts die Entwicklung des Handels und der Finanzwelt enorm und öffnete so die Tür zur Erschaffung einer wahrhaft globalen Wirtschaft. Der Goldstandard erwies sich als „einer der großen (und vorteilhaften) Wendepunkte in der Menschheitsgeschichte".[7]

An dieser Stelle drängt sich die Frage auf: Wenn der Goldstandard so vorteilhaft war und solch ein Segen für die Welt, warum wurde er dann fallengelassen? Diese Frage ist so einfach wie berechtigt; die Antwort ist vielschichtig und umstritten. Es gibt keinen universalen Konsens darüber, warum der Goldstandard fallengelassen wurde – genau wie es auch keinen Konsens darüber gibt, ob es weise oder praktikabel wäre, ihn wieder einzuführen. Im Rest dieses Kapitels trage ich einige Gedanken vor in der Hoffnung, das Thema etwas zu erhellen.

Die schrittweise Bewegung weg vom Goldstandard begann in der Weltwirtschaftskrise der 1930er-Jahre und gipfelte in einem letzten welterschütternden Schritt Anfang der 1970er-Jahre.

Am 15. August 1971 verblüffte US-Präsident Richard Nixon die Welt mit der Ankündigung, die US-Regierung handele das Gold nicht mehr zum festgesetzten Preis von 35 Dollar je Unze. Die unerwartete Nachricht jagte Schockwellen durch die globalen Finanzmärkte, hatten doch die meisten dieser Märkte die Wechselkurse ihrer Währungen an den US-Dollar gebunden. Der einseitige Schritt Präsident Nixons kappte erstmals die formale Verbindung zwischen den Hauptwährungen der Welt und der realen Handelsware. Das beschleunigte den völligen Zusammenbruch des Bretton-Woods-Systems der Währungsordnung, das seit 1946 die Wirtschafts- und Finanzbeziehungen der wichtigsten Industrieländer der Welt geregelt hatte. Das war der letzte Nagel im Sarg des Goldstandards.

Was trieb Mr. Nixon zu so einer drastischen, manche würden gar sagen: radikalen Entscheidung? Welche Kräfte brachten ihn dazu, die globale Währungskooperation völlig über den Haufen zu werfen? Nun, an vielen Fronten war der Druck stetig gestiegen: Amerika steckte immer noch im „Sumpf" des Vietnamkrieges fest, der schwelende Krieg forderte seinen Tribut. Die Staatsausgaben im Inneren stiegen ebenfalls an, und diese beiden Faktoren trugen weiter bei zu einer bereits ansteigenden Inflationsrate, die 1970 fast 6 % erreicht hatte. Das Ergebnis: Erstmals seit Anfang des 20. Jahrhunderts hatten die USA sowohl ein Handelsbilanzdefizit als auch ein Ausgabendefizit zu verzeichnen. Daraufhin verloren im Ausland einige Besitzer größerer Mengen von US-Dollar die Zuversicht in Amerikas Fähigkeit, seine Schulden zu begleichen. Milliarden von Dollar in Goldanlagen verließen die USA, da andere Länder, insbesondere Frankreich und die Schweiz, begannen, einen Großteil ihrer Dollarreserven in Gold einzutauschen. Folglich verlor der Dollar im Verhältnis zu europäischen Währungen an Wert, was die Wirtschaftskraft der USA in Übersee reduzierte. Im Frühjahr 1971 zog Deutschland eigenmächtig die Deutsche Mark aus dem Bretton-Woods-System zurück, um seine Währung vor dem Druck der Inflation zu schützen, und im Sommer tat die Schweiz dasselbe mit dem Schweizer Franken. Die Absicht hinter der eigenmächtigen Entscheidung von Präsident Nixon, das „Fenster" der Dollar-Gold-Konvertierbarkeit zu schließen, war, Amerikas Wirtschaftsmacht auf dem Weltmarkt aufrechterhalten – dadurch, dass der Abfluss von Goldanlagen aus dem Land verhindert werden sollte.[8]

Springen wir im Schnellvorlauf in die Gegenwart: Die teilweise Schließung der US-Behörden im Oktober 2013 und die Entscheidung des US-Kongresses, in letzter Minute die Schuldengrenze zu erhöhen, ist nur die jüngste Episode in einem jahrelangen Haushalts-Drama: 2011 hatte der Kongress die Schuldengrenze angehoben auf 16,4 Billionen Dollar; aber das war keine Lösung, nur ein Aufschub. In jenem Sommer stufte Standard & Poor's die USA im Kreditranking erstmals herab. Die Krise gipfelte erneut Anfang 2013. Das Dokument „No Budget, No Pay Act of 2013", unterzeichnet am 4. Februar, setzte die Schuldengrenze bis zum 18. Mai aus. Am 19. Mai wurde die Schuldengrenze angehoben auf 16,7 Billionen Dollar. Im August 2013 informierte das US-Finanzministerium den Kongress über die Notwendigkeit, spätestens Mitte Oktober die

Schuldengrenze erneut anzuheben, sonst würde man erstmals keine Schuldentilgung leisten können. Am 16. September, einen Tag vor dem Stichtag der Fälligkeit, verabschiedete der US-Senat eine Resolution, die ermöglichte, dass der Staat bis zum 15. Januar 2014 zahlungsfähig war; außerdem wurde die Schuldengrenze bis zum 7. Februar 2014 ausgesetzt. Aber auch das war wieder nur ein Aufschub, keine Lösung; wegen der offensichtlichen Unfähigkeit von Kongress und Weißem Haus, eine parteiübergreifende langfristige Lösung zu finden, wollten die Gesetzgeber das Problem einfach aussitzen. Aufgrund ihrer ständigen Finanzprobleme der letzten Jahre, inklusive der Herabstufung im Rating, haben die USA viel von ihrer internationalen Kreditwürdigkeit verloren. Amerikas Finanzpolitik rächt sich jetzt.

Das Bretton-Woods-System versuchte, die Hauptmerkmale und -vorteile des klassischen Goldstandards wiederherzustellen: Der internationale Geldstandard wurde wieder offiziell mit Gold verknüpft.[9] „Bretton Woods" hatte wahrhaft internationale Auswirkung; es richtete zwischen den Unterzeichnerstaaten feste Wechselkurse ein, wobei alle Währungen umgetauscht werden konnten in US-Dollar – der wiederum war in Gold eintauschbar. Der Hauptunterschied zwischen diesem System und dem klassischen Goldstandard bestand darin, dass der Wechselkurs (Goldpreis) unter Bretton Woods den jeweiligen Binnenerfordernissen jedes Mitgliedsstaates *untergeordnet* wurde.[10] In den Nachkriegsjahren, nach dem Zweiten Weltkrieg also, war die US-Wirtschaft die stärkste der Welt gewesen, und der Dollar, der ja zu einem festen Kurs mit dem Gold verknüpft war, galt als internationale Währung „so gut wie Gold", war aber viel flexibler und einfacher zu handhaben als dieses.

Das alles änderte sich mit dem „Nixon-Schock" vom 15. August 1971; dessen Nachbeben sind vierzig Jahre später immer noch weltweit zu spüren. Der US-Dollar, nun nicht mehr an den Goldpreis gebunden, wurde zu einer beweglichen Währung, und der Rest der Welt folgte auf dem Fuß: Innerhalb von fünf Jahren waren alle Hauptwährungen der Welt im freien Fluss. Die Wechselkurse waren nicht mehr festgelegt und daher auch nicht mehr Gegenstand des währungspolitischen Instrumentariums wie unter dem Bretton-Woods-System.

Die Entscheidung von Präsident Nixon, die Verbindung zwischen dem Dollar und dem Gold zu kappen (sowie die Nachwirkungen hiervon), ist höchst bedeutsam: Erstmals in der Menschheitsgeschichte gibt es keine formale Verbindung mehr zwischen irgendeiner der Hauptwährungen der Welt und realer Handelsware, und inzwischen haben alle keine Hauptwährungen den Goldstandard fallengelassen. Der „Nixon-Schock" war der letzte entscheidende Schritt in einem Prozess, der mit der Amtszeit von Präsident Franklin D. Roosevelt begonnen hatte.

Als Roosevelt Anfang 1933 die Präsidentschaft antrat, befanden sich die USA seit über drei Jahren im Würgegriff der Weltwirtschaftskrise. Der neue Präsident verpflichtete seine Regierung auf den direkten Kampf gegen die nationale Wirtschaftskrise – es sollten möglichst viele Strategien angewandt werden, um die Wirtschaft zu stimulieren und die Millionen arbeitsloser Amerikaner wieder in Lohn und Brot zu bringen. Nach der Wirtschaftstheorie von Keynes ist einer der besten Wege, eine schwächelnde Wirtschaftskonjunktur zu stimulieren, dass man die Geldzufuhr erhöht; doch dazu hätte man die Menge realer Anlagen (z. B. Gold) erhöhen müssen, die vom Staat in Reserve gehalten wurden, um die erhöhte Geldzufuhr abzusichern. Um das zu tun, brauchte die Regierung den Zugang zu und die Kontrolle über zusätzliche Goldreserven. Eine nationale Bankenpanik eröffnete am 4. März 1933 eine Möglichkeit: Um einen katastrophalen Sturm auf die Banken zu verhindern, schloss Präsident Roosevelt die Banken mehrere Tage lang. Damit wurde die unmittelbare Krise beendet; doch das war nur der Anfang. Die Roosevelt-Regierung setzte auch die Zahlungen in Gold aus, erließ Beschränkungen des Devisenverkehrs, setzte in den USA die Konvertierbarkeit anderer Währungen in Gold aus, ächtete allen privaten Goldbesitz, erklärte das zirkulierende Papiergeld zum gesetzlichen Zahlungsmittel, hob alle Vertragsklauseln auf, die eine Bezahlung in Gold festgelegt hatten, und beschränkte den Verkauf von Gold durch das US-Finanzministerium einzig auf Verkäufe an Währungshüter anderer Staaten.[11]

All diese Maßnahmen bedeuteten effektiv das Ende des Goldstandards in Amerika. 1934 legte die Regierung den Preis für eine Unze Gold neu fest (auf 35 Dollar), was den Wert der nationalen Goldreserven sofort um 69 % ansteigen ließ – und der US-Notenbank ermöglichte, mehr Geld zu drucken und damit die Geldzufuhr weiter zu erhöhen.

Acht Jahrzehnte später drängt sich die Frage auf: Hat das funktioniert? Haben die Maßnahmen von Präsident Roosevelt im Jahre 1933, wodurch die USA vom Goldstandard abgekoppelt wurden, die Weltwirtschaftskrise verkürzt – oder haben sie sie verlängert? Wurde die Lage verbessert oder verschlimmert? Die Debatte dauert noch an; die Antwort hängt heute wie damals davon ab, mit wem man spricht. Die meisten „Mainstream"-Ökonomen und besonders Keynesianer bestehen darauf, mit der Abkoppelung der USA vom Goldstandard habe Roosevelt recht getan. Sie glauben, dass der Goldstandard die Auswirkungen der Weltwirtschaftskrise nicht zu mildern half, sondern dass er im Gegenteil die Krise erst *verursacht* hatte: Der Anstieg des Goldpreises führte zu einem Anstieg der Zinssätze und das verteuerte das Wirtschaften; deshalb machten viele Firmen bankrott, was zu der hohen Arbeitslosigkeit führte.

Doch nicht jeder stimmt dem Ansatz von Keynes zu. Der Ökonom Milton Friedman und andere Gleichgesinnte sahen in der Idee von Keynes, den Staatsapparat zu erweitern, und in dem daraus hervorgehenden Wohlfahrtsstaat eine große Gefahr für die Freiheit und den Wohlstand des Einzelnen.[12]

Diese Erklärung ist allerdings zu einfach. Im Lauf der Jahre waren viele Faktoren am Werk, die zum Börsencrash von 1929 und der nachfolgenden Weltwirtschaftskrise geführt hatten. Bis 1933 hatten die USA über 30 Jahre mit dem Goldstandard gearbeitet, ohne dass eine Finanz- oder Wirtschaftskrise eingetreten wäre, die auch nur entfernt der ernsten Lage der Weltwirtschaftskrise nahekäme. Dazu kommt: Nachdem Roosevelt das Land vom Goldstandard abgekoppelt hatte, zog sich die Weltwirtschaftskrise noch mindestens acht Jahre hin, bis zum Ausbruch des Zweiten Weltkriegs. Manche glauben, dass sie sogar noch länger dauerte, bis in die 1950er-Jahre hinein. Das ist ein Angriff auf die übliche Behauptung, der Kriegseintritt der USA habe die Weltwirtschaftskrise beendet. Die allgemeine Behauptung, der Goldstandard habe die Weltwirtschaftskrise verursacht, ist also weniger akzeptiert, als viele annehmen.

Der Ökonom Melchior Palyi liefert vielleicht eine der besten und prägnantesten Beschreibungen der katastrophalen Abwärtsspirale von der Stabilität des Goldstandards zur Instabilität des Fiatgeldes der Papierwährung:

> Die rasante weltweite wirtschaftliche Entwicklung zwischen den 1870er-Jahren und 1914 sowie die Versuche zwischen 1918 und 1931, das internationale wirtschaftliche Gleichgewicht wiederherzustellen, kann nur verstanden werden im Blick auf den weit verbreiteten Glauben an die inhärente Zuverlässigkeit des internationalen Goldstandards. Als dieser Glaube in der Weltwirtschaftskrise der 1930er-Jahre ins Wanken geriet, und als die Zurückhaltung bei den öffentlichen und privaten Ausgaben, die der Goldstandard über 60 Jahre lang bewirkt hatte, immer offener aufgegeben wurde, verbreitete sich in der ganzen Welt eine neue sozio-ökonomische Philosophie: Öffentliche und private Ausgaben sollten angeblich nicht mehr bestimmt sein von dem zur Verfügung stehenden Einkommen und den Ersparnissen, sondern von dem, wonach auch immer das Volk verlangte, seien es Kriege, Sozialhilfe oder Wohlstand – und das alles wurde finanziert von der Gelddruckmaschine. Das Ergebnis: über dreißig Jahre chronischer weltweiter Inflation, unterbrochen von regelmäßig wiederkehrenden und zunehmend schweren Finanzkrisen.[13]

Seit über 40 Jahren hat keine große Volkswirtschaft der Welt mehr ihre Währung an einen Standard geknüpft, der einen Rückhalt hätte in einem realen Handelsgut wie Gold oder Silber. Die Währungen dieser Welt beruhen ausnahmslos auf „Fiatgeld“, Papiergeld ohne Deckung, das wesenhaft wertlos ist, weil es keinen Rückhalt in irgendeinem Handelsgut von echtem Wert hat; es wird allein durch das „Fiat“ („Es werde!“) des Staates bzw. kraft Gesetzes zum gesetzlichen Zahlungsmittel erklärt. Auf Fiatgeld gehe ich später noch näher ein; aber meines Erachtens ist es wichtig zu registrieren: Der Übergang zu Währungen, die auf einem „Fiat“ basieren, hat eine globale Schuldenkultur hervorgebracht. Das ist der Grund, warum wir heute weltweit Zeuge von Wirtschaftskrisen sind, Wirtschaftskrisen von einer Häufigkeit und einem Ausmaß, wie es die Menschheit noch nicht erlebt hat. Die globale, weltweite Schuldenkultur schauen wir uns in Kapitel 5 näher an.

Was genau ist der Goldstandard und warum ist er wichtig? Viele Mainstream-Ökonomen erklären, eine Rückkehr zum Goldstandard sei unpraktikabel, verantwortungslos und gefährlich, wenn nicht ganz und gar unmöglich; dagegen besteht eine wachsende Anzahl von Ökonomen und anderen Experten darauf, dass wir genau das tun sollten! Gibt es in dieser Debatte eine richtige und eine falsche Position, oder ist das schlicht Meinungs- und Geschmackssache? Gibt es eine Verbindung zwischen dem Aufgeben des Goldstandards und der sich rasant verschärfenden Weltwirtschaftskrise dieser Tage? Einsicht in die Antworten auf diese und weitere Fragen können wir gewinnen durch einen Blick auf Ursprung und Geschichte des Goldstandards.

Der wesenhafte Wert von Edelmetallen wie Gold und Silber wurde seit Beginn der Menschheitsgeschichte anerkannt und geschätzt. Auch wenn die ersten Tauschmittel (Währung) Allgemeingüter waren – Getreide, Vieh, Pflüge und anderes Werkzeug,[14] war es doch nur eine Frage der Zeit, dass bei zunehmender Förderung aus der Erde Gold, Silber und andere Edelmetalle als Zahlungsmittel, als „harte Währung“ akzeptiert, ja bevorzugt wurden.

Die ersten Bankgeschäfte, für die wir Belege haben, stammen aus Mesopotamien irgendwann im 4. Jahrtausend v. Chr.; Tempel und Paläste wurden als sichere Aufbewahrungsorte zur Lagerung von Wertgegenständen anerkannt. Zur Zeit von Hammurabi Anfang des 2. Jahrtausends v. Chr. war das Bankwesen in Mesopotamien so alltäglich geworden, dass der große König in seinen berühmten Kodex Gesetze einbezog, die Bankgeschäfte regelten.[15] Bereits 2250 v. Chr. nutzte Kappadozien Silberbarren als Geld, mit dem Rückhalt einer Staatsgarantie für das Gewicht und die Reinheit, um ihre Akzeptanz als Währung zu fördern.[16] Das Misstrauen des Volkes gegenüber dem Staat, wenn es ums Geld geht, scheint also nichts Neues zu sein!

Der Handel mit Edelmetallen, sei es in unbearbeiteter Form oder in Barren gegossen, war schwer, unhandlich und unbequem, und so schien es unvermeidlich, dass irgendjemand irgendwann eine bessere Idee hatte. Die Lyder in Kleinasien waren um 640 v. Chr. die Ersten, die Münzen prägten. Sie verwendeten Elektrum, eine in der Natur vorkommende Legierung aus Gold und Silber. Innerhalb von 70 Jahren breitete sich die Praxis der Münzprägung aus bis Ägina, Athen und Korinth. Um 550 v. Chr. produzierten die Lyder getrennte Gold- und Silbermünzen, das war das erste Auftreten von Münzgeld in zwei verschiedenen Metallen überhaupt.[17] Innerhalb weniger Jahre führte das zum Beginn der Münzprägung bei den Persern; anders als die Griechen bevorzugten sie Goldmünzen.[18]

Nachdem die Römer das griechische Weltreich erobert hatten, beeilten sie sich, die griechische Kultur der eigenen einzuverleiben; doch seltsamerweise ließen sie sich Zeit, auch die Praxis des Münzgeldes zu übernehmen. Erst ab 269 v. Chr. begannen sie, regelmäßig Silbermünzen zu prägen; diese fanden dann weite Verbreitung.[19] Zur Zeit der Geburt Christi regierte Kaiser Augustus (30 v. Chr. bis 14 n. Chr.); unter seiner Herrschaft wurde das Geldwesen reformbedürftig. Als Teil seines Reformprogramms brachte Augustus eine Reihe neuer Münzen aus fast reinem Gold und Silber heraus sowie Messing- und Kupfermünzen.[20]

Die Wirtschaft des Römischen Reiches in den ersten drei Jahrhunderten der christlichen Zeitrechnung war primär von zwei Faktoren geprägt: 1. Anhaltende Inflation aufgrund der Entwertung der römischen Münzen, weil ihr Gold- und Silberanteil reduziert wurde; 2. wiederholte erfolglose Versuche verschiedener Kaiser, das Geldwesen zu stabilisieren – der Staat intervenierte auf verschiedene Weise, auch durch direkte Kontrolle von Preisen und Löhnen. Die Inflationsrate war zunächst moderat, beschleunigte sich aber, je stärker der Wert der Münzen sank. Die Kräfte des Marktes vereitelten wiederholt die Versuche des Reiches, die Lage in den Griff zu bekommen.[21]

Im Jahr 313 n. Chr. kam Konstantin an die Macht, und er brachte eine neue Goldmünze heraus – den Solidus; geprägt wurde dieser im Osten des Reiches. 700 Jahre lang blieb der Solidus unverändert, sowohl was sein Gewicht anging als auch seine Reinheit.[22] Nachdem Konstantin sich dem Christentum zugewandt und es im ganzen Reich legalisiert hatte, sicherte er sich den Zugriff auf die riesigen Mengen von Gold und Silber, die im Lauf der Jahrhunderte in den Götzentempeln angehäuft worden waren. Obwohl er nun genügend Goldbarren besaß, um das völlig entwertete Münzgeld zu ersetzen, gab er nach wie vor minderwertige Silber- und Kupfermünzen heraus; so waren die Armen weiterhin auf eine inflationsanfällige Währung angewiesen, die Reichen waren gegen diese Bedrohung immun.[23]

Nach der Plünderung Roms durch die Westgoten im Jahre 410 n. Chr. wurde im westlichen Teil des Reiches das Bankwesen für die nächsten 600 Jahre aufgegeben;[24] im östlichen Teil blieb es bestehen.

In England waren um 50 v. Chr. in sehr begrenztem Umfang Münzen aufgekommen,[25] sie setzten sich aber erst durch, nachdem England römische

Provinz geworden war. Das Prägen von Münzen hörte nach der Invasion der Angelsachsen auf (um 435 n. Chr.) und ruhte rund 200 Jahre, bis die Sachsen um 630 n. Chr. selber begannen, große Mengen von Goldmünzen zu produzieren.[26] Bis Anfang des 8. Jahrhunderts änderte sich das Material der Münzen weg von Gold über Silber bis hin zu unedlen Metallen.[27] Die ersten englischen Silberpennys erschienen um 765 n. Chr. und wurden schnell zur Hauptmünze.[28] Im Verlaufe der nächsten 300 Jahre ergriffen mehrere Monarchen Maßnahmen zur Stabilisierung der Stärke und des Wertes des englischen Münzgeldes im Verhältnis zum Münzgeld in anderen Teilen Europas:

- 928 n. Chr.: König Athelstan führte für ganz England eine einzige Währung ein.
- 973 n. Chr.: König Edgar standardisierte und regulierte die Münzproduktion und verordnete für Neuprägungen einen Sechsjahreszyklus, um die Qualität der Währung aufrechtzuerhalten.
- 1066 n. Chr.: Wilhelm der Eroberer führte ein effizientes Steuerwesen ein und verhinderte damit die Entwertung des englischen Münzgeldes.[29]

Gegen Ende des 11. Jahrhunderts tauchte das Bankwesen in Westeuropa wieder auf, und zwar zur Finanzierung der Kreuzzüge bzw. um große Finanztransaktionen zu gewährleisten.[30]

Zwischen 1100 und 1135 n. Chr. verschlechterte sich die Qualität der englischen Silberwährung drastisch, was dazu führte, dass man allen Münzmeistern im Land die rechte Hand abhackte. Das führte zu einer sofortigen, allerdings nur vorübergehenden Verbesserung der Qualität des Münzgeldes. 1158 reformierte König Heinrich II. das englische Münzwesen erneut, und die stark verbesserte Qualität der Währung blieb 400 Jahre bestehen.[31] Inzwischen gaben auch die anderen Länder Westeuropas Gold- und Silbermünzen als Landeswährung heraus.

Die Geschichte des Geldes ist Thema von Kapitel 4; hier will ich nur zeigen, dass Edelmetalle schon sehr früh in der Menschheitsgeschichte als wertvolles und zuverlässiges Tauschmittel galten und wie schnell und dauerhaft

Münzen ab der Erfindung des Münzgeldes zum bevorzugten und häufigsten Zahlungsmittel wurden. In der Praxis gibt es die Verwendung von Edelmetallen wie Gold und Silber als informelle, aber faktische Währungsstandards also seit Jahrhunderten; die explizite, beabsichtigte, zielgerichtete Einführung des einen oder anderen Edelmetalls (oder beider) als offiziellen Standard zur Absicherung einer Landeswährung hingegen ist eine eher neue Entwicklung. Ein Geldsystem, das hauptsächlich durch Silber abgesichert ist, wird *Silberstandard* genannt, während ein durch Gold abgesichertes System als *Goldstandard* bekannt ist. Ein *Bimetallstandard* ist ein Geldsystem, das sowohl durch Silber als auch durch Gold abgesichert ist.

Historisch gesehen war Gold der bevorzugte Standard zur Absicherung der Geldversorgung eines Landes, und das aus mehreren Gründen: Gold hat einen höheren intrinsischen Wert, da es seltener ist als Silber und Kupfer. Aufgrund seiner natürlichen Schönheit und seines Glanzes wurde dem Gold stets der Vorzug gegeben. Anders als Silber wird Gold nie matt oder dunkel. Es rostet auch nicht. Weder Luft noch die meisten anderen Reagenzstoffe können dem Gold etwas anhaben. Gold ist also resistent gegen Zerfall (chemische Veränderung); für einen Währungsstandard ist das eine sehr wichtige Eigenschaft. Gold ist ein schweres, dichtes Metall, aber auch sehr weich und formbar, weshalb es sehr vielseitig ist und vielfältige Verwendung findet. Gold ist das formbarste und dehnbarste aller Metalle und kann in fast jede Größe oder Form gegossen, gehämmert oder getrieben werden. Es verbindet sich auch ganz leicht mit anderen Metallen wie Silber oder Nickel; dadurch wird es härter und damit stabiler. Zusätzlich zu seiner Schönheit, Seltenheit und seinem intrinsischen Wert ist es diese Qualität, die Gold so beliebt macht – für Schmuck, als Zahlungsmittel und in der Kunst. Zusätzlich zu seinen vielen anderen Qualitäten ist Gold ein hervorragender Stromleiter, was es auch für die Computer- und Elektronikindustrie zu einem wertvollen Rohstoff macht.

Es gab also auch Silber- oder Bimetall-Standards; der allgemeine Trend jedoch ging in Richtung Gold, weil dieses insgesamt von besserer Güte ist. Dieser Trend hat sich in den letzten zwei, drei Generationen dramatisch verändert, sehr zum Schaden der Weltwirtschaft; darauf kommen wir noch zurück.

Gold empfiehlt sich aus verschiedenen Gründen als zuverlässigen Geldstandard. Ein Grund ist wie gesagt seine Widerstandsfähigkeit gegen Veränderung: Chemisch gesehen ist Gold ein extrem stabiles Element, von den meisten in der Natur vorhandenen chemischen Reagenzstoffen bleibt es unbeeinflusst. Daher behält es seinen intrinsischen Wert bei, mit nur ganz geringen Veränderungen.

Ein weiterer Faktor, der von Anfang an zu seiner Eignung als Geldstandard beigetragen hat, ist sein Gewicht. In der Welt des internationalen Handels ist Geld Macht, und ein gewichtiger Standard wie Gold hat für die Länder, die es besitzen, eine große Schlagkraft, sowohl wörtlich verstanden als auch symbolisch. In dieser Hinsicht wird Gold den Anforderungen mit Sicherheit gerecht. Mit 19,3 g/cm^3 (ein Liter wiegt also knapp 20 kg!) ist Gold um fast zwei Drittel schwerer als Blei, das schlanke 11,34 g/cm^3 auf die Waage bringt. Um das in ein Verhältnis zu setzen: Die Goldbarren, die von der US-Notenbank vorrätig gehalten werden, sind standardisiert auf das Maß 7 × 3,625 × 1,75 Inch, das ist ungefähr die Größe von zwei aufeinandergelegten VHS-Videokassetten. *Jeder* dieser Barren wiegt ziemlich genau 14 Kilogramm (30,94 lb., d. h. angloamerikanische Pfund). Um es anders zu visualisieren: Ein Würfel reines Gold mit einer Kantenlänge von nur 15 Inch (38,1 cm) bringt *eine Tonne* auf die Waage – 1000 Kilogramm!

Irgendetwas in uns bringt uns dazu, Schwere zu assoziieren mit Wert, Wichtigkeit oder Bedeutung; im Deutschen ist der Zusammenhang zwischen „Gewicht" und „wichtig" unschwer zu erkennen. Wir fühlen uns „belastet", wenn wir eine wichtige Entscheidung treffen müssen, und wenn wir sie gefällt haben, sagen wir, es sei uns eine „große Last" von den Schultern genommen worden. Wenn wir zwei gleich große Münzen haben, die aber eindeutig unterschiedlich schwer sind, ist unser erster Impuls – selbst wenn wir ihren relativen Wert gar nicht kennen –, der schwereren Münze den größeren Wert beizumessen. Dasselbe gilt für Münzen unterschiedlicher Größe; wir neigen zu der Annahme, die größere Münze (die üblicherweise schwerer ist) sei mehr wert als die kleinere. Unsere Annahmen sind natürlich nicht immer korrekt, aber ich denke, Sie verstehen, was ich meine. Allgemein kann man sagen: Das Gewicht eines Gegenstandes oder einer Handelsware beeinflusst, welchen Wert wir ihr beimessen.

Wir schätzen Gold aufgrund seiner Seltenheit, seiner Schönheit, seines Glanzes und seiner Vielseitigkeit, aber auch aufgrund seiner Schwere. Aus all diesen

Gründen haben Königreiche und Nationen seit Jahrhunderten Gold als Basis ihrer Währung und gesamten Wirtschaftskraft angesehen. Jeder Staat ist vor der Weltgemeinschaft auf Macht und Ansehen bedacht – und Gold hat immer Respekt verschafft. Länder mit großen Goldreserven hatten im internationalen Handel und in Wirtschaftsfragen immer mehr zu sagen als Länder ohne solche Reserven.

Zumindest war das früher so. Heute sind Frankreich und die USA die beiden Länder mit den größten Goldreserven, doch das verleiht ihnen in der Weltwirtschaft nicht mehr so viel Schlagkraft wie früher. Warum nicht? Aus dem einfachen Grund, dass kein Land der Welt als Standard zur Absicherung seiner Währung heute noch Gold benutzt (oder irgendein anderes Edelmetall oder eine „reale" Handelsware). In den vergangenen 50 Jahren wurden wir Zeuge des weltweiten Vormarschs einer Wirtschaftslage, die in der gesamten Menschheitsgeschichte beispiellos ist. Zum allerersten Mal sind wir an den Punkt gekommen, an dem kein Staat der Welt seine Wirtschaft und Währung abgesichert hat durch irgendeinen physischen Standard oder irgendeine reale Handelsware von intrinsischem Wert. Stattdessen werden die Volkswirtschaften und die Weltwirtschaft befeuert durch die Ausgabe von Münzen und Papiergeld, also durch Fiatgeld: Geld, das durch – *gar nichts* abgesichert ist. Das ist der Kern des Problems. Aber dazu später mehr; im Moment sprechen wir über Gold und den Goldstandard.

Geld bedeutet für ein Land nicht nur Macht, sondern auch Freiheit. Reiche Staaten haben mehr Macht und mehr Möglichkeiten, zu ihren eigenen Gunsten zu handeln, als arme Länder mit nur wenig Geld: diese haben wirtschaftlich und auch sonst wenig Schlagkraft. Sie haben kaum eine Wahl, sondern müssen sich nach den ökonomischen Entscheidungen reicherer Staaten richten, ob diese Entscheidungen ihnen nützen oder nicht. Ökonomische Entscheidungen haben die Macht, die Souveränität von Ländern zu beeinträchtigen, also ihre Freiheit, unabhängig zu handeln. Das ist der Grund, warum Königreiche, Imperien und Länder immer wieder versucht haben, eine Währung einzurichten, ein Geldsystem, das abgesichert war durch irgendeine Art solider, gewichtiger Handelsware, und dieses System war mit dem Schicksal des Landes aufs Engste verknüpft. Mit anderen Worten: Der Respekt, die Macht und der Einfluss eines Landes im Verhältnis zu anderen Ländern wird gemessen an der wahrgenommenen Stärke des Geldsystems jenes Staates sowie an dem Standard, der dieses System absichert, und beides ist wiederum gekoppelt an die Souveränität, die Unabhängigkeit dieses Staates. Je stärker die Währung und die Gesamtwirtschaft eines Landes, umso größer seine Souveränität, seine Fähigkeit, im Verhältnis zu anderen Nationen unabhängig zu handeln.

Ein deutliches Beispiel für diese enge Verbindung zwischen der Stärke der Währung und der nationalen Souveränität ist die Geschichte der britischen Goldmünze, die – durchaus angemessen – „Sovereign" genannt wurde. Wie bereits erwähnt, hatte die Reform des englischen Münzwesens durch Heinrich II. im Jahre 1158 die Qualität der Münzen (und damit das Prestige des englischen Geldes) für einen Zeitraum von 400 Jahren deutlich erhöht. 1489 reduzierte Heinrich VII. die Münzgebühr und ermutigte damit seine Untertanen, unverarbeitetes Gold und Silber zu den Münzen zu bringen; so kamen innert weniger Jahre viele neue Münzen in Umlauf, darunter der Sovereign. Vor 1489 war das englische Pfund nur eine Abrechnungseinheit gewesen, aber mit dem Sovereign wurde es auch zur Münze. Über 400 Jahre lang war der Sovereign Zahlungsmittel[32] – in Großbritannien bis 1917, in Südafrika bis 1932.

Der Name deutet es bereits an: Die ersten Sovereigns hatten auf der Vorderseite das Gesicht des Königs eingeprägt, auf der Rückseite das Wappenzeichen des englischen Königshauses in der Tudor-Doppelrose. Der Sovereign war eine große Goldmünze und wurde mit 1 Pfund Sterling bewertet, auch wenn auf der Münze kein Wert geprägt war. Damit hatte sie auch die Funktion des offiziellen Barrens. Ein Barren ist schlicht und einfach Edelmetall in einem Standardmaß, seien es Blöcke (Ingots) oder Münzen. Ihr Wert wird mehr durch ihre Masse und Reinheit bestimmt als durch ihren Geldnennwert. Die ersten Sovereigns hatten 23 Karat, d. h. 95,83 % Gold; später reduzierte Heinrich VIII. das Gewicht auf 22 Karat, d. h. 91,67 % Gold. Diese Münzen wurden „Crown Gold" (Kronengold) genannt; sie waren die Standard-Goldmünze sowohl in England als auch in Nordamerika. Diese Münze wurde bis 1604 geprägt, ihr Gewicht wurde mehrfach weiter reduziert.

Am Beispiel des britischen Sovereign möchte ich hauptsächlich zeigen, wie Gold vor allen anderen Edelmetallen für Souveränität steht, für Unabhängigkeit und Macht. Gold verleiht einer Volkswirtschaft Souveränität, denn es gibt ihr die Macht und Autorität, Handel zu treiben und Zahlungen vorzunehmen in der vollen Zuversicht, dass diese Aktionen echtes Gewicht haben, weil sie von einem Standard gestützt sind, der intrinsischen Wert hat.

Ein solider und zuverlässiger Geldstandard ist der Grundpfeiler einer Volkswirtschaft. Ohne einen solchen Standard, auf den man den Handel gründen und mit dem man die Währung absichern kann, ist die ökonomische Infrastruktur eines Landes nichts weiter als ein Kartenhaus, das beim leisesten Windhauch in sich zusammenfällt. In Anlehnung an eine biblische Illustration: Sie ist wie das Haus, das auf Sand gebaut war – von außen sah es massiv und imposant aus, wurde aber beim ersten Unwetter weggeschwemmt (Matthäus 7,26–27). Im Gegensatz dazu trotzte das Haus, das auf Felsengrund gebaut wurde, selbst den stärksten Winden und Wellen (Matthäus 7,24–25). Ein starkes Land muss wie ein massives Haus auf ein starkes Fundament gebaut werden, und im Blick auf die Wirtschaft ist dieses Fundament ein zuverlässiger Geldstandard. Edelmetalle waren das bevorzugte Mittel für solch einen Standard, insbesondere Silber und Gold; im Laufe der Zeit wurde das Silber unbedeutend.

Einfach ausgedrückt: Ein Goldstandard ist ein Währungssystem, in dem die nationale Währung sich anhand eines spezifischen Goldgewichts bemisst.[33] „Die grundlegenden Merkmale eines Goldstandards sind die Konvertierbarkeit zwischen Geld und Gold zu einem festgesetzten Preis sowie die Freiheit von Einzelpersonen, Gold zu importieren und zu exportieren."[34] Als der internationale Goldstandard noch in Kraft war, stützte er verschiedene Landeswährungen gegeneinander ab, und das trotz offener Kapitalmärkte.[35] In solch einem System können Landeswährungen und andere Geldformen im Austausch mit Gold zu einem Fixpreis ausgelöst werden. Dieses Arrangement hat offensichtliche Vorteile – nicht zuletzt den, dass es die Währungen stabilisiert, die ihm untergeordnet sind. Da sie an einen Gold-Fixpreis gebunden sind, behalten diese Währungen ihren Wert mit sehr geringen Schwankungen bei. Ein Beispiel: 25 Jahre lang (so lange war das Bretton-Woods-System in Kraft) war der Goldpreis auf 35 Dollar je Unze festgesetzt, und umgekehrt war der Wert eines US-Dollars festgelegt auf $1/35$ einer Unze Gold. Dank dieser stabilisierenden Wirkung ist der Goldstandard ein inflationsresistentes System.

Das moderne Bankwesen kam im Mittelalter auf. Als der Handel zwischen den Ländern zunahm und dann im eben entdeckten Amerika sich neue Silber- und Goldvorkommen auftaten, wuchs in vielen Ländern das Interesse an der formellen Einrichtung von Geldstandards auf Grundlage von Silber oder Gold oder beidem. Bis Anfang des 19. Jahrhunderts hatten die meisten westlichen Staaten das eine oder andere dieser Systeme formell übernommen. Zunächst waren Silber- oder Bimetallstandards besonders beliebt; doch dank der Vorteile von Gold, der handfesten und der ideellen, setzte dieses sich durch.

So operierten z. B. die USA im ganzen 19. Jahrhundert offiziell unter einem Bimetall-Standard, Silber *und* Gold. *De facto* war allerdings seit 1834 ein Goldstandard in Kraft, denn es wurde nur sehr wenig Silber gehandelt. Vorher war es interessanterweise umgekehrt: Von 1792 bis 1830 agierten die USA praktisch komplett unter einem Silberstandard. Amerikas erstes Münzgesetz (1792) richtete eine Münze ein und setzte das Münzverhältnis von Silber zu Gold auf 15 : 1 fest: 15 Unzen Silber wurden getauscht gegen 1 Unze Gold. Kurz nach der Verabschiedung dieses Münzgesetzes bewegte sich der Weltmarktpreis hin auf ein Verhältnis zwischen Silber und Gold von 15 ½ : 1, der Silberpreis fiel also. Da Silber nun billiger war als Gold, wurde es zum vornehmlichen Metall für heimische Münzen; das Gold wurde im internationalen Zahlungsverkehr gebraucht. Das Ergebnis: Ein Großteil der Goldreserven Amerikas verließ das Land und die junge Nation hatte im Grunde einen Silberstandard.[36]

In dem Versuch, dieser Situation Herr zu werden, verabschiedete der Kongress 1834 eine Bestimmung, die das Umtauschverhältnis von Silber zu Gold auf 16 : 1 veränderte; dies wurde erreicht, indem man den Goldanteil in den Goldmünzen reduzierte. Diese Veränderung erwies sich jedoch als zu groß, denn dadurch wurde das Gold auf dem Weltmarkt billiger; nun wurden im internationalen Zahlungsverkehr Silberdollars exportiert und das Gold wurde zur vorrangigen Münze für den Gebrauch im Inland. (Dem Laien mag das widersinnig scheinen, aber es war tatsächlich so.) Als in den 1840er-Jahren in Kalifornien und Australien Goldvorkommen entdeckt wurden, sank der Goldpreis international noch weiter – und daraufhin wurde der Abfluss von Silber so stark, dass es um 1850 in Amerika kaum noch Silbermünzen gab; das Problem war nur: Alle Münzen unter 1 Dollar waren aus Silber; Goldmünzen im Wert von unter 1 Dollar gab es nicht! Dieser Mangel wurde 1853 behoben; nun durften Ersatzsilbermünzen geprägt werden im Wert von einem halben und einem Vierteldollar sowie von einem Dime (Zehnteldollar, 10 Cent) und einem Halfdime (Fünfcentstück).[37]

Papiergeld gab es in Amerika bereits in der ersten Hälfte des 19. Jahrhunderts; doch war es kein gesetzliches Zahlungsmittel, also keine Währung, die vom Gesetz legitimiert war und zur Erfüllung finanzieller Verpflichtungen akzeptiert werden *musste*. Legalisiertes Papiergeld kam in den USA erstmals 1862 auf, als die Bundesregierung „Greenbacks" herausgab, Papiernoten, die gar nicht in Gold oder Silber konvertierbar waren, weder auf Verlangen noch irgendwann in der Zukunft – mit anderen Worten: Es handelte sich um Fiatgeld. Dieser Schritt wurde unternommen, um das Problem der schnell steigenden Kosten des Bürgerkriegs anzugehen. Im Grunde wurde damit in den USA der Goldstandard für eine gewisse Zeit ausgesetzt. Die riesigen Mengen von Greenbacks, welche die US-Wirtschaft für kurze Zeit überfluteten, führten in den Kriegsjahren zu einer spürbaren Inflation im Land.[38]

Nach dem Krieg versuchte der Kongress, das Land wieder auf den Goldstandard der Vorkriegszeit zu bringen. Um das zu erreichen, musste man die Anzahl der Greenbacks, die im Umlauf waren, so reduzieren, dass ein Gleichstand mit den Golddollars hergestellt wurde. Das dauerte fast 15 Jahre; erst 1879 war der Gleichstand erreicht. Der Staat war wieder beim Goldstandard angekommen, aber er hielt auch Greenbacks im Umlauf – als Ersatz für Gold, doch auf Verlangen konnten sie gegen Gold umgetauscht werden.[39] Seitdem ist das Papiergeld, das die USA herausgeben, immer ein gesetzliches Zahlungsmittel gewesen, bis heute, auch wenn es jetzt nicht mehr abgesichert ist durch Gold, Silber oder sonst einen Standard.

Von 1879 bis zur Jahrhundertwende gab es große Diskussionen zwischen den Verteidigern des Goldstandards und denjenigen, die auf eine Rückkehr zum Silberstandard drängten. Diese Angelegenheit, also die Frage: „Gold- oder Silberstandard?", wurde in jenen Tagen ein derart heißes Eisen, dass sogar Präsidentschaftskandidaten ihren Wahlkampf um die eine oder die andere Position herum konzipierten. Das berühmteste Beispiel: William McKinley, entschiedener Anhänger des Goldstandards, schlug in den Präsidentschaftswahlen von 1896 William Jennings Bryan, seinen demokratischen Rivalen, den Verteidiger des Silberstandards. Dasselbe wiederholte sich vier Jahre später. Etwas früher in jenem Jahr, im März 1900, verabschiedete der Kongress die „Goldstandard-Verordnung“. Damit wurde der Goldstandard erneut bestätigt und zum offiziellen Standard erhoben, was informell schon seit 20 Jahren der Fall gewesen war. „Damit wurde erstmals formell eine Goldreserve für Papiernoten eingerichtet, für Noten, die die Regierung herausgab. Greenbacks, Silberzertifikate und Silberdollars blieben weiterhin gesetzliche Zahlungsmittel und waren in Gold auslösbar.“[40]

Nach einer Reihe von Turbulenzen an den Finanzmärkten richtete der Kongress 1913 das Federal Reserve System ein, um die US-Wirtschaft und das Bankwesen zu stabilisieren. Der letzte Tropfen, der das Fass zum Überlaufen brachte, war die Panik im Jahre 1907, als die Börse mitten in einer Rezession auf fast 50 % des Vorjahreshochs fiel. Der daraus resultierende Sturm auf Banken und Vermögensverwaltungsgesellschaften im ganzen Land führte zum Bankrott und Zusammenbruch vieler staatlicher und privater Banken und Geschäfte. Der Federal Reserve Act richtete ein zentrales Bankensystem ein, von dem sich staatliche und private Banken Geld leihen konnten, wenn sie zusätzliche Mittel brauchten, um der Nachfrage ihrer Kunden nachzukommen. Der Act brachte auch eine neue Art von Geld hervor, Federal-Reserve-Noten, deren Menge je nach Bedarf erhöht oder verringert werden konnte.[41]

Wie in diesem Kapitel bereits erwähnt, arbeiteten die Vereinigten Staaten bis 1933 mit dem „klassischen“ Goldstandard; in jenem Jahr beendete Präsident Roosevelt dieses Arrangement als Teil seiner „New Deal“-Politik gegen die Weltwirtschaftskrise („Große Depression“). Die nächsten 25 Jahre überlebte der Goldstandard in modifizierter Form im Rahmen des Bretton-Woods-Abkommens. Den Todesstoß versetzte ihm Präsident Nixon 1971, indem er die Verbindung kappte zwischen Amerikas Währung und jeder Art von Standard aufgrund einer realen Handelsware, sei es Gold oder sonst irgendetwas. Die unvermeidliche Konsequenz, die sich daraus ergab: Amerikas Währung wurde auf Dauer zu einer frei schwebenden Währung variabler Wechselkurse. Die anderen Staaten, die am Bretton-Woods-Abkommen beteiligt waren, hatten ihre Wechselkurse an den US-Dollar gebunden; folglich dauerte es nicht lange, und deren Währungen taten es dem Dollar gleich. Heute arbeitet keine der wichtigen Volkswirtschaften der Welt mehr mit dem Goldstandard oder irgendeinem anderen Standard, der auf einem Edelmetall beruht. Wie im Fall der USA beruhen auch ihre Volkswirtschaften auf variablen Wechselkursen – sprich auf Papiergeld, das faktisch wertlos ist und seinen „Wert" nur so lange behält, wie die Menschen den Glauben an die Zuverlässigkeit ihrer Volkswirtschaft und die Integrität des Staates beibehalten. Auch das Gold selber schwebt frei, denn es gibt keinen Mechanismus, der den Goldpreis im Verhältnis zu den verschiedenen Volkswirtschaften kontrollieren würde. Beim klassischen Goldstandard war der Goldpreis jahrzehntelang festgesetzt auf 20,67 Dollar je Unze; das Bretton-Woods-System hielt den Preis bei 35 Dollar. Seit dem Untergang von Bretton Woods gibt es für den Goldpreis keine Obergrenze mehr; inzwischen (2014) wird Gold mit über 1700 Dollar je Unze gehandelt.

Nicht nur Ökonomen diskutieren immer noch die Für und Wider des Goldstandards. Einige warnen, der Goldstandard sei zu unflexibel und könne den Erfordernissen der modernen Weltwirtschaft mit ihren Echtzeit-Finanztransaktionen nicht gerecht werden; andere sind genauso fest überzeugt, dass eine Rückkehr zum Goldstandard der einzige Weg ist, um einem aus dem Ruder gelaufenen globalen System von Fiatgeld wieder Vernunft und Stabilität zu geben – einem System, das auf Schulden basiert, die krisenhafte Ausmaße angenommen haben, und das sich schnell auf einen Zustand zubewegt, der nicht mehr aufrechtzuerhalten ist.

Auch wenn die meisten Mainstream-Ökonomen heute glauben, eine Rückkehr zum Goldstandard sei nicht praktikabel oder gar unmöglich: Der Goldstandard hat große Vorteile und könnte viele Probleme der Weltwirtschaft verringern Zum einen stellt der Goldstandard eine langfristige Preisstabilität sicher, weil er die Inflation begrenzt, indem er die Macht des Staates einschränkt, Papiergeld herauszugeben. Uneingeschränktes Gelddrucken wertet die Währung ab und beschleunigt die Inflation. Das führt zu legalem Diebstahl: Der Beschluss einer Regierung, die eigene Währung abzuwerten, schmälert die Kaufkraft des Durchschnittsbürgers. Andererseits fördert die Preisstabilität des Goldstandards den Wohlstand, weil er Inflation hemmt und die Entwertung der Währung verhindert, indem die Menge des zirkulierenden Papiergelds eingeschränkt wird auf das, was durch die vorhandene Goldreserve tatsächlich abgedeckt ist.

Ein weiterer Vorteil des Goldstandards: Er hilft, das Ausgabendefizit in Grenzen zu halten, denn er schreibt eine strenge Schuldendeckelung vor; damit beschränkt er die Macht des Staates, Geld auszugeben. Anders ausgedrückt: Der Goldstandard zwingt eine Regierung, im Rahmen ihrer Mittel zu bleiben. Auch wenn sich viele das Gegenteil wünschen: Der Staat kann ebenso wenig wie der einzelne Bürger unbekümmert und endlos Geld ausgeben – irgendwann macht der Wirt die Rechnung und will sein Geld haben. Und die Rechnung lässt nicht mehr lange auf sich warten; Griechenland und Irland haben sie bereits bekommen (2014), und vielen anderen Staaten, auch den USA, droht Ungemach.

Ein stimmgewaltiger, immer lauter werdender Chor nicht nur von Ökonomen besteht darauf, Amerika und der Rest der Welt bräuchten den Goldstandard, denn ein Hauptgrund für die globalen Turbulenzen im Großteil des 20. Jahrhunderts sei das Fallenlassen des Goldstandards gewesen. Unruhen, Inflation, Rezession, Klassenkampf und politische Vetternwirtschaft im Inneren sowie Währungskriege und militärische Auseinandersetzungen zwischen Ländern sind größtenteils der allgemeinen Instabilität zuzuschreiben, die das Fallenlassen des Goldstandards nach sich gezogen hat.

Seit über drei Jahrzehnten (2014) beruhen die Volkswirtschaften der Welt auf nichts anderem als den variablen Fiatwährungen, und der Tag der Abrechnung ist nahe. Indem sie die gewichtige Substanz des Goldstandards aufgaben, bauten die Nationen der Welt ihre Häuser der Volkswirtschaft wie der törichte Hausbauer im Gleichnis Jesu auf Sand, und es ist nur eine Frage der Zeit, bis ein Wirtschafts-Unwetter diese „Häuser" hinwegfegen wird. Man hat die solide Beständigkeit, die stabilisierende Qualität von Gold eingetauscht gegen ein System, das nicht mehr Substanz hat als die unbegrenzte Papierwährung, die in sich selber wertlos ist und nur besteht dank dem Glauben der Bürger an die Integrität des Staates, der Glaubwürdigkeit der Regierung, die dieses Papiergeld herausgibt. Nie zuvor in der Weltgeschichte standen die Volkswirtschaften der Welt auf derart schwachen Beinen. Dieses System ist einfach nicht praktikabel, es *kann* nicht Bestand haben.

Ein zweites, viel zentraleres Thema ist die christliche Kirche; sie steckt in einer recht ähnlichen Krise. Als Jesus Christus seine Kirche ins Leben rief, vor zweitausend Jahren, gründete er sie auf einen eigenen soliden, gewichtigen Goldstandard: den Goldstandard seiner herrlichen Gegenwart. Dieser Standard hielt die Kirche zusammen und „bei der Stange" – durch die turbulenten Zeiten der Verfolgung und theologisch-dogmatischen Konflikte der jungen Christenheit. In der Kraft und Stabilität dieses Standards veränderte die Kirche innerhalb weniger Generationen Kultur, Werte und Normen im Nahen Osten und dem Mittelmeerraum.

Aber irgendwann verlor die Kirche ihren Auftrag aus den Augen. Wie die Nationen der Welt Ende des 20. und Anfang des 21. Jahrhunderts gab die Kirche als Ganzes nach einigen Jahrhunderten schrittweise ihren Goldstandard auf – den Goldstandard der Kraft gebenden Gegenwart Christi – zugunsten einer geistlichen Ökonomie eigener Bauart, einer „Fiat"-Wirtschaft aus leerem Ritual und Gesetzlichkeit, die in sich genauso wertlos sind wie die Fiatwährungen der Ökonomien heute. Und wie die Ökonomien der Nationen hat auch die Kirche einen kritischen Punkt erreicht, an dem etwas getan werden *muss*, um das Verlorengegangene zurückzugewinnen. Das ist das zweite Thema dieses Buches, und es ist sein Hauptthema.

So, wie der britische Gold-Sovereign ein Symbol war für die Herrlichkeit, den Reichtum, die Macht und Souveränität der britischen Krone, so steht Gold über die Jahrtausende hinweg für die Herrlichkeit, den Reichtum, die Macht und Souveränität Gottes. Wenn eine Nation die gewichtige Stabilität des Goldstandards ablehnt zugunsten einer Fiatwährung, dann verwirft sie Wirtschaftsstabilität. Gleichermaßen gilt: Wenn die Kirche biblische Prinzipien ersetzt durch humanistische Ideen, verwirft sie im Grunde den souveränen, allmächtigen Gott. Der britische Gold-Sovereign hatte das Porträt des Monarchen eingeprägt – und die Kirche, die Gesamtheit aller Gläubigen und Nachfolger Jesu, trägt den Abdruck des Ebenbildes Christi, der unser Haupt ist. Solange die Kirche Gott treu war, ordnete man sich seiner Souveränität unter und spiegelte seine Herrlichkeit und Macht wider. Doch als die Kirche in die Irre ging und von weltlicher Macht verführt wurde, wurde das Bild Christi verzerrt und die Kirche gab geistlich gesprochen ihren Goldstandard auf zugunsten des Fiatgeldes des Humanismus.

Um zu verstehen, wie all das zusammenhängt, schauen wir uns zunächst die Bedeutung von Gold an als Metapher für Gottes Gegenwart und Macht in der Kirche und in den Anfängen des Judentums, aus dem die Kirche ja entstammt.

Das Video zu diesem Kapitel (Englisch):
http://youtu.bedoq_R6s2TU

Kapitel 2

Die Herrlichkeit eingetauscht

In dem Moment, in dem du deine Prinzipien und deine Werte aufgibst, bist du tot, ist deine Kultur tot, ist deine Zivilisation tot.

Oriana Fallaci

In Anbetracht der zentralen Rolle, die Gold als universaler und ultimativer Standard für Reichtum, Wert und Kostbarkeit immer und überall gespielt hat, die ganze Menschheitsgeschichte hindurch, sollte nicht überraschen, dass Gold auch in der Kunst, in der Literatur, in den Mythen und Religionen jedes Volkes von großer Bedeutung ist – nicht nur als Wertgegenstand an sich, sondern auch als Symbol für alles Mögliche von wahrem Wert, sei es physisch greifbar oder nicht. Gold wird oft gewählt als Metapher für den überragenden Wert von etwas, das nicht sichtbar ist und nicht betastet werden kann: eine Vorstellung, ein Prinzip, ein Grundsatz. Die „Goldene Regel" – „Handle so, wie du behandelt werden willst" – ist ein bekanntes Beispiel für diesen Gebrauch. Jede längere Zeit des Friedens, des Fortschritts, der Entwicklung, des Wohlstands, jede längere Periode bedeutsamer Leistungen oder des Überflusses wird im Rückblick meist als „das goldene Zeitalter" einer Kultur oder Industrie bezeichnet, insbesondere, wenn diese Kultur oder Industrie wahrgenommen wird als etwas, das sich im Niedergang befindet. So gibt es „Das Goldene Zeitalter Englands" unter der Herrschaft von Elisabeth I. oder

„Das Goldene Zeitalter des Radios“ von seiner Ausbreitung in den 1920er-Jahren bis zu seiner Entthronung durch das Fernsehen als Hauptquelle der häuslichen Unterhaltung in den 1950er-Jahren. Einen hochtalentierten, vielversprechenden jungen Menschen voller Potenzial für zukünftigen Erfolg bezeichnet man auch als „Goldjungen“ bzw. „Goldmädchen“, und eine Situation, die schnelle Entwicklungen oder Errungenschaften begünstigt, wird als „goldene Gelegenheit“ bezeichnet (meist ist die allerdings schnell wieder vorüber).

Es stimmt: Gold ist in den meisten Kulturen allgegenwärtig als Metapher für das Größte, Beste, Höchste, Reinste, Schönste, Meistbegünstigte und Wertvollste. Diese Metapher taucht mit erstaunlicher Regelmäßigkeit auf, sowohl in der säkularen als auch in der sakralen Kunst und Literatur. Das gilt insbesondere für die Bibel. Verweise auf Gold im wörtlichen und übertragenen Sinne finden wir in der Bibel von 1. Mose bis zur Offenbarung. Manchmal ist die Rede von natürlichem, materiellem Reichtum, wie bei dem Gold des Königs Salomo; in anderen Fällen symbolisiert Gold einen Reichtum und Wert, der weitaus größer ist als irgendein materieller Schatz, inklusive Gold – einen Reichtum von derart gigantischem Gewicht und Wert, dass uns dafür die Worte fehlen. Wenn wir versuchen, das Unbeschreibliche zu beschreiben, greifen wir in unserem Dilemma am besten zum Vergleich mit dem natürlichen Element, dem wir den größten intrinsischen Wert beimessen: dem *Gold*.

In der Bibel ist Gold unauflöslich mit Gott verknüpft, als Symbol sowohl seiner Herrlichkeit als auch seiner Souveränität, seiner Allmacht. Und weil Gott der Urheber allen Lebens ist, steht Gold auch für den höheren Sinn und Wert des Lebens, insbesondere des Menschenlebens. Die ersten Kapitel im 1. Buch Mose erklären, dass Gott den Menschen als sein Ebenbild erschuf. Unser höchster Lebenszweck besteht darin, unseren Schöpfer widerzuspiegeln; das bedeutet: seine Herrlichkeit zu reflektieren in allem, was wir sagen und tun, und seine unangefochtene Souveränität anzuerkennen, indem wir unsere „Souveränität“ als Haushalter der Erde anlehnen und ausrichten an Gottes Souveränität: So, wie Gott souverän über alles herrscht, was existiert, über das Natürliche und das Spirituelle, das Sichtbare und das Unsichtbare, so schuf er die Menschen nach seinem Ebenbild und gab ihnen die Herrschaft über die Schöpfung – nicht als Eigentümer, sondern als Bevollmächtigte, die auf der Erde Souveränität, Macht ausüben unter der absoluten Souveränität, der Allmacht Gottes. Als solche sollten die Menschen Verwalter der Herrlichkeit Gottes auf Erden sein, nicht im humanistischen Sinne, sondern im Rahmen der umfassenden Souveränität Gottes und in Harmonie mit dem Mandat, das er ihnen gab, um für die Erde und für alle Geschöpfe zu sorgen.

Im Sündenfall verlor der Mensch seine erhabene Stellung als Bevollmächtigter. Das Ebenbild Gottes im Menschen wurde verdreht und verzerrt, und der Mensch verlor den Kontakt zu dem, wer er war und warum er auf der Erde war. Wenn man den Menschen abkoppelt vom Konzept der Erschaffung nach Gottes Ebenbild, raubt man ihm das Wissen um Lebenssinn und -ziel. Genau diesen Bruch, die verlorene Verbindung zwischen dem Menschen und seiner wahren Identität, begann Gott wiederherzustellen, als er das Volk Israel dazu berief, sein besonderes Eigentumsvolk zu sein, und als er später die Kirche ins Leben rief und gründete unter dem Haupt, seinem Sohn Jesus Christus.

Darum ist es von entscheidender Bedeutung, dass wir die Wichtigkeit von Gold sowohl für die Welt als auch für die Kirche verstehen, nicht nur als Handelsware und Geldstandard, sondern auch als Symbol, das uns hinweist auf Gottes Herrlichkeit, Ehre und Reinheit, seinen Reichtum, seine Heiligkeit und absolute Souveränität, seine Allmacht. Die Kirche Jesu Christi repräsentiert die Menschheit, wiedergebracht zu ihrem ursprünglichen Zweck: um ohne Verzerrung das Ebenbild und die Herrlichkeit Gottes widerzuspiegeln. Das perfekte Modell dafür ist Jesus Christus selber, der lebendige, auferstandene, sündlose Sohn Gottes: der „Goldstandard" der Kirche. Doch so, wie die Welt den materiellen Goldstandard aufgab und Wirtschaftsstabilität eintauschte für ein „Gold-loses" System, das letztlich nur in die Armut führen kann, so verwarf auch die Kirche ihren Goldstandard des Ebenbildes und der lebendigen Gegenwart Christi – und landete in geistlicher Verarmung.

Auf diesem Hintergrund schauen wir uns nun genauer an, welche Rolle das Gold spielt: im wörtlichen und im übertragenen Sinne, als Illustration des Wesens und Charakters Gottes sowie seiner Beziehung zum Menschen.

Seit Urzeiten hat die Menschheit das Gold geschätzt – aufgrund seiner Seltenheit, Schönheit und Formbarkeit. Es gibt nur wenige Metalle, die leichter zu bearbeiten sind als Gold: Es schmilzt sehr leicht und ist daher ideal zum Gießen und zum Modellieren. Es ist derart gut formbar, dass es in fast jede Form gehämmert werden kann, sogar in hauchdünne Blätter, ohne dass es seine Konsistenz oder Lauterkeit verlöre. Gold ist unzerstörbar; im Gegensatz zu Silber beschlägt es nie, und anders als Eisen rostet es nicht. Deshalb war Gold schon immer das bevorzugte Metall für Schmuck und Gegenstände zum gottesdienstlichen Gebrauch, für Tempelschmuck, für Behältnisse und Utensilien zur kultischen und häuslichen Verwendung, zur Ausschmückung besonderer Töpferware, Kleidung und ansonsten gewöhnlicher Alltagsgegenstände. Gold wurde insbesondere genutzt zur verschwenderischen Zurschaustellung von Reichtum, wie es König Salomo tat.[42]

Gold wird in der Bibel öfter erwähnt als jedes andere Metall. Das Wort „Gold" taucht in der King-James-Bibel in mindestens 361 Versen auf, in manchen modernen Übertragungen sogar noch öfter.[43] Zum ersten Mal finden wir „Gold" in 1. Mose 2:

> *Und es ging aus von Eden ein Strom, den Garten zu bewässern, und teilte sich von da in vier Hauptarme. Der erste heißt Pischon, der fließt um das ganze Land Hawila und dort findet man Gold; und das Gold des Landes ist kostbar. Auch findet man da Bedolachharz und den Edelstein Schoham.*
>
> 1. Mose 2,10–12

Der Garten Eden war das Paradies, in dem die ersten Menschen auf Erden lebten – und schon hier spricht die Bibel von Gold. Als Nächstes finden wir es elf Kapitel später in der Beschreibung von Abrahams bzw. Abrams Reichtum; Abraham wurde zum Stammvater Israels: „Abram war sehr reich an Vieh, Silber und Gold" (1. Mose 13,2). Ebenfalls im 1. Buch Mose finden wir den ersten Verweis auf Gold als Schmuck zum persönlichen Gebrauch: „Als nun die Kamele alle getrunken hatten, nahm er einen goldenen Stirnreif, sechs Gramm schwer, und zwei goldene Armreifen für ihre Hände, hundertundzwanzig Gramm schwer" (1. Mose 24,22). Abraham hatte seinen vertrauenswürdigsten Knecht in sein Heimatland geschickt zu seinen Verwandten, um für seinen Sohn Isaak eine Frau zu finden. Nachdem er sie gefunden hat, eine junge Frau namens Rebekka, übergibt der Knecht Geschenke: einen Nasenring und zwei Armbänder aus Gold; der Nasenring wiegt einen halben Schekel, die Armreifen zehn.

Der Schekel war im Alten Testament die grundlegende Gewichtseinheit; sein genauer Wert konnte nie abschließend festgestellt werden, vermutlich betrug er etwa 11,3 Gramm.[44] Nimmt man diesen Wert an, dann wog Rebekkas goldener Nasenring ungefähr ein Fünftel einer Unze und die goldenen Armbänder jeweils etwa vier Unzen. Nach dem derzeitigen Goldpreis (2014) wäre Rebekkas Nasenring heute fast 350 Dollar wert und die Armreifen über 6900 Dollar, und zwar *jedes*. Dies war nur ein kleiner Teil von Abrahams Reichtum, und ein Großteil dieses Vermögens bestand aus Gold.

Von den 361 Versen in der King-James-Bibel, in denen das Wort „Gold" vorkommt, finden sich allein 88 Verse, also knapp ein Viertel, im 2. Buch Mose; meist handeln diese von der Stiftshütte, dem transportablen Zentrum des Gottesdienstes, dem „Zelt der Begegnung" (2. Mose 39,32; Elberfelder Übersetzung), das die Israeliten auf den Befehl Gottes hin in der Wüste Sinai errichteten. Viele der Gegenstände, die für den Gottesdienst der Stiftshütte hergestellt wurden, waren entweder aus Gold oder aus mit Gold überzogenem Holz. Sogar in die Bekleidung wurde Gold eingewoben, insbesondere in den Priesterschurz und die Brusttasche des Hohenpriesters. Die Stiftshütte wurde aufgebaut, wo immer die Israeliten lagerten, und innerhalb der Umzäunung der Stiftshütte sah man Gold, wohin das Auge fiel. Das war Absicht; die Vergoldung entsprach den Anweisungen, die Gott dem Mose zum Bau der Stiftshütte gegeben hatte.

Hier ist eine Liste von Gegenständen für die Stiftshütte, für die Gold verwendet wurde:

- die Bundeslade – hergestellt aus Akazienholz, 1 ¼ × ¾ × ¾ Meter groß, innen und außen mit Gold überzogen, umrahmt von einem goldenen Kranz und vier goldenen Ringen, einem an jeder Seite, für die Tragstangen (2. Mose 25,10–12)
- zwei Tragstangen für die Bundeslade aus Akazienholz mit Goldüberzug (2. Mose 25,13–15)
- der Gnadenthron über der Bundeslade aus reinem Gold, 1 ¼ Meter lang und ¾ Meter breit (2. Mose 25,17)

- zwei Cherubim aus gehämmertem Gold, die sich gegenüberstanden, an jedem Ende des Gnadenthrons einer, wobei ihre Flügel den Gnadenthron überspannten (2. Mose 25,18–20)
- ein Tisch für die Schaubrote – aus Akazienholz, 1 Meter lang, ½ Meter breit und ¾ Meter hoch, mit reinem Gold überzogen und einem Goldkranz umgeben sowie einem Goldring an jeder Ecke für die Tragstangen (2. Mose 25,23–24)
- ein goldener Rahmen um den Tisch, eine Handbreit hoch, und ein Goldkranz für den Rahmen (2. Mose 25,25)
- zwei Tragestangen für den Tisch, aus Akazienholz, mit Goldüberzug (2. Mose 25,28)
- für den Tisch: Schüsseln, Schalen, Kannen und Becher aus reinem Gold (2. Mose 25,29)
- ein siebenarmiger Leuchter, getrieben aus einem einzigen Goldblock (2. Mose 25,31–36)
- Lichtscheren und Löschnäpfe für den Leuchter aus reinem Gold; Gewicht von Leuchter und Zubehör: 35 kg reines Gold (2. Mose 25,38–39)
- 50 goldene Haken, um die beiden Vorhänge zusammenzuheften, um die eigentliche Stiftshütte zu bedecken (2. Mose 26,6)
- 48 Bretter aus Akazienholz, jedes 5 Meter lang und ¾ Meter breit, mit Gold überzogen, als Gerüst der Stiftshütte (2. Mose 26,15–29)
- 15 Stangen aus Akazienholz mit Goldüberzug zur Querverstärkung der Bretter (2. Mose 26,26–29)
- 4 Säulen aus Akazienholz mit Goldüberzug, jede mit einem Goldhaken, um daran den Vorhang aufzuhängen, der das „Heilige" vom „Allerheiligsten" trennt (2. Mose 26,31–33)
- 5 Säulen aus Akazienholz mit Goldüberzug, jede mit einem Goldhaken, um daran die buntgewebte Decke für die Tür der Stiftshütte aufzuhängen (2. Mose 26,36–37)
- „Den Priesterschurz sollen sie machen aus Gold, blauem und rotem Purpur, Scharlach und gezwirnter feiner Leinwand, kunstreich gewirkt" (2. Mose 28,6).
- „Und die Binde, die daran ist, um ihn anlegen zu können, soll von der-

selben Arbeit und aus einem Stück mit ihm sein, aus Gold, blauem und rotem Purpur, Scharlach und gezwirnter feiner Leinwand" (2. Mose 28,8).

- zwei geflochtene Ketten aus reinem Gold mit Goldgeflechten, die auf dem Schurz getragen werden (2. Mose 28,13–14)
- Goldgeflechte für zwei Steine mit den Namen der zwölf Stämme Israels, die an die Schulterteile des Priesterschurzes geheftet werden (2. Mose 28,9–12)
- eine Brusttasche für den Hohenpriester aus feiner Leinwand „kunstreich gewirkt, aus Gold, blauem und rotem Purpur, Scharlach und gezwirnter feiner Leinwand" (2. Mose 28,15)
- Goldgeflechte für zwölf Edelsteine, die der Brusttasche angeheftet werden sollen, wobei jeder Stein einen der Namen der zwölf Stämme Israels trägt (2. Mose 28,17–21)
- zwei geflochtene Ketten aus reinem Gold für die Brusttasche, oben mit zwei Goldringen an ihr befestigt; die anderen Enden werden an Goldringen am Schurz befestigt (2. Mose 28,22–25)
- vier Goldringe, zwei an der Unterkante der Brusttasche und zwei an der Unterkante der Schulterteile des Schurzes, um mit einer blauen Schnur die Brusttasche an ihrem Platz auf dem Schurz zu halten (2. Mose 28,26–28)
- goldene Schellen für den Saum des Hohenpriester-Gewandes (2. Mose 28,33–34)
- ein Stirnblatt aus reinem Gold, auf dem die Worte eingraviert sind: „Heilig dem Herrn"; dieses wurde vorne am Turban des Hohepriesters angebracht (2. Mose 28,36–37)
- einen Räucheraltar aus Akazienholz, ½ Meter im Quadrat und 1 Meter hoch, mit Hörnern an jeder Ecke, überzogen mit reinem Gold, und mit einem Goldkranz umgeben; dazu an zwei Seiten unter dem Kranz zwei Goldringe für die Tragestangen (2. Mose 30,1–4)
- zwei Tragestangen aus Akazienholz für den Räucheraltar, mit Gold überzogen (2. Mose 30,5)

Diese umfangreiche Liste soll zeigen, dass Gold ein wichtiger Bestandteil der Stiftshütte war und für den angemessenen Gottesdienst der Israeliten eine große Rolle spielte. Noch bemerkenswerter wird diese Tatsache, wenn uns bewusst ist, dass die Verwendung von Gold in diesem transportablen Heiligtum exklusiv beschränkt war auf die Gegenstände, die sich *in* der eigentlichen Stiftshütte befanden, nämlich im „Heiligtum" und im „Allerheiligsten"; im Vorhof wurde Silber und Bronze verwendet. Das war ein bewusster Fortschritt vom Geringeren zum Größeren. „Die drei Metalle der Antike – Bronze, Silber und Gold – wurden in bedeutsamer Abstufung verwendet, vom Außenbezirk bis ins Allerheiligste."[45] Der Vorhof war ein Rechteck von 50 × 25 Metern, umzäunt von fünf Leinenvorhängen, die 2 ½ Meter hoch waren, und einer 10 Meter langen „Decke" aus kunstvoll gewebter farbiger Wolle und feinem Leinen für das Tor zum Vorhof auf der Ostseite. Die Vorhänge und die Decke hingen an Bronzesäulen, die auf Bronzefüßen standen, an denen Silberhaken befestigt waren. Die Stiftshütte befand sich auf der Westseite des Vorhofs. Gleich hinter dem Tor zum Vorhof stand der Brandopferaltar, der bestand aus Akazienholz mit Bronzeüberzug. Zwischen dem Altar und der Stiftshütte war das Bronzebecken, das die Priester für die zeremoniellen Waschungen benutzten. Alle Utensilien für den Gottesdienst wie auch die Zelthaken zur Sicherung der Stiftshütte und der Umzäunung waren ebenfalls aus Bronze.

Innen in der Stiftshütte sah es ganz anders aus. Sie war 15 Meter lang und 5 Meter breit; die Wände waren aus Holz, behangen mit kunstvoll gewebten Tüchern. Sie war in zwei Bereiche unterteilt: das „Heiligtum", 10 Meter lang, und das „Allerheiligste", einen Würfel von 5 Meter Kantenlänge. Im Heiligtum stand an der Nordwand der goldene Tisch für die Schaubrote und alle seine goldenen Geräte, an der Südwand der Leuchter aus getriebenem Gold, und direkt vor dem kunstvoll gewebten mehrfarbigen Vorhang, hinter dem sich das Allerheiligste befand, stand der goldene Räucheraltar. Im Allerheiligsten gab es nur einen einzigen Gegenstand: die goldüberzogene Bundeslade mit dem Gnadenthron aus massivem Gold als Abdeckung, zusammen mit den vergoldeten Tragstangen, die nie entfernt wurden. – Die Holzplatten für die Wände der Stiftshütte standen auf Silberfüßen (2. Mose 26,15–25); die fünf vergoldeten Pfosten, an denen die bunt gewobene Decke am Eingang des Heiligtums hing, hatten

Füße aus Bronze (2. Mose 26,36–37). Aber alles andere in der Stiftshütte war aus Gold.

Es gibt hier also eine gewollte Steigerung vom Vorhof zum Allerheiligsten, vom Gewöhnlichen zum Heiligen, sichtbar durch den Übergang von Bronze zu Gold. Der Vorhof stand ganz Israel offen; das Volk brachte die Opfergaben den Priestern, die sie dann auf dem Brandopferaltar dem Herrn darbrachten. Im Heiligtum wurden vertraulichere, innigere Anbetungshandlungen ausgeführt, so das Verbrennen von Weihrauch; hier hatten nur Priester Zutritt. Das Allerheiligste mit Bundeslade und Gnadenthron stand für die Gegenwart Gottes bei seinem Volk. Es zu betreten, war bei Todesstrafe verboten; nur der Hohepriester durfte hineingehen und das nur einmal im Jahr, am Versöhnungstag. Jedes Stadium brachte einen näher zu Gott, dessen Gegenwart – so glaubten die Israeliten – auf dem Gnadenthron ruhte. Je näher man dem Allerheiligsten kam, je näher man Gott kam, umso mehr Gold wurde verwendet.

In der bewussten Bildersprache der Stiftshütte gehört Gold also direkt zur Gegenwart Gottes und steht daher für Gott selbst. Anders ausgedrückt: Gold ist ein sichtbares, berührbares Symbol der *Herrlichkeit* Gottes, und es ist ein durchaus passendes Symbol. Was macht das Gold in unseren Augen so kostbar und wertvoll? Gold ist selten, es ist schön anzusehen, es ist unvergänglich. Und es ist *schwer*. Gold ist ein Metall von hoher Dichte, und wenn man einen Klumpen oder eine Münze aus Gold in der Hand hält, seine Schwere spürt und seinen Glanz bestaunt, dann versteht man instinktiv: Dies ist etwas von hohem Wert, großer Kostbarkeit und hoher Bedeutung.

Gold ist ein sinnenfälliges Symbol für die Herrlichkeit Gottes; seine Schwere, sein Wert und seine Kostbarkeit spiegeln den ultimativen Wert und die ebensolche Kostbarkeit und Schwere Gottes wider, wenn auch unvollkommen. Die Herrlichkeit Gottes ist eines der größten Themen der Bibel; sowohl im Alten als auch im Neuen Testament spielt sie eine große Rolle. Dem Volk Israel in der Wüste zeigte sich die Herrlichkeit Gottes bei Tag in einer Wolkensäule und bei Nacht in einer Feuersäule: „Und der HERR zog vor ihnen her, am Tage in einer Wolkensäule, um sie den rechten Weg zu führen, und bei Nacht in einer Feuersäule, um ihnen zu leuchten, damit sie Tag und Nacht wandern konnten“ (2. Mose 13,21). Sie sahen seine Herrlichkeit auf dem Berg wie eine große

Wolke von Feuer: „Und die Herrlichkeit des HERRN ließ sich nieder auf dem Berg Sinai, und die Wolke bedeckte ihn sechs Tage; und am siebenten Tage erging der Ruf des HERRN an Mose aus der Wolke. Und die Herrlichkeit des HERRN war anzusehen wie ein verzehrendes Feuer auf dem Gipfel des Berges vor den Israeliten" (2. Mose 24,16–17). Gottes Herrlichkeit war so schwer, dass niemand, nicht einmal Mose, die Stiftshütte betreten konnte, wenn die Herrlichkeit Gottes herabkam und die Stiftshütte erfüllte: „Da bedeckte die Wolke die Stiftshütte, und die Herrlichkeit des Herrn erfüllte die Wohnung. Und Mose konnte nicht in die Stiftshütte hineingehen, weil die Wolke darauf ruhte und die Herrlichkeit des HERRN die Wohnung erfüllte" (2. Mose 40,34–35).

„Die Herrlichkeit des HERRN war anzusehen wie ein verzehrendes Feuer auf dem Gipfel des Berges"; „Die Herrlichkeit des HERRN erfüllte die Wohnung": Hier und an vielen anderen Stellen steht im hebräischen Text für „Herrlichkeit" *kabod*; dies ist – unserem Thema durchaus angemessen – ein Wort mit reicher, vielfältiger Bedeutung. Zusätzlich zu „Herrlichkeit" kann *kabod* auch übersetzt werden mit „Ehre", „große Menge", „Vielzahl", „Reichtum", „Reputation" (im Sinne von Ruhm und Majestät) oder „Pracht". Wörtlich verweist *kabod* auf „das große physische Gewicht oder die ‚Quantität' einer Sache".[46] In diesem Sinn verweist *kabod* oft auf materiellen Reichtum und auf einen „bedeutsamen und guten ‚Ruf'".[47] Wenn *kabod* auf Gott verweist, dann beschreibt dieser Begriff „seine Wichtigkeit, seinen Wert, seine Bedeutsamkeit",[48] insbesondere in der Erscheinung seiner Herrlichkeit als „der Selbstoffenbarung des Wesens und Charakters Gottes".[49]

Die Wendung „die Herrlichkeit des Herrn" fasst den Kern des Wesens Gottes zusammen (so gut es Menschenworten möglich ist):

> … *kabod* – „die Herrlichkeit des Herrn" – verweist auf die Wirklichkeit seiner Gegenwart als des höchsten Herrschers seines Volkes, die sich manifestiert in Macht, Pracht und Heiligkeit (Jes. 3,8). Das stimmt mit Exod. 24,17 überein, wo die Erscheinung der „Herrlichkeit des Herrn" wie verzehrendes Feuer war; dies erklärt, warum Mose in 40,34 das Zelt nicht betreten konnte. Deshalb wird dieses Phänomen die „Herrlichkeit des Herrn" genannt, denn es offenbart seine Person und Würde. Die ange-

> messene Antwort auf solch eine Offenbarung besteht darin, ihm „Ehre" oder „Herrlichkeit" zu erweisen. Auf diese Weise ist „Herrlichkeit des Herrn" im Prinzip ein Gottesname.[50]

Kabod ist also ein umfassendes Wort. Wenn es von Gott spricht, beschreibt es seine Person, Gegenwart, Macht, Heiligkeit, Ehre, Würde, Majestät, Pracht und seine Gewichtigkeit als eines Wesens von höchster Bedeutung, das aller Anbetung und Hingabe überaus wert ist – kurzum: Es schildert alles, was Gott ist.

Es sollte uns daher nicht überraschen, dass Gott sehr eifersüchtig über seine Herrlichkeit, seine Ehre wacht. Er wird seine Herrlichkeit nicht schmälern oder beeinträchtigen lassen, indem er sie mit irgendjemandem teilt: „Ich, der HERR, das ist mein Name, ich will meine Ehre (*kabod*)keinem andern geben noch meinen Ruhm den Götzen" (Jesaja 42,8). Gott kann seine Ehre, seine Herrlichkeit deshalb mit niemandem teilen, weil er absolut einzigartig ist und unendlich höher erhöht als irgendetwas oder irgendjemand Geschaffenes. Deshalb ist Götzendienst ein so schwerwiegendes Vergehen gegen Gott; Götzendienst versucht, Gottes Herrlichkeit zu nehmen – Elemente und Aspekte seines göttlichen Wesens – und sie erschaffenen Objekten zuzuschreiben. Sogar wir Menschen, die als Ebenbild Gottes erschaffen wurden und die Krone seiner Schöpfung sind, können nichts weiter tun, als seine Herrlichkeit *widerzuspiegeln*.

Und selbst das tun wir mangelhaft. Ich sagte es bereits: Der Hauptgrund dafür ist die Verzerrung des Ebenbilds Gottes in uns durch die Sünde. Gott die Herrlichkeit (*kabod*) geben bedeutet, ihn zu ehren; das ist eine der Bedeutungen von *kabod*. Gott hat uns erschaffen, damit wir ihn ehren; aber diese Fähigkeit haben wir im Garten Eden verloren, als das erste Menschenpaar Gott ungehorsam war. Seitdem wurden die Sünde und alle ihre verheerenden Auswirkungen an jede weitere Generation der Menschheit weitergereicht. Als Gott die Israeliten zu seinem besonderen Eigentumsvolk auserwählte, brachte er ihnen bei, wie sie ihn ehren sollten; aber ihre Geschichte zeigt: Sie waren nicht in der Lage, das konsequent durchzuziehen; die Sünde behielt die Oberhand. Dann kam Jesus. Am Kreuz brach er die Macht der Sünde und des Todes und erweckte ein neues Volk, die Kirche. Ausgerüstet mit einem neuen Wesen, war sie – erstmalig seit Eden – fähig, Gott wahrhaftig zu ehren.

Die Kirche legte einen guten Start hin, aber leider kam auch sie vom Kurs ab. Sie hörte auf, Gott allein zu ehren, und ging dazu über, der Menschheit und humanistischen Philosophien Ehre zu erweisen. Die Anbetung, der Gottesdienst zur Ehre Gottes (theozentrisch) wich der „Anbetung" eines Menschenbildes (anthropozentrisch). Die Ehre Gottes, seine Verherrlichung, seine Herrlichkeit wurde an den Rand gedrängt; in den Mittelpunkt rückten Machtstreben und die Besorgnis um das eigene Wohl. Dieser Trend setzt sich heute fort in einem Großteil der „besucherfreundlichen", bedürfnisorientierten und auf Unterhaltung ausgerichteten „Anbetungs"- und „Gottesdienst"-Stile, die wir in vielen Gemeinden finden. Dass die Kirche das Ehren Gottes und seine Herrlichkeit aus dem Blick verlor, löste einen „Dominoeffekt" aus und führte zu immer mehr Kompromissen mit dem System der Welt, zu einem Entgegenkommen, einer Anpassung an weltliche Werte. Was sonst könnte erklären, dass viele neuere Studien in der westlichen Welt nur kleine Unterschiede zeigen zwischen dem Lebensstil von Christen und Nichtchristen?[51]

Die Kirche ist weithin nicht die standhafte, prophetische, überkulturelle Stimme für Wahrheit und Gerechtigkeit angesichts einer Kultur, die zunehmend Gott leugnet und seine Wege ablehnt. Stattdessen hat sich die westliche Kirche im Großen und Ganzen dieser Kultur angepasst, hat die Gepflogenheiten, die „Weisheit" und Denkweisen der Welt übernommen. Das Ergebnis ist das Verschwinden der traditionellen und altehrwürdigen Werte vieler Jahrhunderte. Dr. Francis Schaeffer sagte, diese Werte seien ersetzt worden durch die „kümmerlichen" Werte *persönlicher Friede* und *Wohlstand*:

> Allmählich entwickelte sich diese grundlegende Denkweise des modernen Menschen zu einer Anschauung, die fast vollständig akzeptiert wurde – es entstand ein fast monolithischer Konsensus. Und als diese Denkweise durch Kunst, Musik, Theater, Theologie und Medien die Masse des Volkes erreichte, löste sich das Wertbewußtsein auf. In dem Maße, wie der vom Christentum beeinflußte Konsensus schwächer wurde, übernahm die Mehrzahl der Menschen zwei kümmerliche Werte: persönlichen Frieden und Wohlstand.
>
> *Persönlicher Friede bedeutet, einfach in Ruhe gelassen und nicht mit dem[sic] Problemen der anderen Menschen belästigt zu werden, handle es*

sich dabei um die Welt oder um die Stadt – ein Leben mit einem Minimum an Konfliktmöglichkeiten. Persönlicher Friede bedeutet, daß ich in meinem Leben einen unbeeindruckten Lebensstil ohne Rücksicht auf die möglichen Folgen für meine Kinder und Enkelkinder führen will. Wohlstand meint einen überwältigenden und stets zunehmenden Reichtum – ein Leben, das aus Gegenständen, Gegenständen, und noch einmal Gegenständen besteht – den an einem immer höheren Stand materiellen Überflusses gemessenen Erfolg.[52]

Die heutige westliche Kultur könnte treffend als „Konsumentenkultur" bezeichnet werden oder als Kultur des selbstsüchtigen Genusses. Sie ist hauptsächlich geprägt von der Suche nach, der Beschaffung und dem Konsum von Waren und Genüssen. Der Apostel Johannes nannte das „die Gier des selbstsüchtigen Menschen …, seine begehrlichen Blicke oder sein Prahlen mit Macht und Besitz" (1. Johannes 2,16 NGÜ). Diese stammen nicht von Gott dem Vater, sondern gehören zur Welt. Die Trinität von Gott dem Vater, Gott dem Sohn und Heiligem Geist ist in der modernen westlichen Kultur ausgetauscht worden gegen eine neue „unheilige" Trinität von Wissen, Macht und Wohlstand. Die auf den eigenen Genuss ausgerichtete Suche nach Wissen und Macht ist ein Widerhall von Satans Versuchung im Garten Eden; er hatte Adam und Eva gelockt mit der Idee, Wissen würde sie gottgleich machen (1. Mose 3,5). Heute haben viele das Wissen zu ihrem Gott gemacht; darin sehen sie den Weg zu Macht, Reichtum und Wohlergehen. Das zielgerichtete Streben nach dem eigenen Wohl sagt: „Lasst mich in Ruhe, ich will mein Stück vom Kuchen haben!" Selbstsüchtiges Genießen führt sehr leicht zu einem extremen Individualismus, der die gesellschaftlichen Institutionen der Ehe, Familie und Gemeinschaft vernachlässigt oder gar ablehnt. Traditionelle Werte werden über Bord geworfen. Nur *ein* Wert wird anerkannt: Die Beschaffung von Geld, von viel Geld.

Dieses Denken hat auch die Kirche infiziert. Viele Gläubige haben sich so an die Weise der Welt gewöhnt, dass sie völlig blind sind für deren feindselige Opposition gegen Gott und seine Wege. In der Öffentlichkeit ist der dynamische Glaube dem atheistischen Rationalismus gewichen. Ein Ergebnis davon ist, dass viele, wenn sie die Kirche anschauen, einen entmannten Jesus sehen, einen Jesus, der keine Kraft hat und keine Forderung stellt. Das Wissen um den wahren Jesus, das Bild des wahren Jesus ist verlorengegangen: Er ist das Lamm Gottes, das die Sünde der Welt wegnimmt (Johannes 1,29); er ist der siegreiche König, der wiederkommt, um „zu richten die Lebenden und die Toten" (2. Timotheus 4,1); er ist der treue Gottessohn, dessen Name höher ist als jeder andere Name und vor dem sich alle Knie beugen und von dem jede Zunge bekennen wird, dass er der Herr ist (Philipper 2,9–11).

All diese sogenannten „Werte": Wissen, Macht, persönlicher Friede und Wohlstand, wurzeln in der Selbstsucht des Menschen, die ihn seit dem Sündenfall antreibt. Selbstsucht macht das Leben letztlich sinnlos. Das meinte Jesus, als er sagte: „Denn wer sein Leben erhalten will, der wird's verlieren; und wer sein Leben verliert um meinetwillen und um des Evangeliums willen, der wird's erhalten" (Markus 8,35). Der Weg zu *wahrem* Frieden und Wohlstand ist der Weg der Demut – sein Leben hinzugeben, das Kreuz Christi auf sich zu nehmen sowie zuerst nach seinem Reich und seiner Gerechtigkeit zu trachten –; dann werden wir erleben, dass gesorgt ist für alles, was wir brauchen (Markus 8,34; Matthäus 6,33).

Soll es für die Kirche noch irgendwie Hoffnung auf Überleben oder gar Relevanz für die Gesellschaft geben, dann muss sie aufhören, sich der Welt anzupassen, sich in die Form der Welt hineinzupressen. Die Kirche muss zurückgehen zu ihrem ursprünglichen Zentrum, zum „Goldstandard": Gott die Ehre zu geben und Christus als das Haupt zu ehren, indem wir ihn von ganzem Herzen lieben und im Gehorsam gegenüber seinem Gebot, alle Völker zu Jüngern zu machen. Das kann geschehen, wenn wir umkehren und wieder lernen, privat und als Gemeinde Gott allein die Ehre zu geben, seine Gegenwart zu suchen und uns vor seiner Herrlichkeit zu beugen. Starke Symbole wie Gold können uns helfen, diese Verbindung herzustellen.

Für die Israeliten stand die Stiftshütte für die Gegenwart Gottes, den Ort, an dem der König des Himmels sich herabneigte, um die Erde zu berühren und bei seinem Volk zu sein. Das irdische Element, das visuelle Symbol der Gewichtigkeit seiner Majestät und heiligen Gegenwart, war Gold. Das galt auch Jahrhunderte später, als König Salomo in Jerusalem den Tempel des Herrn baute. Er folgte dem Plan, den sein Vater David vorbereitet hatte, und der Tempel war im

Grundsatz so strukturiert wie die Stiftshütte: In den Vorhöfen herrschte Bronze vor, aber im Inneren des eigentlichen Tempels, im Heiligtum und im Allerheiligsten (das ausschließlich der Hohepriester betrat), war Gold sehr (omni-)präsent. Für Israel war das Gesetz Gottes, das Mose vermittelt hatte, von zentraler Bedeutung; aber der eigentliche Kern ihres Glaubens, die Grundlage, auf der alles andere beruhte, war die „goldene" Wahrheit der Gegenwart Gottes in ihrer Mitte. Um eine Metapher aus der Wirtschaft zu verwenden: Gott selber war der „Goldstandard" des Glaubens des Volkes Israel, die „gewichtige" Wirklichkeit, die diesem Glauben Bedeutung und Substanz verlieh und die ihn erhob, weit über die verkehrten Religionen, den Götzendienst der Nachbarvölker.

Die Herrlichkeit Gottes – dieses Thema durchzieht auch das Neue Testament. Anders als im Alten Bund, wo in Stiftshütte und Tempel die Gegenwart Gottes auf dem Gnadenthron im Allerheiligsten ruhte, hinter einem Vorhang dem Blick entzogen, ist im Neuen Bund die Herrlichkeit Gottes in der Person Jesu Christi offen zugänglich. Nicht nur einmal sprach Jesus davon:

> *Denn es wird geschehen, dass der Menschensohn kommt in der Herrlichkeit seines Vaters mit seinen Engeln, und dann wird er einem jeden vergelten nach seinem Tun.*
>
> Matthäus 16,27

> *Jesus aber sprach zu ihnen: Wahrlich, ich sage euch: Ihr, die ihr mir nachgefolgt seid, werdet bei der Wiedergeburt, wenn der Menschensohn sitzen wird auf dem Thron seiner Herrlichkeit, auch sitzen auf zwölf Thronen und richten die zwölf Stämme Israels.*
>
> Matthäus 19,28

> *Und dann werden sie sehen den Menschensohn kommen in den Wolken mit großer Kraft und Herrlichkeit.*
>
> Markus 13,26

> *Wer sich aber meiner und meiner Worte schämt, dessen wird sich der Menschensohn auch schämen, wenn er kommen wird in seiner Herrlichkeit und der des Vaters und der heiligen Engel.*
>
> Lukas 9,26

Auch andere schrieben Jesus Christus göttliche Herrlichkeit zu:

> *Und das Wort ward Fleisch und wohnte unter uns, und wir sahen seine Herrlichkeit, eine Herrlichkeit als des eingeborenen Sohnes vom Vater, voller Gnade und Wahrheit.*
>
> Johannes 1,14

> *Das ist das erste Zeichen, das Jesus tat, geschehen in Kana in Galiläa, und er offenbarte seine Herrlichkeit. Und seine Jünger glaubten an ihn.*
>
> Johannes 2,11

> *Ist nun aber unser Evangelium verdeckt, so ist's denen verdeckt, die verloren werden, den Ungläubigen, denen der Gott dieser Welt den Sinn verblendet hat, dass sie nicht sehen das helle Licht des Evangeliums von der Herrlichkeit Christi, welcher ist das Ebenbild Gottes.*
>
> 2. Korinther 4,3-4

> *Liebe Brüder, haltet den Glauben an Jesus Christus, unsern Herrn der Herrlichkeit, frei von allem Ansehen der Person.*
>
> Jakobus 2,1

> *Wachset aber in der Gnade und Erkenntnis unseres Herrn und Heilands Jesus Christus. Ihm sei Ehre jetzt und für ewige Zeiten! Amen.*
>
> 2. Petrus 3,18

In all diesen Versen steht für „Herrlichkeit" im Original *doxa*, das gebräuchlichste Wort für Herrlichkeit im griechischen Neuen Testament. *Doxa* kann auch mit „Ehre" und „Pracht" übersetzt werden.[53] Das Wort „bezeichnet vornehmlich eine Meinung, eine Bewertung, und daher die Ehre, die aus einer guten Meinung resultiert. Es wird … für das Wesen und die Taten Gottes in seiner Selbstmanifestation verwendet … insbesondere in der Person Christi."[54] Mit anderen Worten: *doxa* verweist auf „die Offenbarung Gottes in Christus"[55].

Der Apostel Paulus lässt keinen Zweifel an der göttlichen Herrlichkeit Christi:

> *Er ist das Ebenbild des unsichtbaren Gottes, der Erstgeborene vor aller Schöpfung. Denn in ihm ist alles geschaffen, was im Him-*

mel und auf Erden ist, das Sichtbare und das Unsichtbare, es seien Throne oder Herrschaften oder Mächte oder Gewalten; es ist alles durch ihn und zu ihm geschaffen. Und er ist vor allem, und es besteht alles in ihm. Und er ist das Haupt des Leibes, nämlich der Gemeinde. Er ist der Anfang, der Erstgeborene von den Toten, damit er in allem der Erste sei. Denn es hat Kirche wohlgefallen, dass in ihm alle Fülle wohnen sollte und er durch ihn alles mit sich versöhnte, es sei auf Erden oder im Himmel, indem er Frieden machte durch sein Blut am Kreuz.

Kolosser 1,15–20

In diesem Abschnitt gebraucht Paulus das Wort „Herrlichkeit" (*doxa*) zwar nicht, doch definiert er es in unwiderstehlicher Brillanz: Jesus Christus ist „das Ebenbild des unsichtbaren Kirche", und durch ihn und für ihn wurden alle Dinge erschaffen: „Er ist vor allem, und es besteht alles in ihm." In Christus wohnt die ganze Fülle Kirche; das bedeutet: Alles, was Kirche ist, ist Christus ebenso. Wir sahen bereits, dass Kirche der „Goldstandard" seines Volkes ist; in gleicher Weise ist Christus der „Goldstandard" der Kirche. Er ist das Haupt der Gemeinde, sie ist sein Leib auf Erden. Er ist der feste Fels, auf dem die Kirche steht. Jesus Christus ist Kern und Stern alles dessen, was die Kirche ist und tut. Wie kein Organismus ohne Kopf überleben kann, so kann auch die Gemeinde Kirche ohne ihr Haupt Christus nicht überleben. Er ist der wahre Weinstock, der den Reben Leben schenkt; er ist die entscheidende Lebensader, ohne die alles stirbt.

Jesus Christus ist „in allem der Erste". Als gekreuzigter und auferstandener Herr verleiht er durch seine lebendige Gegenwart der Kirche ihre Existenzberechtigung: Ohne Christus gibt es keine Kirche. Alle Nachfolger Kirche in der Urgemeinde hatten das verstanden; darum verkündeten und lebten sie ihre Botschaft so einmütig und hatten allem Widerstand zum Trotz dennoch Erfolg. Es ist eines der erstaunlichsten Ereignisse der Weltgeschichte: Wie konnten die paar Anhänger eines unbekannten Rabbis aus einem Provinznest des Römischen Reiches in nur 70 Jahren mit ihrer Botschaft bis in die hintersten Winkel des Reiches hinein Einfluss erlangen wie ein Sauerteig, der den ganzen Teig durchsäuert? Ein zeitgenössischer Historiker drückte es so aus: „Die Christenheit des ersten

Jahrhunderts war eine geistliche Explosion. Entzündet durch das [einzigartige] Ereignis der Gegenwart Kirche Christi, brauste die Kirche in alle Richtungen, geografisch und durch alle Gesellschaftsschichten hindurch."[56] So kamen sie dem Auftrag nach, den sie von Christus persönlich erhalten hatten:

> *Mir ist gegeben alle Gewalt im Himmel und auf Erden. Darum gehet hin und machet zu Jüngern alle Völker: Taufet sie auf den Namen des Vaters und des Sohnes und des Heiligen Geistes und lehret sie halten alles, was ich euch befohlen habe.*
> *Und siehe, ich bin bei euch alle Tage bis an der Welt Ende.*
>
> Matthäus 28,18–20

Als sie hingingen und das Evangelium predigten, taten sie das voller Zuversicht – nicht nur in der Zuversicht, dass seine Gegenwart bei ihnen war, sondern auch in der Zuversicht, dass seine Kraft durch sie wirkte, wie er es verheißen hatte:

> *Aber ihr werdet die Kraft des Heiligen Geistes empfangen, der auf euch kommen wird, und werdet meine Zeugen sein in Jerusalem und in ganz Judäa und Samarien und bis an das Ende der Erde.*
>
> Apostelgeschichte 1,8

Diese ersten Christen hatten eine einzige Botschaft und sie handelten mit nur *einer* Währung, und diese Währung war Jesus Christus, ihr „Goldstandard".

Auf den letzten Seiten des Evangeliums, das seinen Namen trägt, schrieb der Apostel Johannes:

> *Noch viele andere Zeichen tat Jesus vor seinen Jüngern, die nicht geschrieben sind in diesem Buch. Diese aber sind geschrieben, damit ihr glaubt, dass Jesus der Christus ist, der Sohn Gottes, und damit ihr durch den Glauben das Leben habt in seinem Namen.*
>
> Johannes 20,30–31

Am Pfingsttag in Jerusalem, 50 Tage nach Jesu Auferstehung und nur Minuten, nachdem er und andere Gläubige durch den Heiligen Geist mit der lebendigen Gegenwart Christi erfüllt worden waren, predigte der Apostel Petrus der Menschenmenge, die sich zum Fest versammelt hatte:

> *So wisse nun das ganze Haus Israel gewiss, dass Gott diesen Jesus, den ihr gekreuzigt habt, zum Herrn und Christus gemacht hat. ... Tut Buße und jeder von euch lasse sich taufen auf den Namen Jesu Christi zur Vergebung eurer Sünden, so werdet ihr empfangen die Gabe des Heiligen Geistes.*
>
> Apostelgeschichte 2,36.38

Der Apostel Paulus erklärt in seinem ersten Brief an die Gemeinde in Korinth:

> *Auch ich, liebe Brüder, als ich zu euch kam, kam ich nicht mit hohen Worten und hoher Weisheit, euch das Geheimnis Gottes zu verkündigen. Denn ich hielt es für richtig, unter euch nichts zu wissen als allein Jesus Christus, den Gekreuzigten.*
>
> 1. Korinther 2,1–2

Für diese ersten Christen, nicht nur für die Apostel und anderen Leiter, sondern für Gläubige auf jeder Ebene, war Jesus Christus der Lebenssaft. Ihr Leben im Dienst für ihn aufs Spiel zu setzen und sogar zu sterben, das hielten sie für einen geringen Preis. Paulus drückte die Überzeugung der meisten von ihnen aus mit seiner Aussage: „Denn Christus ist mein Leben und Sterben ist mein Gewinn" (Philipper 1,21). Laut einer alten Tradition starb Paulus tatsächlich in Rom als Märtyrer für seinen Glauben. Dasselbe gilt für Petrus und für hunderte weiterer Christen in den ersten 300 Jahren der Kirche.

Diese ersten Christen brannten vor Leidenschaft. Sie wollten so leben, wie Jesus gelebt hatte (und, wenn nötig, auch sterben, wie er gestorben war): im aufopfernden Dienst an anderen Menschen. Befeuert von ihrem Glauben an den Einen, der alles für sie gegeben hatte, und erfüllt mit seiner Kraft versuchten sie, Christus im Alltag nachzuahmen. Nicht nur innerhalb ihrer Gemeinschaft kümmerten sie sich umeinander im Dienst der Barmherzigkeit; sie wandten sich auch denen zu, die ihren Glauben nicht teilten – insbesondere in Krisenzeiten. Weil sie ihres Lebens mit Christus so absolut gewiss waren und weil die Liebe Christi ihr Herz erfüllte, waren sie bereit, für andere ihr Leben aufs Spiel zu setzen. Der schottische Theologe William Barclay schreibt dazu:

> In der Frühkirche gab es eine Gemeinschaft, der sowohl Männer wie auch Frauen angehörten, die p a r a b o l a n i, die Tollkühnen, genannt wurden.

> Sie hatten es sich zur Aufgabe gemacht, Kranke und Gefangene zu besuchen, besonders solche Menschen, die von gefährlichen und ansteckenden Krankheiten befallen waren. Im Jahre 252 n. Chr. brach in Karthago die Pest aus. Die Heiden warfen die Leichname hinaus und flohen voller Entsetzen. Cyprian, der christliche Bischof von Karthago, versammelte seine Gemeinde um sich und hieß sie die Toten begraben und die Kranken in der von der Pest heimgesuchten Stadt pflegen. So retteten sie unter Einsatz des eigenen Lebens die Stadt vor der Verödung und dem Untergang.[57]

Das Christentum war ein Glaubensgebäude, wie es die heidnische Welt noch nie gesehen hatte. Die allerersten Christen waren Juden; doch verbreitete sich die Bewegung schnell auch unter Heiden, besonders durch das missionarische Wirken des Apostels Paulus, und schon nach etwa einer Generation waren die meisten Christen nichtjüdischer Abstammung. Die jüdische Urgemeinde mit ihrem Zentrum in Jerusalem hörte im Wesentlichen auf zu existieren, als 70 n. Chr. die Römer die Stadt eroberten und den Tempel zerstörten. Abgesehen von den „Gottesfürchtigen" (Heiden, die sich zur Synagoge hielten, aber nicht durch Beschneidung Juden geworden waren), kamen die meisten Heidenchristen direkt aus dem Heidentum, und das war im Allgemeinen geprägt von einer fatalistischen und pessimistischen Sicht auf das Leben. Das Christentum hingegen bot ihnen Trost und Zuversicht im Hier und Jetzt, sogar inmitten des Leidens, und dazu die Gewissheit einer sicheren Hoffnung auf ewiges Leben. Diese Heidenchristen nahmen Christus und sein Evangelium mit großer Leidenschaft auf: Jesus war der absolute Herr und die Mitte ihres Lebens.

Von den ersten Tagen der Kirche bis ins 4. Jahrhundert bestanden Gottesdienst und Gemeindeleben der Christen hauptsächlich in kleinen, informellen, vertraulichen Zusammenkünften der Gläubigen. Sie trafen sich in Privathäusern zum gemeinsamen Essen, zur Anbetung, zum Gebet und zur Predigt. Ansonsten versuchten sie die Lehre, die sie bei ihren Treffen erhalten hatten, in die Tat umzusetzen. Besondere Orte für den Gottesdienst tauchten erst Mitte des 3. Jahrhunderts auf. Der Kirchenhistoriker Everett Ferguson schreibt:

> Die ersten bekannten christlichen Treffpunkte waren Privathäuser, die dem kirchlichen Gebrauch angepasst wurden (wie die [Hauskirche von] Dura Europus Mitte des 3. Jahrhunderts), oder Versammlungshallen in Wohn- oder Geschäftsgebäuden (Lagerhäuser), die für den gottesdienstlichen Gebrauch umgebaut wurden (wie die ersten Kirchen in Rom). Mit dem konstantinischen Frieden wurden Kirchen zu öffentlichen Monumenten; es herrschte der Stil der Basilika vor.[58]

In den ersten drei Jahrhunderten ihrer Existenz war die christliche Kirche im Wesentlichen eine dynamische, christozentrische Glaubensbewegung; sie traf sich in Häusern und kam aus den unterschiedlichsten Volksgruppen und Gesellschaftsschichten, überwiegend waren es Sklaven und einfache Leute. In dieser Zeit erduldete die Kirche immer wieder Verfolgung; manchmal schwerer und weiter verbreitet als sonst. Im Allgemeinen tolerierte das Römische Reich die verschiedenen Religionen; doch die Christen waren aus mindestens zwei Gründen verdächtig. Der erste war ein Missverständnis, was einige ihrer Riten und Praktiken betraf; so ging das Gerücht um, sie wären Kannibalen – nahmen sie im Abendmahl nicht „Leib“ und „Blut“ zu sich? Der andere Grund war ihre Weigerung, den Kaiser als Gott zu verehren. Die Gottheit des Kaisers anzuerkennen galt als patriotischer Akt: so bekundete man dem Staat Loyalität, und dies zu verweigern kam Verrat gleich. Die Christen aber waren nicht bereit zu sagen: „Der Kaiser ist der Herr“; sie erkannten nur einen als Herrn an: Jesus Christus.

In Verfolgungszeiten gab es, mit Verlaub, viele Christen, die widerriefen, weil sie Angst hatten oder unter starkem Druck standen; aber es gab viel mehr Christen, die standhaft blieben und treu an Christus festhielten, oft um den Preis ihres Lebens. Von ihrem auferstandenen Herrn bevollmächtigt, wuchs die Kirche jedoch weiter, auch in der Verfolgung. Der christliche Theologe Tertullian schrieb gegen Ende des 2. und Anfang des 3. Jahrhunderts: „Das Blut der Märtyrer ist der Same der Kirche.“ Die christliche Kirche als Ganzes war erfolgreich, sie breitete sich aus und erfreute sich in den ersten drei Jahrhunderten eines unvorstellbaren Wachstums – weil sie auf ihr Haupt Jesus Christus ausgerichtet blieb, den „Goldstandard“ der Kirche.

Das änderte sich dramatisch im 4. Jahrhundert, als Konstantin I. (der Große) im Jahr 312 n. Chr. zum einzigen Kaiser des westlichen Teils des Römischen Reichs wurde (324 n. Chr. wurde er Kaiser beider Reiche, des Westens und Ostens).

Konstantin gilt als der erste christliche Kaiser des Römerreiches, auch wenn Grad und Echtheit seiner Bekehrung von Experten kontrovers diskutiert wird. Unumstritten aber ist, dass Konstantins Thronbesteigung grundlegende und nachhaltige Veränderungen von Status und Schicksal der christlichen Kirche nach sich zog. Ob diese Veränderungen für die Kirche gesund und der Ausbreitung des Evangeliums zuträglich waren oder nicht, auch das wird immer noch erörtert.

Die Zeit vor Konstantin, die Jahre von 70 bis 312 n. Chr., wurde das Zeitalter der „katholischen" Christenheit genannt:

> In dieser Zeit verbreitete sich die Christenheit im gesamten Römischen Reich und im Osten, wahrscheinlich bis nach Indien. Die Christen erkannten, dass sie Teil einer schnell wachsenden Bewegung waren. Sie nannten diese „katholisch"; das deutete an, dass sie universal war, und zwar trotz Verspottung durch die Heiden und Verfolgung vonseiten Roms, und dass es sich um den wahren Glauben handelte, im Gegensatz zu allen Verfälschungen der Lehren Jesu. Um den Herausforderungen ihrer Zeit zu begegnen, setzten die Christen zunehmend Bischöfe ein. So war das katholische Christentum geprägt von einer universalen Vision, von orthodoxen Überzeugungen und von einer episkopalen [bischöflichen] Kirchenregierung.[59]

Konstantin läutete eine neue Ära der Kirche ein, eine Ära, die manchmal das „Zeitalter des christlichen Rom" genannt wird. Konstantins Einfluss auf die Geschichte und besonders auf die weitere Entwicklung der christlichen Kirche ist kaum zu überschätzen. Dr. Bruce Shelley erläutert:

> Kaiser Konstantin ist eine der wichtigen Gestalten der Kirchengeschichte. Nach seiner Bekehrung bewegte sich das Christentum schnell von der Abgeschiedenheit der Katakomben zum Prestige der Paläste. Die Bewegung begann das 4. Jahrhundert als verfolgte Minderheit; sie beschloss

> es als etablierte Reichsreligion. Nun stand die Kirche in Verbindung mit der Staatsmacht und übernahm die Hoheit über Werte und Normen der gesamten Gesellschaft. Um dem Staat zu dienen, überarbeitete sie ihre Lehre und entwickelte ihre Strukturen weiter. Mönche standen auf und protestierten gegen diese Säkularisierung des Glaubens; aber als im Westteil des Reiches die Barbaren die Regierung niederschlugen, verpflichteten sich sogar die Benediktiner als Heidenmissionare.[60]

Man achte auf die Gegensätze: Vor Konstantin trafen sich die Christen in kleinen Gruppen, meist in bescheidenem Rahmen, oft im Geheimen; nach Konstantin trafen sie sich offen und ließen im Allgemeinen die Form der Hauskirche fallen zugunsten von großen Versammlungen in kunstvollen Gebäuden, die speziell für diesen Zweck errichtet worden waren und im Laufe der Zeit immer größer und aufwändiger wurden. Vor Konstantin lebten die Christen unter der sehr realen Bedrohung von Verfolgung, aus der ab und zu deutlich mehr als nur eine Bedrohung wurde: Verfolgte Christen verloren ihre Häuser, ihren Besitz, ihre Arbeit, ihren Lebensunterhalt, manchmal verloren sie gar ihr Leben. Mit dem Aufstieg Konstantins hörte die Verfolgung auf. Im Jahre 313 n. Chr. erließ Konstantin zusammen mit seinem Schwager Licinius, Kaiser des Ostteils des Reiches, die Mailänder Vereinbarung, die allen Religionen im Reich Toleranz garantierte, auch dem Christentum.

Gewiss war das Ende der Verfolgung und die Ausweitung der Toleranz in vielerlei Hinsicht für die Kirche eine Wohltat; doch gab es auch eine Schattenseite: Nun, da die äußere Bedrohung durch Verfolgung weggefallen war, fanden die Christen schnell allerlei Gründe, um sich gegenseitig zu bekämpfen. Einige dieser Schlachten waren legitim, zum Beispiel die Lösung der Fragen zu fundamentalen Themen des Glaubens wie die Gottheit Christi und das Wesen der Trinität. Doch leider zeigt die Geschichtsschreibung auch, dass christliche Gruppen manchmal andere Christen verfolgten, und zwar mit derselben Gewalt, Grausamkeit und Unduldsamkeit, die sie unter dem vorkonstantinischen römischen Staat erlitten hatten.

Die bedeutsamste Veränderung für die Kirche unter der Herrschaft Konstantins betraf die Beziehung zwischen Kirche und Staat. Vor Konstantin war die

Kirche eine Gegenkultur zur allgemeinen Kultur, eine prophetische Stimme für Gerechtigkeit gegen Gottlosigkeit, Machtmissbrauch und Korruption; unter Konstantin erhielt die Kirche beim Staat einen Sonderstatus – und aus der prophetischen Stimme *gegen* den Staat wurde ein Diener, ein Verbündeter, ein Werkzeug des Staates. Shelley macht folgende Beobachtung:

> Konstantin steht für das Ende des Zeitalters der katholischen Christenheit und den Beginn des Zeitalters des christlichen Reiches (312–590). Mutige Märtyrer – das war Vergangenheit. Es beginnen die Christianisierung des Reiches und die kaiserlichen Eingriffe in kirchliche Angelegenheiten. Die negativen Konsequenzen dieser beiden Entwicklungen können wir bis heute feststellen.[61]

Viele Christen sahen diese Entwicklung zunächst positiv: Nach drei Jahrhunderten des Kampfes und angesichts der Gunst, die die Kirche jetzt genoss, schien es, als sei die Bekehrung der ganzen Welt zu Christus nahe gekommen. Doch die Medaille hatte auch eine andere Seite:

> Die Vorteile für die Kirche waren zwar ganz real, aber sie hatten ihren Preis: Konstantin herrschte über die christlichen Bischöfe, wie er über seine Beamten herrschte. Er verlangte bedingungslosen Gehorsam gegenüber offiziellen Verlautbarungen, selbst wenn diese eine Einmischung in rein kirchliche Angelegenheiten darstellten. Dann gab es die Menschenmassen, die nun in die offiziell begünstigte Kirche strömten. Vor der Bekehrung Konstantins bestand die Kirche aus überzeugten Gläubigen; jetzt kamen viele, die nach politischer Macht strebten, sich um diese Religion nicht kümmerten und noch halb im Heidentum verwurzelt waren. Dies drohte nicht nur eine Seichtheit und eine Durchdringung mit heidnischem Aberglauben zu bewirken, sondern auch die Säkularisierung und den Missbrauch der Religion für politische Zwecke zu befördern.[62]

Schließlich waren der Erfolg des Staates und der der Kirche eng miteinander verknüpft, besonders seit 380 n. Chr., als das Edikt von Thessaloniki das Christentum zur offiziellen Staatsreligion machte. Die Vision von einem ewigen himmlischen Reich im zukünftigen Leben, die das Zeitalter der „katholischen“ Christenheit der ersten drei Jahrhunderte charakterisiert hatte, diese Vision wich der Vision von einem zeitlich begrenzten irdischen Reich im Hier und Jetzt – mit allem Reichtum, aller Macht, allem Pomp und Zeremoniell, das dazugehörte. Die Bekehrung von Ungläubigen zum Glauben mittels Überzeugung durch Predigt und Lehre wich der Zwangsbekehrung mit Unterstützung durch die Staatsmacht. Die Dynamik der aktiven Gegenwart Christi in der Kirche durch den Heiligen Geist wurde gedämpft, ja, ging fast verloren unter dem königlichen Prunk, den blendenden Insignien der Macht und dem pompösen Ritual der institutionalisierten Kirche, einer Kirche, der die Schätze eines ganzen Reiches zur Verfügung standen. Verführt von den Verlockungen des materiellen Reichtums, des Status und der Macht, vertauschte die Kirche als Ganzes den unveränderbaren „Goldstandard“ der Gegenwart Christi gegen den Schein einer Religion ohne geistliche Kraft.

Natürlich geschah das nicht über Nacht. Diese drastische Verwandlung geschah über viele Jahre hinweg, aber die Herrschaft Konstantins und seine Vermählung von Kirche und Staat war der Katalysator. Auch wenn es in Geschichte und Dienst der Kirche in den folgenden Jahrhunderten viele Lichtblicke gab: Es sollte 1200 Jahre dauern, bis die Kirche ihren „Goldstandard“ wiederentdeckte in der Person und Gegenwart des lebendigen Christus.

Das Video zu diesem Kapitel (Englisch):
http://youtu.be/iVevk5lTl-U

Kapitel 3

Grundsätze der Ökonomie

Ökonomische Freiheit ist ein Selbstzweck …
[Sie] ist auch ein unverzichtbares Mittel auf dem Wege
zur Erreichung politischer Freiheit.

Milton Friedman

Wenn man bedenkt, wie stark Fragen der Wirtschaft in den letzten Jahren die Weltpresse und den Äther dominiert haben – und zwar meist mit schlechten Nachrichten –, dann könnten nur die Naivsten und Unwissendsten aufrichtig behaupten, sie hätten davon nichts mitbekommen. Praktisch jeder von uns hat gehört oder ist selber direkt oder indirekt betroffen von Arbeitslosigkeit, Geldentwertung bzw. Inflation von Dollar, Euro oder anderer Währungen mit entsprechendem Kaufkraftverlust, von ausufernden Staatsausgaben, hochschießenden Verlusten, Zahlungsverzug bei Hypotheken bis hin zu Zwangsvollstreckung, Privat- und Geschäftsinsolvenz oder dem Zusammenbruch ganzer Volkswirtschaften wie in Griechenland. Wir sind umgeben von düsteren Nachrichten mit noch düstreren Prognosen vieler Ökonomen, Experten und Medienleute. Es scheint, als erkenne jeder die Probleme, aber man kann sich nicht auf die richtige Lösung einigen.

Das Verhalten des Menschen ist eine knifflige Sache, es ist fast unmöglich vorherzusagen. Und hinter jeder Volkswirtschaft stecken viele einzelne Menschen, ihr je eigenes Verhalten, ihre Entscheidungen. Auch wenn nur wenige wirklich etwas von Ökonomie verstehen – deren Auswirkungen spüren alle. Unter hochgebildeten und sachkundigen Wirtschaftstheoretikern gibt es große Differenzen in den Fragen, welche Daten wichtig sind, wie man sie sammelt und zurückverfolgt, wie man sie interpretiert, welche Schlüsse man aus ihnen ziehen kann und welche Empfehlungen man aussprechen sollte. Ein Autor beobachtet treffend: „Ökonomie wird als ‚betrübliche [*dismal*] Wissenschaft' bezeichnet, vielleicht, weil sie so unübersichtlich ist. Es ist gesagt worden: Wenn man alle Wirtschaftsexperten der Welt an einen Tisch setzen könnte, würden sie dennoch zu keinem Ergebnis kommen."[63] Ähnliches führt Thomas Sowell aus: „Ökonomie wurde als ‚die trostlose [*dismal*] Wissenschaft' bezeichnet, weil sie sich mit unvermeidlichen Beschränkungen und schmerzhaften Kosten-Nutzen-Abwägungen befasst statt mit den angenehmeren, unbegrenzten Visionen und der damit einhergehenden begeisternden Rhetorik, die viele in der Politik und in den Medien so attraktiv finden."[64]

Volkswirtschaftslehre ist für viele in der Tat eine Überforderung. Wenn sogar die „Experten" uneins sind in Sachen Definition, Methoden und Bedeutung der Ökonomie, warum sollte es dann Otto Normalverbraucher besser gehen? Eines steht jedoch fest: Ökonomie (oder das Handeln des Menschen, die sie bewirkt) gibt es, seit die ersten Menschen das erste Werkzeug herstellten oder die erste Waffe anfertigten, um ihr Überleben zu sichern und die Lebensqualität zu verbessern. Das Wirtschaften begann mit dem allerersten Handel, dem ersten Tauschgeschäft zwischen zwei Einzelpersonen, und seitdem begleitet es uns auf Schritt und Tritt. Mit anderen Worten: Die *Praxis* der Ökonomie (nicht den Begriff) gab es schon „in grauer Vorzeit".

Was genau *ist* also Ökonomie, die Wissenschaft vom Wirtschaftsleben? Wie sollten wir ihren Gegenstand definieren? Fragt man den „Mann auf der Straße", sagt er wahrscheinlich, dabei gehe es ums Geld, um Kredite und Guthaben, um Kaufen und Verkaufen, um Angebot und Nachfrage, oder um Zinssätze, die Börse und Handelsabkommen zwischen Staaten. Alle diese Antworten sind richtig – und doch unvollständig; jede bietet nur einen *Teil* des Bildes. Das Handeln des Menschen ist viel zu komplex und breit gefächert, als dass man es in einer Definition aus zwei, drei Wörtern einfangen könnte. Eine solche Definition kann höchstens *eine* Dimension beschreiben, nur eine Facette des ständigen Wirkens des Menschen, das in seiner Gesamtheit als „Ökonomie", als Wirtschaftsleben, als Volkswirtschaft bezeichnet wird.

Einfach ausgedrückt sucht die Volkswirtschaftslehre, die Lehre vom Wirtschaftsleben, die Dynamiken von Produktion, Verteilung und Verbrauch von Waren und Dienstleistungen zu ergründen. Diese Beschreibung könnte uns ein Fachgebiet voller Statistiken und Diagramme, Spalten mit Zahlen, voller Zeitachsen und Kuchendiagramme vor das geistige Auge malen, doch sollten wir nicht vergessen: Ökonomie ist in erster Linie eine *Sozial*wissenschaft; hier geht es um Menschen, um ihre Bedürfnisse, Sehnsüchte und Träume sowie um das, was sie unternehmen, um all das zu befriedigen. Das ist eine sehr reale Dauer-Herausforderung; denn unsere Bedürfnisse, Sehnsüchte und Träume sind praktisch endlos und unbegrenzt, nicht aber die Mittel, um sie zu befriedigen. Wirtschaftswissenschaft, Ökonomie kann daher verstanden werden als ein Studium des Gleichgewichts zwischen der Erfüllung unbegrenzter, endloser und riesiger Bedürfnisse und den begrenzten Ressourcen.

Der britische Ökonom Lionel Robbins hat Ökonomie tatsächlich beschrieben als „Lehre der Verwendung knapper Ressourcen, die man unterschiedlich einsetzen kann".[65] „Knapp" – das bedeutet hier: „Was jeder haben will, das summiert sich zu mehr, als vorhanden ist."[66] Es gibt schlicht und einfach nicht genügend Ressourcen, damit alle all das bekommen, was sie wollen. Also müssen die Bedürfnisse abgeglichen werden mit den Ressourcen, die zur Verfügung stehen. Und diese Ressourcen wiederum müssen abgeglichen werden mit den vielen alternativen Möglichkeiten, wie sie sonst noch eingesetzt werden könnten. Ein Wohlstand an Ressourcen in einem Staat oder einer Region allein garantiert noch keinen Wohlstand für die Leute, die dort leben; es hängt alles davon ab, wie diese Ressourcen verteilt werden. Das geht weit über individuelles Verhalten hinaus; es umfasst das Verhalten der ganzen Gesellschaft. Thomas Sowell erklärt es so:

> In der Volkswirtschaftslehre geht es nicht um finanzielle Einzelschicksale, es geht um das Wohlergehen einer Gemeinschaft als Ganzem. Die Wirtschaftswissenschaft zeigt die Kausalzusammenhänge, die bei Preisen, in der Industrie und im Handel, bei Arbeitsplätzen und Löhnen im Spiel sind oder in der internationalen Handelsbilanz – alles aus der Perspektive, wie

> sich das auf die Zuteilung knapper Ressourcen auswirkt, und die hebt oder senkt den materiellen Lebensstandard eines ganzen Volkes.[67]

Hinsichtlich der Zuteilung knapper Ressourcen leben wir alle tagtäglich mit der Realität des Haushaltens, und diese Realität hat nicht immer mit Geld zu tun. In dem einen oder andern Maße fällen wir ständig Entscheidungen darüber, wie begrenzte Ressourcen verbraucht und nutzbringend eingesetzt werden, sei es Zeit, Geld, Körperkraft, Denkleistung oder anderes. Jedes Mal, wenn wir beschließen, eine Ressource oder einen Aktivposten auf eine bestimmte Weise zu gebrauchen, entscheiden wir damit gleichzeitig, dasselbe nicht einzusetzen für etwas anderes, was möglicherweise genauso nützlich oder wertvoll wäre. Es ist eine Frage der Prioritäten.

Nehmen wir zum Beispiel das bekannte Konzept der Triage (franz.: „aussuchen, einschätzen, abschätzen"), der Ersteinschätzung und Priorisierung bei Massenunfällen, Naturkatastrophen und im Krieg: In jeder Situation, in der es viele Opfer gibt, müssen Notfall-Teams mit begrenztem Personal, begrenzter Zeit und begrenzten Mitteln sorgfältig schwierige Entscheidungen treffen. Bei der Ersteinschätzung in der Notaufnahme werden die Patienten nach einer von drei Kategorien bewertet und entsprechend eingestuft: diejenigen, die wahrscheinlich sterben, auch wenn sie die beste Versorgung bekommen; diejenigen, die ohne Versorgung sterben, aber wahrscheinlich überleben, wenn sie sofort versorgt werden; und diejenigen, deren Verletzungen nicht lebensbedrohlich sind. Da die tödlich Verletzten sowieso sterben und diejenigen mit leichten Verletzungen sowieso überleben, konzentriert sich das Rettungsteam am besten – am *wirtschaftlichsten* – darauf, sich vornehmlich um die zu kümmern, die überleben können, wenn sie medizinisch versorgt werden, ohne Hilfe aber sterben würden. Oberflächlich betrachtet, klingt das herzlos; doch mit diesem Mechanismus kann man erreichen, dass knappe Ressourcen so zugeteilt werden, dass sie für möglichst viele Menschen die größtmögliche positive Wirkung entfalten.

Ein anderes Beispiel: Sagen wir, Sie sind Student und haben morgen eine wichtige Prüfung. Am Abend machen Sie eine Stunde lang ein Computerspiel, statt für die Prüfung zu lernen. Diese Entscheidung ist *ökonomischer, wirtschaftlicher* Natur (auch wenn man sie vielleicht als *un*wirtschaftlich einstufen könnte): Sie haben eine Stunde Ihrer begrenzten Ressource „Zeit" dem Computerspiel zugeteilt; genauso gut hätten Sie in dieser Zeit lernen können. Sobald dieser Aktivposten verbraucht ist – in diesem Fall eine Stunde Zeit –, kann er nie wieder zurückgewonnen werden. War das eine weise Zuteilung Ihrer Zeit? Das kommt darauf an: Wenn die Stunde, die Sie mit Computerspielen verbracht haben, eine geistige Pause nach mehreren Stunden konzentrierten Lernens war, könnte es ein weiser Umgang mit der Zeit gewesen sein; schließlich muss jeder ab und zu mal „herunterfahren". Andererseits: Wenn Sie die Stunde Computerspielen dazu benutzt haben, ernsthaftes Lernen hinauszuschieben, könnte es sein, dass Sie in der Prüfung feststellen, dass Sie diese Stunde hätten besser verwenden können.

Das Fällen von *Werturteilen* im Blick auf die Zuteilung von Ressourcen – richtig, falsch, gut, schlecht, weise, dumm –, dieses Beurteilen überschreitet die Grenzen der Ökonomie als Sozialwissenschaft und akademischer Disziplin. Volkswirtschaftslehre befasst sich mit der Erforschung des Verhaltens, *wie es tatsächlich auftritt*, fällt aber keine Urteile und zieht keine Schlüsse hinsichtlich der *Weisheit*, der *Qualität* des Verhaltens, legt ihm keinen moralischen Maßstab an. Das heißt nicht, dass in ökonomischen Entscheidungen keine persönlichen Werte vorkämen; sie kommen vor, denn diese Entscheidungen werden gefällt von Menschen, die auf Grundlage ihres eigenen Wertesystems agieren. Aus demselben Grund heißt das auch nicht, dass Ökonomen vollkommen objektiv oder neutral wären; sie bringen ihre eigenen Werte, ihre Vorurteile und ihr Gerechtigkeitsempfinden mit ein; auch sie sind Menschen, also kann das gar nicht anders sein. Werturteile und Rechtsempfinden sind immer eine persönliche Sache; doch wie jede andere Wissenschaft befasst sich die Volkswirtschaftslehre im Prinzip nicht mit den *moralischen* Aspekten unseres Verhaltens, sondern mit dessen *Ursache und Wirkung*.

So ist es zumindest im Fall der *Neoklassik*, dem vorherrschenden Ansatz in der Wirtschaftswissenschaft des heutigen Mainstreams. Die Neoklassik ist voller beeindruckend klingender mathematischer Formeln und Gleichungen und komplexer Computermodelle, die das Wirtschaftsverhalten voraussagen sollen, und zwar auf der Basis einer Reihe idealer Parameter. Wenn diese zur Anwendung kommen, so glaubt man, werden sie einen Zustand des wirtschaftlichen Gleichgewichts erzeugen. Neoklassiker glauben, dass konkrete Faktoren wie Preise, Angebot und Nachfrage, Geldmenge und Zinssätze die wirtschaftlichen Entscheidungen und das Wirtschaftshandeln der Einzelnen bestimmen und dass diese Aktivitäten vorhergesagt und wissenschaftlich erfasst werden können. Das Hauptproblem dieses Ansatzes besteht jedoch darin, dass er den „Faktor Mensch" ausblendet – die neoklassische Wirtschaftstheorie gründet sich auf Modelle und Projektionen, die vom realen Menschen abgekoppelt sind. Das Handeln des Menschen ist zu komplex und unvorhersehbar, als dass man es auf eine Reihe mathematischer Gleichungen eindampfen könnte, die alle über *einen* Kamm scheren. Ein Autor kritisiert den neoklassischen Ansatz als inadäquat, weil er die Rolle des Menschen reduziert auf wenig mehr als die des „Lösers einer Nützlichkeitsgleichung":

> Die dominante Wirtschaftsschule, oft „Neoklassik" genannt, scheint Menschen zu beschreiben, die sich verhalten auf eine Weise, die schwerlich übereinstimmt mit alltäglichen Handlungen. Die Menschen in der Fachliteratur scheinen Roboter zu sein, die starr einer Reihe von Gleichungen gehorchen, die „ihren Nutzen maximieren" und auf einer Reihe von Parametern beruhen. Es wird gesagt, diese Gleichungen „bewirkten", dass Angebot und Nachfrage zu einem ausgewogenen Preis führen – einem Preis, der die verlangte Menge angleicht an die Menge, die angeboten wird. Welchen Raum hat der Mensch in solch einem System aus Gleichungen? Es scheint schwierig zu sein, diese mathematischen Konstrukte in Verbindung zu bringen mit der Welt, in der wir leben ... Die Wirtschaftswissenschaft *sollte* allerdings für das reale Leben relevant sein. Befasst sie sich mit Arbeitsplätzen, Geld, Steuern, Preisen und der Industrie, also mit dem, woraus unser Alltag gemacht ist: Warum sollte sie dann so befremdlich sein?[68]

Ja, warum?

Wenn die Wirtschaftswissenschaft relevant sein will, sollte sie erforschen und berücksichtigen, wie Menschen sich im Alltag *tatsächlich* verhalten. Im Fokus sollten nicht die theoretischen Projektionen stehen, wie sie sich verhalten *sollten* laut einem Computermodell auf Grundlage einer hypothetischen Situation; ein Großteil der neoklassischen Wirtschaftstheorie jedoch beruht auf Vorhersagen darüber, welches Verhalten zu erwarten wäre in einem *idealen* wirtschaftlichen

Umfeld, in dem das Angebot immer der Nachfrage entspricht. Das Problem dieses Ansatzes besteht darin, dass solch ein ideales wirtschaftliches Umfeld im realen Leben nicht existiert und nie existieren wird; das geht auf die einfache Wirklichkeit zurück, die oben erwähnt wurde: Die Gesamtmenge unserer Sehnsüchte und Bedürfnisse übersteigt alle zur Verfügung stehenden Ressourcen. Eine *relevante* Wirtschaftstheorie betrachtet das wirtschaftliche Umfeld, das *tatsächlich existiert* (also nicht ein hypothetisches „so sollte es sein"), und baut darauf auf. Sie betrachtet das Handeln und die Interaktion der Menschen, wie sie tatsächlich auftreten, und nicht irgendwelche künstlichen Konstrukte, wie *hypothetische* Menschen sich unter *hypothetischen* Bedingungen verhalten *sollten*.

Ludwig von Mises, ein Schwergewicht der Österreichischen Schule (mehr dazu später), kritisierte diesen Irrtum im neoklassischen Ansatz der Volkswirtschaftslehre:

> Der Schaden, der angerichtet wird von solchen und ähnlichen Versuchen, Unterscheidungen vorzunehmen, bestand darin, dass sie die Wirtschaftswissenschaft abkoppelten von der Wirklichkeit. Die Aufgabe der Wirtschaftswissenschaft in der Form, wie sie viele Epigonen der klassischen Wirtschaftswissenschaft praktizierten, bestand darin, sich nicht mit Ereignissen zu befassen, die tatsächlich stattfanden, sondern nur mit Kräften, die auf irgendwelche nicht klar definierten Weisen zu dem führten, was tatsächlich passierte. Die Wirtschaftswissenschaft zielte nicht wirklich darauf ab, die Bildung von Marktpreisen zu erklären, sondern sie zielte auf die Beschreibung von etwas, das in diesem Prozess zusammen mit anderen Faktoren eine nicht klar beschriebene Rolle spielte. Im Grunde genommen befasste sie sich nicht mit echten lebendigen Wesen, sondern mit einem Phantom, dem „Homo oeconomicus", einem Geschöpf, das sich wesenhaft vom wirklichen Menschen unterscheidet.[69]

Laut von Mises kann also ein Ansatz, der das tatsächliche Verhalten des Menschen ignoriert zugunsten eines konstruierten Phänomens „Homo oeconomicus", das sich aufgestellten wissenschaftlichen Prinzipien und abgeleiteten Gleichungen gegenüber willfährig zeigt – ein solcher Ansatz also wird laut Mises nie zuverlässig vorhersagen können, wie *tatsächlich* gehandelt wird. Die Tendenz, den ganz realen und weithin unberechenbaren Faktor Mensch als das bestimmende Element der Volkswirtschaft praktisch zu ignorieren, diese Tendenz hielt von Mises für einen der Hauptirrtümer des neoklassischen Ansatzes. Von Mises glaubte nicht, dass der „Homo oeconomicus" der Neoklassiker Zentrum der Wirtschaftswissenschaften sei; im Zentrum stand für ihn der „handelnde Mensch", der Mensch, der Entscheidungen fällt mittels seines freien Willens. Diese Position legt er ganz klar vor in seinem Buch *Human Action*, einem Meilenstein der Wirtschaftswissenschaft aus der Sicht der Österreichischen Schule:

> In diesem Sinne sprechen wir vom Subjektivismus der allgemeinen Wissenschaft vom menschlichen Handeln: Sie nimmt die ultimativen Zwecke, die Menschen verfolgen, als Daten, behandelt diese völlig neutral und enthält sich jeglicher Werturteile. Nur ein einziger Maßstab wird angelegt: ob die ausgewählten Mittel geeignet sind, um die angestrebten Zwecke zu erreichen ... Weil dieser Ansatz subjektivistisch ist und die Werturteile des handelnden Menschen einstuft als ultimative Daten, die keiner weiteren kritischen Untersuchung zugänglich sind, steht er selber über allem Streit zwischen Parteien und Interessengruppen; er ist gleichgültig gegenüber den Konflikten zwischen allen dogmatischen und ethischen Schulen, frei von Bewertungen und vorgefertigten Auffassungen und Urteilen; er ist universal gültig, absolut sowie schlicht und einfach menschlich.[70]

Von Mises definiert Wirtschaftswissenschaft im Besonderen als „die Theorie des gesamten menschlichen Handelns, die allgemeine Wissenschaft der unveränderlichen Kategorien des Handelns und ihrer Ausführung unter allen denkbaren speziellen Bedingungen, unter denen der Mensch handelt".[71] Vom menschlichen Handeln als solchem sagt er:

> Menschliches Handeln ist absichtsvolles Handeln. Wir könnten auch sagen: Handeln ist Wille, der zur Ausführung kommt und in Handlungsfähigkeit verwandelt wird; das Handeln zielt auf Zwecke und Ziele ab, es ist die bedeutungsvolle Reaktion des Ego auf Anregungen und Bedingungen des jeweiligen Umfeldes; es ist die bewusste Anpassung einer Person an den Zustand desjenigen Universums, das sein Leben bestimmt.[72]

Mit anderen Worten: Menschen handeln und interagieren absichtlich und aufgrund ihres freien Willens auf die Art, von der sie glauben, dass sie ihnen hilft, ihre Sehnsucht zu stillen, ihr Ziel zu erreichen und ihr Maß an Wohlstand und Annehmlichkeiten zu steigern. Dieses willentliche und zweckbestimmte, zielgerichtete Handeln und Interagieren ist Gegenstand der Wirtschaftswissenschaft (oder sollte es zumindest sein).

Im Allgemeinen kann man sagen: Ökonomen (damit meine ich nicht nur Wirtschaftswissenschaftler, sondern alle, die sich befassen mit Bewertungen und Entscheidungen im Wirtschaftsleben) – Ökonomen im weiteren Sinne also fallen heute unter eine von zwei unterschiedlichen Denkschulen: die einen glauben an einen völlig freien Markt, an das freie Spiel der Kräfte von Angebot und Nachfrage; die anderen glauben, dass die Politik durch Gesetze und Verordnungen den Markt kontrollieren und manipulieren sollte, um die gewünschten Wirtschaftsergebnisse zu „produzieren".

Die erste Denkschule, die „konservative" Position, spiegelt im Allgemeinen die Ansichten von Adam Smith (1723–1790) wider, der in seinem Klassiker *Der Wohlstand der Nationen* die Theorie von der „unsichtbaren Hand" vertrat, also die Vorstellung, ein Naturgesetz würde die Aktivitäten eines freien Marktes lenken, und zwar so, dass ohne Intervention oder Manipulation durch den Staat das beste und erstrebenswerteste Ergebnis für die Gesellschaft herauskomme – ein Laissez-faire-Ansatz. Smith glaubte, diese „unsichtbare Hand" sei im Spiel, ohne dass es denen bewusst wäre, die ihr Kapital investieren und mit ihrer Investition schlicht und einfach den größtmöglichen Gewinn erzielen wollten:

> Indem [der Investor] den einheimischen Gewerbefleiß dem fremden vorzieht, hat er nur seine eigene Sicherheit vor Augen, und indem er diesen Gewerbefleiß so leitet, daß sein Produkt den größten Wert erhalte, beabsichtigt er lediglich seinen eigenen Gewinn und wird in diesen wie in vielen anderen Fällen von einer unsichtbaren Hand geleitet, daß er einen Zweck befördern muß, den er sich in keiner Weise vorgesetzt hatte. Auch ist es nicht eben ein Unglück für die Nation, daß er diesen Zweck nicht hatte. Verfolgt er sein eigenes Interesse, so befördert er das der Nation weit wirksamer, als wenn er dieses wirklich zu befördern die Absicht hätte.[73]

Im Kern vertrat Smiths Theorie, dem Wohl des Landes am zuträglichsten sei ein Gleichgewicht zwischen Eigeninteressen und freier Konkurrenz, befeuert durch das Gesetz von Angebot und Nachfrage und frei von staatlicher Einmischung.

Im Gegensatz dazu übernimmt die zweite Schule, die „liberale" Sicht, die Lehren von John Maynard Keynes, dessen Wirtschaftsphilosophie im Westen zurzeit den größten Einfluss ausübt, insbesondere in den USA. Im Unterschied zu einem Laissez-faire-Ansatz nach dem Motto „Hände weg!" glaubte Keynes, Regulierung und Manipulation der Wirtschaft durch den Staat vermöge besser als der freie Markt, eine prosperierende und geordnete Gesellschaft hervorzubringen, insbesondere in Zeiten der Wirtschaftskrise. Wirtschaftsfaktoren wie Verbraucherausgaben, Investitionen, Nettoexport und Zinssätzen traute er nicht zu, sich vollkommen selbst zu regulieren; sollten diese Faktoren versagen, sei es Pflicht des Staates, direkt einzugreifen. In *The General Theory of Employment, Interest, and Money* (dt.: *Allgemeine Theorie der Beschäftigung, des Zinses und des Geldes*) schreibt er:

> Der Zinssatz legt sich nicht selbst fest auf einem Niveau, das dem Nutzen der Gesellschaft dient; er tendiert stets dazu, zu hoch zu steigen, so dass eine weise Regierung darum besorgt ist, ihn per Gesetz und Gewohnheit zu drosseln und sogar unter Berufung auf die Sanktionen des Moralgesetzes.[74]

Die Manipulation der Wirtschaft durch den Staat mittels Verordnungen und Kaufanreizen ist in den letzten rund 100 Jahren für viele Präsidenten Eckpfeiler der Wirtschaftspolitik gewesen, besonders für Franklin D. Roosevelt und zuletzt Barack Obama. Insgesamt konnten nur wenige Regierungschefs, Staatsoberhäupter oder Gesetzgeber der Versuchung widerstehen, in die Wirtschaft ihres Landes einzugreifen. Ist eine Wählerschaft unzufrieden mit ihrer konkreten Wirtschaftslage, es seien Geschäftsführer, Gewerkschaftsmitglieder, Interessengruppen oder einfach Endverbraucher – sie alle wetteifern um die Aufmerksamkeit ihrer Abgeordneten und wollen sie dazu bewegen, eine Gesetzgebung oder Verordnung zu unterstützen, die ihre Lage verbessert. Sie wollen, dass der Staat zu ihren Gunsten eingreift, und sie glauben: Wenn sie nur laut genug sind, werden ihre Vertreter im Parlament, die sich ihrer Abhängigkeit vom Wähler sehr bewusst sind, wohlwollend reagieren.

Das Problem dabei: Jedes vorsätzliche, zielgerichtete Eingreifen des Staates, um für eine bestimmte Gruppe die Waage ins Gleichgewicht zu bringen, stört unweigerlich das Gleichgewicht einet anderen Gruppe, die andere Bedürfnisse oder Interessen hat. Diese Gruppe wird sich dann ebenso bemerkbar machen, um ebenfalls Erleichterungen zu bekommen, was zu einer weiteren Intervention des Staates führt, um das Ungleichgewicht auszubalancieren, das durch die erste Intervention des Staates hervorgerufen wurde. Diese zweite „Korrektur" bringt das mühsam erreichte Arrangement von jemand anderem durcheinander, und dann verlangt dieser Hilfe. Es ist unschwer zu erkennen, wo das letztlich hinführt: Diese „tausend Nadelstiche" verkraftet die Wirtschaft nicht; sie geht daran zugrunde.

Die künstliche Manipulation der Wirtschaft hat viele Gesichter. Wenn eine Zentralbank, z. B. die US-Notenbank, Zinssätze hebt oder senkt oder das Angebot von Fiatgeld, das im Umlauf ist, ausweitet oder einschränkt, dann injiziert sie künstliche Elemente in der Absicht, die Wirtschaft auf ein bestimmtes Ziel hinzusteuern. Dasselbe gilt, wenn Regierungen versuchen, Preise zu kontrollieren durch Preisabsprachen (Anordnung eines bestimmten Festpreises für eine Ware oder Dienstleistung) oder durch Mindestpreise (Festlegung eines gesetzlichen Mindestpreises für eine Ware oder Dienstleistung) oder durch Deckelung (Festlegung eines gesetzlichen Höchstpreises für eine Ware oder Dienstleistung). Weitere Beispiele für die Einmischung des Staates in die Wirtschaft sind: gesetzlicher Mindestlohn, Anreizpakete, Notverkäufe von Firmen sowie die Subventionierung bestimmter Waren oder Dienstleistungen, um die Nachfrage anzukurbeln oder die Konkurrenzfähigkeit auf den Märkten zu stärken. Keynesianer bestehen darauf, solche Schritte seien gut und notwendig, um eine träge oder erschlaffte Volkswirtschaft anzukurbeln. Das ist der Grund, warum US-Präsident Barack Obama, ein Keynesianer, 2009 derart stark auf den „American Reinvestment and Recovery Act" drang, sein 787 Mrd. Dollar schweres „Anreizpaket", das die US-Wirtschaft durch den Zuschuss von Steuergeldern ankurbeln sollte. Auf der Gegenseite bestehen Ökonomen, die die freie Marktwirtschaft verteidigen, genau so vehement darauf, dass derartige Maßnahmen des Intervenierens der Wirtschaft nicht helfen, sondern tatsächlich die Lage verschlimmern.

Aus diesem Vergleich sollte klar hervorgehen: Die Philosophie von Ludwig von Mises und seiner Österreichischen Schule mit ihrer Betonung der freien Marktwirtschaft steht der konservativen Sicht von Adam Smith näher als der eher liberalen Keynes-Sicht. Wirtschaftsexperten der Österreichischen Schule sind eiserne Verteidiger eines freien und unabhängigen Marktes, und zwar aus folgendem Grund: Wenn Wirtschaftswissenschaft die Lehre vom menschlichen Handeln ist, vom bewussten Handeln des Menschen und dem Interagieren aus freiem Willen, dann muss das Handeln und Interagieren des Menschen auch frei sein von der Intervention des Staates und von der künstlichen Manipulation des Marktes. Nur dann ist das Wirtschaftshandeln *wahrhaft* frei.

Die Österreichische Schule hat ihren Namen (logischerweise) der Tatsache zu verdanken, dass die Gründer und ersten Vertreter dieser Wirtschaftstheorie Österreicher waren. Carl Menger, der als Vater der Österreichischen Schule gilt, war vielleicht der Erste, der Wirtschaftswissenschaft als die Wissenschaft von menschlichen Entscheidungen und Handlungen verstand, und ganz sicher war er der Erste, der diese Vorstellung weiterführte zu einer voll entwickelten Theorie. Sein Buch *Grundsätze der Volkswirtschaftslehre* (1871) „verankerte die Wissenschaft in den subjektiven Werturteilen von Einzelpersonen, im Gegensatz zur Verankerung in objektiven Eigenschaften der Waren oder der Arbeit".[75] „Subjektives Werturteil" bedeutet: Der Wert, der irgendeiner Ware oder Dienstleistung beigemessen wird, wird bestimmt vom Nutzen, den der Nutzer sich davon erhofft, sowie von dem Grad der Verfügbarkeit – und eben nicht von irgendeinem inhärenten Wert, den andere dieser Ware oder Dienstleistung zubilligen mögen. Mit anderen Worten: Menschen messen dem, was sie brauchen, aber nicht haben, einen größeren Wert bei als dem, was sie haben (besonders, wenn sie viel davon haben). Der von ihnen erwartete Nutzen – welcher Natur auch immer dieser sein mag – motiviert sie, wirtschaftlich aktiv zu werden in dem Bemühen, das, was sie brauchen, zu bekommen von jemandem, der genügend davon hat und bereit ist, sich davon zu trennen. Es gibt dann einen Käufer und einen Verkäufer, und zwischen beiden findet eine wirtschaftliche Transaktion statt.

Dies illustriert Mengers Konzept des „Grenznutzens": Je mehr Einheiten einer bestimmten Ware oder eines Rohstoffs jemand besitzt, umso weniger Wert wird er einer einzelnen Einheit beimessen. Er wird also bereit sein, sich von einigen dieser Einheiten durch Verkauf oder Tausch zu trennen, um andere Waren zu bekommen, die er nicht in der Menge besitzt, die er haben will. – Damit kommen wir zurück auf unsere frühere Definition von Volkswirtschaftslehre als dem Studium der Verwendung knapper Ressourcen, die man auf verschiedene Weise einsetzen kann. Eines der antreibenden Prinzipien des Wirtschaftslebens besteht also darin, dass Menschen aus freien Stücken mit anderen in Interaktion treten, um mit etwas zu handeln, was sie im Überfluss haben, um etwas erwerben zu können, was sie brauchen und nicht in für sie ausreichendem Maße haben.

Subjektive Bewertung scheint ein sehr einfaches Konzept zu sein, aber es ist ein wichtiger Meilenstein der Wirtschaftslehre und die Lösung eines Problems, das der Fachwelt lange zu schaffen gemacht hatte. Dank Carl Menger war das jetzt geklärt. Gene Callahan erklärt es so:

> Eine der wichtigsten Erkenntnisse von Carl Menger war das subjektive Wesen des Wertes. Für die klassischen Ökonomen war der Wert ein Paradox. Sie versuchten, ihre Theorie des Wertes auf die Arbeit zu gründen, die in der Produktion einer Ware steckte, oder auf die Nützlichkeit der Ware, und zwar anhand irgendeines objektiven Maßstabs. Man bedenke aber nur einmal etwas so Einfaches wie das Auffinden eines Diamanten bei einem Spaziergang: Es war keine Arbeit nötig, um den Diamanten zu produzieren. Er ist auch nicht nützlicher als ein Glas Wasser, zumindest was die direkte lebenserhaltende Funktion betrifft. Dennoch wird ein Diamant im Allgemeinen für viel wertvoller gehalten als ein Glas Wasser. Menger durchschlug diesen gordischen Knoten, indem er seine Theorie des Wertes allein auf diese Tatsache gründete: Etwas ist deshalb wertvoll, weil handelnde Menschen es für wertvoll halten.[76]

Im Hinblick auf den Wert als solchen schrieb Menger:

> Wert ist daher nichts, was den Waren innewohnt, ist keine ihrer Eigenschaften, sondern bloß die Wichtigkeit, die wir zunächst der Befriedigung unserer Bedürfnisse beilegen, also unserem Leben und Wohlergehen, und die wir dann auf die Wirtschaftsgüter übertragen als die exklusiven Ursachen der Befriedigung unserer Bedürfnisse.[77]

Es gibt viele Arten von Wirtschaftstheorien und Vorstellungen vom ökonomischen Handeln – klassisch, neoklassisch, keynesianisch, Österreichische Schule etc. –, doch können fast alle mehr oder weniger definiert werden im Blick auf ihren Glauben: Entweder glaubt man an eine freie Marktwirtschaft oder an eine durch Eingriffe des Staates regulierte Wirtschaft. Die Geschichte offenbart allerdings, dass die stärksten und stabilsten Volkswirtschaften auf dem Prinzip beruhen, dass freie Menschen in einem freien Markt handeln. Wohlstand ist eng verknüpft mit Freiheit: Je freier ein Volk ist, umso wohlhabender wird es wahrscheinlich sein, und zwar über weite Teile der Bevölkerung hinweg. Der Ökonom Milton Friedman bemerkt:

> Eine Wirtschaft, die vornehmlich auf freiwilligem Austausch beruht ... hat das Potenzial, sowohl des Einzelnen Wohlstand als auch seine Freiheit zu fördern. Sie mag ihr Potenzial in keiner der beiden Richtungen voll ausschöpfen; aber wir wissen von keiner Gesellschaft, die jemals Wohlstand und Freiheit erlangt hat, es sei denn, das dominante Organisationsprinzip wäre freiwilliger Austausch gewesen.[78]

Für Friedman ist klar, dass der freie Handel allein weder Wohlstand noch Freiheit garantiert; „doch der freiwillige Austausch ist eine notwendige Bedingung sowohl für Wohlstand als auch für Freiheit".[79]

Nachdem wir in den ersten beiden Kapiteln die Bedeutung von Gold besprochen haben, einerseits für die Volkswirtschaft und andererseits als Symbol der Gegenwart Gottes bei seinem Volk, sowie die Gefahren in beiden Bereichen, wenn von einem so soliden und gewichtigen Standard abgewichen wird, nach diesem kurzen Überblick also über Grundlagen der Volkswirtschaftslehre als der Wissenschaft von der Lehre vom menschlichen Handeln und Interagieren ist es nun Zeit, dass wir uns befassen mit Ursprung, Produktion und dem Gebrauch von Geld (Kapitel 4). Das wird die Grundlage sein für die Ausführungen zur globalen Schuldenkultur in Kapitel 5; dort wird dann auch diskutiert, wie und warum diese Schuldenkultur eine Bedrohung ist für das wirtschaftliche und leibliche Wohlergehen eines jeden Menschen auf Erden.

Das Video zu diesem Kapitel (Englisch):
http://youtu.be/2fFDY9htPZM

Kapitel 4

Von Knochen und Kerbstöcken zum Dollar und Euro

Geld, nicht Moral
ist das Prinzip von Handelsnationen.

Thomas Jefferson

Am Abend des 16. Oktober 1834 fing das „Old House of Parliament" in London Feuer und brannte bis auf die Grundmauern ab. Die Umstände, die zu der großen Feuersbrunst führten, waren zunächst recht unspektakulär: Das Finanzministerium hatte das „Board of Works" (Ausschuss für öffentliche Bauten) beauftragt, alle Kerbstöcke zu vernichten, die einst im „Court of the Exchequer" (einem Gericht) in Gebrauch gewesen waren. Die Arbeiter, die die Kerbstöcke in den Öfen des Gebäudes verbrennen sollten, wurden gewarnt: Sie sollten die Stöcke langsam und vorsichtig verbrennen. Doch diese Warnung schlugen sie in den Wind. Sie wollten Feierabend machen; also füllten sie die Öfen und gingen nach Hause. Keine halbe Stunde später entzündeten die stark überhitzten Ofenrohre einige Deckenbalken, und das Feuer breitete sich derart schnell aus, dass Minuten später das Gebäude samt all den Anbauten mit den Schreibstuben in Flammen stand. Man konnte nichts mehr retten.

Nun, Kerbstöcke blieben in England noch 20 Jahre lang in Gebrauch; trotzdem kann diese Feuersbrunst als Symbol gelten für den Niedergang dessen, was einige „die erfolgreichste Art Währung der Moderne" genannt haben.

Wissen Sie, was ein Kerbstock ist, ein „Kerbholz"? Über 700 Jahre lang, vom Hochmittelalter bis ins viktorianische Zeitalter, war der Kerbstock in England eine gebräuchliche Form von Geld. Es begann im Jahr 1100: König Heinrich I. ließ Stöcke aus poliertem Holz anfertigen; an den Seiten hatten sie Kerben, die standen für Stückelungen, für Nennwerte. Diese Stöcke wurden der Länge nach gespalten, mitten durch die Kerben. Um sich gegen Fälschung abzusichern, behielt der König die eine Hälfte bei sich; die andere Hälfte warf er auf den Markt – so kam sie als Geld in Umlauf, und zur Zahlung der Steuern durften ausschließlich diese „Kerbstöcke" akzeptiert werden. Die Billigung dieser ungewöhnlichen Währungsform durch den König machte die Kerbstöcke interessant als legitimes Geld auch für den Handel.

Das mittelalterliche England war vornehmlich von der Landwirtschaft geprägt; Steuern wurden in der Regel in Naturalien entrichtet. Die Zahlungen wurden auf Kerbstöcken verzeichnet; und die ließen sich viel besser mitführen als Mehlsäcke und Ochsen. Zunächst wurde die Zahlung in den Kerbstock eingekerbt, dann wurde dieser gespalten und die eine Hälfte behielt der Steuereinnehmer, die andere Hälfte bekam der Steuerzahler als Nachweis der Zahlung, als Quittung – und schon bald wurden die Kerbstöcke allgemein als Zahlungsmittel genutzt. Diese Ausweitung vom Steuerbeleg zu einer Art Geld geschah nicht aufgrund einer Anordnung des Staates, sondern aufgrund der Beliebtheit bei Käufern und Verkäufern. Heinrich II. erkannte, dass es von Vorteil sein könnte, Kerbstöcke im Voraus auszugeben, um „Notfälle" zu finanzieren. Der Verkauf solcher Ansprüche auf spätere Steuereinnahmen erzeugte einen Markt für Steuerschulden, und dieser Schuldenmarkt ist ein wesentlicher Bestandteil unseres heutigen Fiatgeld-Systems. In England blieben Kerbstöcke bis 1854 als Währung im Gebrauch.

Der Erfolg des Kerbstocks illustriert zwei sehr wichtige Prinzipien zum Wesen des Geldes. Erstens: Alles kann als Geld dienen – sogar Stöcke aus Holz –, solange die Leute, die es gebrauchen, an den Wert und die Stabilität des verwendeten Zahlungsmittels glauben. Zweitens: Anders als die meisten glauben, wird Geld nicht von der Regierung erzeugt, sondern durch die Handlungen von Menschen, die auf einem freien Markt miteinander Geschäfte machen. In Kapitel 3 haben wir gesagt, dass Volkswirtschaftslehre im Grunde die Lehre vom

Handeln des Menschen ist. Was der *Mensch* tut, *das* erzeugt Geld, nicht was der Staat tut. Der Staat mag regulieren, wie das Geld verwendet wird, entweder zum Nutzen oder zum Nachteil einer Volkswirtschaft; aber das Konzept „Geld" wurde erfunden, lange bevor es Staaten gab, und zwar schlicht und einfach im Miteinander von Menschen, die ihrem Alltagsbedarf gerecht werden wollten.

Im Lauf der Jahrhunderte haben Geld und seine Formen revolutionäre Veränderungen durchgemacht, aber noch nie so stark wie in unserer Zeit. Geld hat heute eine viel größere Formenvielfalt als je zuvor, und viele dieser Formen sind immateriell. Ein Autor merkt dazu an:

> Geld – das waren zunächst einfache Güter aus Kupfer, Silber, Muscheln und Gold; heute umfasst es Münzen und Noten, Schecks und Bankkonten, Zahlen in Kontobüchern und Aufdrucke auf Plastikkarten, elektronische Markierungen auf Computerbildschirmen oder Ziffern, die auf Silikonchips gespeichert sind … Währungsexperten scheinen verunsichert, wie man Geld heute fassen bzw. woran man es bemessen soll.[80]

Das Geld ist im digitalen Zeitalter angekommen, und heute tritt eine ganze Generation junger Erwachsener in die Geschäftswelt ein, für die das immer so war; sie haben nie in einer Welt gelebt, in der „Geld" auf greifbares Vermögen beschränkt ist, das man in der Hand hält, wie Kerbstöcke, Münzen, Knochen, Muscheln und dergleichen.

Ich sagte es bereits: Alles kann als Geld gebraucht werden, und im Laufe der Geschichte hat tatsächlich schon alles einmal als Geld gedient. Das Spektrum von Gegenständen, die dann und wann, hie und da als Geld gedient haben, ist in der Tat so breit, dass es die Vorstellungskraft übersteigt: Salz, Tabak, Holzscheite, Trockenfisch, Reis, Stoffe; Mandeln in Indien, Mais in Guatemala, Gerste im alten Babylonien und Assyrien, Kokosnüsse auf den Nikobaren, Teeziegel in der Mongolei, Butter in Norwegen, Rentiere in Sibirien, Büffel auf Borneo, Vieh fast überall von Europa bis Indien und besonders in Afrika, wo diese Praxis mancherorts bis heute überlebt hat.[81]

Seit Urzeiten gebrauchen Völker, die vornehmlich Landwirtschaft betreiben, sowohl Vieh (z. B. Rinder) als auch pflanzliche Produkte wie Getreide neben anderen Gegenständen als Zahlungsmittel, als Geld. – „Rinder" ist ein

Oberbegriff und umfasst auch Büffel, Ziegen, Schafe und Kamele. Weil die Domestizierung von Tieren dem geregelten Anbau von Getreide vorausgeht, ist Nutzvieh, besonders Rinder (in diesem breiteren Sinne), wahrscheinlich die erste, die älteste Art des Geldes.[82]

In der Neuen Welt gebrauchten die eingeborenen Völker Nordamerikas im Handel miteinander und später mit den Europäern hauptsächlich *wampum* als Währung: Muschelgeld. Wampum wurde hergestellt aus Venusmuscheln und anderen Weichtieren; es bestand aus Perlenketten, normalerweise in Weiß. Die Muscheln waren länglich, einen guten Zentimeter lang und drei bis sechs Millimeter dick; es gab aber auch andere Formen und Größen. Weil die Wampum-Muscheln vor allem in den Flüssen im Nordosten Amerikas und Kanadas zu finden waren, war Wampum dort und an der Ostküste bis nach Florida und im Westen bis nach Louisiana am Golf von Mexiko am gebräuchlichsten. Der Gebrauch von Wampum verbreitete sich jedoch auch im Landesinneren und über den ganzen Kontinent, wenngleich nicht in dem Maße wie im Nordosten.[83]

Die Azteken in Mexiko gebrauchten Schokolade als Geld oder vielmehr Kakaosamen, uns besser bekannt als Kakaobohnen. Mit diesen Bohnen konnten die Azteken eine große Warenvielfalt erwerben: Früchte und Gemüse wie Mais, Tomaten und Erdnüsse; Schmuck aus Gold, Silber, Jade und Türkis; Handwerkserzeugnisse wie Sandalen, Kleidung und Waffen; Fleischwaren wie Wild, Fisch und Ente; und Sondergüter wie Alkohol und Sklaven.[84]

Die Liste solcher Beispiele könnte fast endlos fortgesetzt werden; die wenigen hier erwähnten sollten reichen, um anzudeuten, welch riesige Warenvielfalt unser Einfallsreichtum im Laufe der Jahrtausende als Mittel für finanzielle Transaktionen gut und gerne genutzt hat.

In der einen oder anderen Form ist Geld fast so alt wie die Menschheit. Dass Geld keine Erfindung des Staates ist, habe ich bereits gesagt; Geld ist um Jahrhunderte, wenn nicht Jahrtausende älter als jede Regierung. Auch wenn der erste Auftritt von Geld auf der Bühne der Menschheitsgeschichte sich im Nebel der Urzeit verliert, dennoch können wir mit Sicherheit sagen: Wann auch immer es seinen Anfang nahm, Geld entstand als natürliches, bequemes und logisches Mittel zur Erleichterung des Handels zwischen Menschen.

Davor bestand der Handel zwischen Einzelpersonen oder Gruppen im direkten Warenaustausch. Der Tauschhandel ist die älteste Form finanzieller Transaktion: Zwei Menschen tauschten etwas, das sie erübrigen konnten, ein gegen etwas, das sie brauchten. Die Wurzeln des Tauschhandels reichen also tiefer in die Urgeschichte zurück als das Geld. Tauschhandel war eine natürliche, ja unvermeidliche Entwicklung in den antiken und vorindustriellen, auf Landwirtschaft beruhenden Gesellschaften.

Ein Beispiel: Angenommen, Bauer A hat reichlich Getreide, braucht aber eine Milchkuh. In der Nähe wohnt Bauer B, der reichlich Vieh hat, aber zu wenig Getreide. Jeder Bauer hat etwas, das der andere braucht, und jeder hat etwas, das er tauschen kann. Die beiden verhandeln und einigen sich darauf, zwei Körbe Getreide gegen eine Milchkuh zu tauschen. Eine Finanztransaktion hat stattgefunden, und beide Bauern sind zufrieden: Jeder hat etwas gegeben, das er erübrigen konnte, um etwas zu bekommen, das er brauchte. Nach dem Tausch stehen beide besser da und haben ihre Lebensqualität erhöht. Die Steigerung der Lebensqualität war schon immer der primäre Motivationsfaktor für Wirtschaftshandeln.

Der einfache Tauschhandel, wie in diesem Beispiel geschildert, ist die grundlegendste Form einer Finanztransaktion. Und wenn es komplizierter wird? Angenommen, Bauer A, der reichlich Getreide hat, braucht nicht die Milchkuh von Bauer B, sondern die Äpfel von Bauer C. Das Problem: Getreide ist die einzige Ware, die Bauer A so reichlich hat, dass er damit handeln kann, aber Bauer C hat selber genug Getreide. Die Frau von Bauer C ist allerdings schwanger und für seine wachsende Familie braucht er eine weitere Milchkuh. Bauer A tauscht zwei Körbe Getreide gegen die Milchkuh von Bauer B ein, dreht sich dann um und tauscht die Kuh gegen drei Körbe Äpfel von Bauer C. Das ist kein einfaches Tauschgeschäft mehr. Indem er sein Getreide gegen eine Milchkuh tauscht, die er nicht braucht, und sie dann gegen die Äpfel eintauscht, die er braucht, hat Bauer A die Kuh als *Tauschmittel* genutzt. Er selber brauchte keine Milchkuh; aber ihr Erwerb hatte für ihn dennoch einen Wert: Er konnte sie benutzen, um etwas anderes zu erwerben, das er brauchte. Der einzige Wert, den die Milchkuh für Bauer A hatte, bestand darin, sie als Tauschmittel zum Erwerb der Äpfel einzusetzen, die er brauchte. So oder ähnlich entstand Geld – als Mittel, um den Handel zu ermöglichen in Situationen, in denen Tauschhandel unzureichend war.

Der oben beschriebene einfache oder direkte Tauschhandel (Bauer A tauscht einen Teil seines Getreides gegen die Milchkuh von Bauer B) ist bestens geeignet, wenn jede Seite etwas hat, das die andere braucht, und wenn sie sich auf die Tauschbedingungen einigen können. In der Wirtschaftswissenschaft nennt man das die „doppelte Übereinstimmung der Bedürfnisse". Das Problem des direkten Tauschs durch Tauschhandel liegt darin, dass er über eine grundlegende primitive Ebene hinaus schnell unangemessen, ungleich, inadäquat wird. Solange zwei Seiten miteinander Waren austauschen können, um ihren jeweiligen Bedürfnissen gerecht zu werden, ist alles gut. Liegt jedoch ein komplexeres Gesellschaftsarrangement vor, mit einer wachsenden Bevölkerung, in der jeder Bedürfnisse hat, die befriedigt werden müssen, dann wird der Tauschhandel unausführbar, und wenn es nur deshalb ist, weil die doppelte Übereinstimmung der Bedürfnisse in einer komplexen Gesellschaft schwer aufrechterhalten werden kann: Selbst bei der Grundversorgung unterscheiden sich die Bedürfnisse von Person zu Person und von Familie zu Familie, und so wird es immer schwieriger, prinzipiell direkten Tauschhandel zu betreiben.

Ein anderes Problem des direkten Tauschhandels besteht darin, dass die Tauschware mitunter schwierig zu transportieren ist. Vieh kann beispielsweise nicht so einfach, schnell oder kostengünstig von A nach B bewegt werden; besonders in den vorindustriellen Agrargesellschaften war der Transport von Vieh umständlich und zeitaufwändig sowie über größere Distanzen hinweg als Tauschmittel ziemlich unpraktisch.

Die natürliche Lösung – damit meine ich die Lösung, die in freien, nicht vom Staat regulierten Marktwirtschaften ganz *natürlich*, sozusagen „von selbst", auftrat – die natürliche Lösung also war, eine bestimmte gebräuchliche Ware als Tauschmittel für indirekte Tauschgeschäfte zu nutzen, statt alle möglichen Güter mit sich zu führen oder kreuz und quer durchs Land zu schicken. Derartige Tauschmittel, was auch immer sie waren, wurden irgendwann allgemein akzeptiert. Ein Tauschmittel musste zwei grundlegende Anforderungen erfüllen. Die erste habe ich bereits genannt: Sie muss einen Wert darstellen, der von allen anerkannt und akzeptiert wird. Zweitens: Sie muss leicht zu transportieren sein.

Geld ist *per definitionem* ein Tauschmittel – mehr aber auch nicht. Im Verlauf der Jahrhunderte und bis heute haben viele das nicht verstanden. In sich selbst hat Geld keinen Wert. Das einzige Kriterium dafür, dass irgendeine Ware als Geld genutzt wird, lautet: Misst die Gesellschaft, in der sie im Umlauf ist, ihr einen Wert zu? Bei den Kerbstöcken in England war das der Fall. An sich waren sie praktisch wertloses Holz; aber die Leute kannten und akzeptierten den Wert, für den die Kerbstöcke standen: Sie waren der Beweis für Tauschware, Stellvertreter der eigentlichen Güter.

Der Ökonom Murray N. Rothbard bemerkte, dass Tauschhandel die „erste Grundlage" des Wirtschaftslebens ist; ohne Tauschmittel sei weder eine reale Wirtschaft vorstellbar noch eine Gesellschaft.[85] Der wirtschaftliche Austausch fördert die Entwicklung des Gemeinwesens und seiner Strukturen, denn selbst der einfachste Tauschhandel erfordert zumindest ein Minimum an sozialer Interaktion zwischen zwei Seiten. Wie das Geld ist auch der wirtschaftliche Austausch keine Erfindung des Staates, sondern eine natürliche Aktivität freier Menschen, motiviert von dem Wunsch nach höherer Lebensqualität. Jeder tut etwas, allein und im Zusammenwirken mit anderen – das gehört zum Leben einfach dazu. Deshalb ist die Tatsache der Ökonomie, des Austauschs zwischen Menschen, so universal wie unumgänglich. Murray Rothbard erläutert:

> Warum ist Tauschhandel in der Menschheit so universal verbreitet? Im Grunde genommen aufgrund der großen Vielfalt in der Natur: der Vielfalt unter den Menschen und der vielen verschiedenen Orte der natürlichen Ressourcen. Jeder Mensch hat andere Fähigkeiten und Talente, und jedes Stück Land hat seine eigenen, einzigartigen Merkmale, seine eigenen, unverwechselbaren Ressourcen. Aus dieser extremen natürlichen Vielfalt geht der Tauschhandel hervor: Weizen aus Kansas gegen Eisen aus Minnesota; die medizinische Dienstleistung des einen gegen das Geigenspiel des anderen. Spezialisierung ermöglicht jedem Menschen, seine besten Fähigkeiten zu entwickeln, und sie ermöglicht jeder Region, ihre eigenen besonderen Ressourcen zu nutzen und zu erzeugen. Wenn niemand Tauschhandel betreiben würde, wenn jeder Mensch gezwungen wäre, vollkommen autark zu sein, dann müssten offensichtlich einige von

> uns verhungern und der Rest könnte gerade so überleben. Tauschhandel ist der Lebenssaft nicht nur unserer Wirtschaft, sondern der Zivilisation als solcher.[86]

Die Gesellschaft als Ganzes und die einzelnen Gemeinwesen wurden immer komplexer – und damit auch die Herausforderungen des Tauschhandels. Schlüsselfaktoren für ein Tauschmittel waren sein anerkannter Wert und die Transportfähigkeit; und es dauerte nicht lange, da erkannte der Mensch, dass Edelmetalle wie Gold und Silber diesen Anforderungen hervorragend gerecht werden. Die Autoren Roy und Glyn Davies merken an: Für den Menschen, der gerade aus der Steinzeit kam, war *jedes* Metall wertvoll; die Unterscheidung zwischen Edel- und unedlen Metallen begann erst später, als der Mensch lernte, Metall zu bearbeiten, und die Knappheit bzw. die reiche Verfügbarkeit verschiedener Metalle bekannter wurden.[87] Metall wurde dem Menschen am Ausgang der Jungsteinzeit schnell unentbehrlich, was den Übergang zum Geld einleitete. Das baute „eine tragfähige und breite Brücke vom primitivem zum modernen, gemünzten Geld".[88]

Mit zunehmender Bearbeitung und Nutzung von Metall zeigten sich bald die überlegenen Qualitäten der Edelmetalle Gold und Silber sowie ihre besondere Eignung zur Verwendung als Geld. Es überrascht also nicht, dass die meisten zivilisierten Völker schnell das eine oder andere oder beide Metalle schätzten als Standardrohstoff für den indirekten Tauschhandel. Ausgrabungen bestätigen: Barren aus Gold und Silber in präzisen und einheitlichen Gewichtsgrößen wurden in Mesopotamien als Zahlungsmittel für Waren genutzt – schon gegen Ende des 3. Jahrtausends v. Chr.[89]

Gold- und Silberbarren waren mit Sicherheit einfacher zu transportieren als beispielsweise ein Dutzend Fässchen Olivenöl oder hundert Scheffel Weizen; aber sie waren immer noch schwer und sperrig und in größeren Mengen für den Transport unpraktisch. Dazu kam, dass wegen des hohen Wertes von Gold und Silber ganze Barren für die meisten Menschen unerschwinglich waren; und ihre Geschäfte waren ohnehin zu geringfügig dafür. Es dauerte also nicht lange, bis kleinere Münzen mit standardisierten Anteilen von Gold oder Silber auftauchten. Das hört sich zwar nur vernünftig an, aber es war eine bedeutende, bahnbrechende Entwicklung. Jack Weatherford erklärt:

> Der technische und kulturelle Sprung zu den ersten Münzen war die erste Geldrevolution der Geschichte, und wenn die Numismatiker recht haben, geschah er nur einmal, und zwar in Westasien, in der heutigen Türkei. Von dort verbreiteten sich Münzen in der ganzen Welt; daraus entstand das globale Geldsystem und der Vorläufer des Systems, in dem wir heute leben und arbeiten.[90]

Auch Schwermetalle wie Gold und Silber sind einfach und praktisch zu handhaben, wenn sie in kleineren Mengen gehandelt werden und zu Münzen geprägt sind, mit präzisem Gewicht und Wert. Dank Münzung wurden diese Edelmetalle als Geld auch einem viel breiteren Segment der Bevölkerung zugänglich; so konnten sie auf einem höheren Niveau wirtschaftlich handeln und dies auf einem gleichmäßigeren, flacheren Spielfeld.

Und so funktioniert es: Wir kehren noch einmal zu unserem obigen Beispiel zurück – Bauer A hat Getreide, das er verkaufen kann, aber er braucht Äpfel von Bauer C, der allerdings kein Getreide braucht. Bauer B braucht Getreide, hat aber nur eine Kuh zum Verkauf anzubieten, die Bauer A wiederum nicht braucht. Da keine Übereinstimmung der Bedürfnisse vorliegt, kann kein direkter Tauschhandel stattfinden. Sagen wir aber nun: Bauer A verkauft zwei Körbe Getreide an Bauer B gegen eine Unze Gold; Bauer A nimmt dann diese Unze Gold und kauft drei Körbe Äpfel von Bauer C; nun kann Bauer C mit dieser Unze Gold, die er für die Äpfel bekam, von Bauer B die benötigte Kuh kaufen. In diesem Fall hat Gold als Tauschmittel den umständlichen Vorgang des Dreieckstauschs verdrängt: Bauer A braucht nicht mehr sein Getreide gegen die Kuh von Bauer B einzutauschen und dann für die Äpfel von Bauer C herzugeben. Ein derartiger Gebrauch von Geld ist für uns völlige Routine und wir denken nie darüber nach; aber man stelle sich vor, wie revolutionär und befreiend das für die Menschen der Vorzeit gewesen sein muss, die in einer komplexen Welt mit den Unannehmlichkeiten des Tauschhandels zurechtkommen mussten.

So schnell verstanden wurde, wie praktisch die Verwendung von Edelmetallen als Standard-Tauschmittel war: Diese Entwicklung wurde nicht geplant oder von irgendeiner Behörde angeordnet; sie war nicht einmal eine bewusste kollektive

Entscheidung von Konsumenten, sondern ganz einfach Ergebnis und Auswirkung zahlloser Einzel-Entscheidungen, die alle auf dieselbe praktische Schlussfolgerung hinausliefen. Der Ökonom Jörg Guido Hülsmann erklärt:

> Wie verwandeln sich Waren wie Gold oder Silber in Geld? Dies geschieht in einem allmählichen Prozeß, in dessen Verlauf immer mehr Marktteilnehmer, jeder für sich, die Entscheidung fällen, bei ihren indirekten Tauschhandlungen diese Metalle (und nicht irgendwelche anderen Waren) zu verwenden. Gold, Silber und Kupfer wurden nicht aufgrund irgendeines Gesellschaftsvertrages oder einer Übereinkunft zu Geld gemacht. Ihre Auswahl resultierte vielmehr aus der spontanen Konvergenz vieler individueller Wahlentscheidungen, einer Konvergenz, die von den objektiven physischen Eigenschaften der Edelmetalle ausgelöst wurde.[91]

Wenn wir die Geschichte des Geldes betrachten und nachdenken über den Zustand des Geldes in der Weltwirtschaft heute, dürfen wir nicht vergessen: Wirtschaftsaktivität und Geld sind spontan aus menschlichem Handeln hervorgegangen – freie Menschen in einer freien Gesellschaft tun, was ihnen selber nützt, ohne Vorschriften und Regulierung; wir nennen das „freie Marktwirtschaft". Anders konnte es, das Geld, auch gar nicht entstehen. Mit anderen Worten: Der Staat ist *Nutznießer* dieser Entwicklungen und nicht ihr Urheber. Wirtschaftshandeln und Finanzsysteme sind das Produkt von Kräften des freien Marktes.

Nach der Erfindung der Münzen in Westasien (konkret: in Lydien und Ionien) verbreitete sich das Wissen um und der Gebrauch von Münzen schnell westwärts durch den Mittelmeerraum, nördlich nach Mazedonien und zum Schwarzen Meer und ostwärts durch das persische Reich und über Mesopotamien bis nach Indien.[92] Die Entdeckung reicher Silbervorkommen südlich von Athen gab Griechenland einen bedeutenden Vorsprung in der Produktion von Münzen und einen gewaltigen Anreiz zu ihrem Gebrauch. So wurden Münzen schnell zur Grundlage des altgriechischen Finanzsystems, und in Griechenland entstand eine frühe Form des Bankwesens, das die Münzen und ihren Gebrauch ergänzen und unterstützen sollte.[93] So erblühte dort ein neues Handelssystem aus Märkten, die auf dem Gebrauch von Geld basierten – ein wichtiger Faktor für die Vormacht Griechenlands: „Die Größe Griechenlands war eine

Nebenwirkung der Finanz- und Handelsrevolution aus Lydien, der Einführung des Geldes, moderner Märkte und der Verbreitung von Groß- und Einzelhandel."[94] Die Eroberungen Alexanders des Großen verbreiteten in seinem ganzen Reich alle Facetten der griechischen Kultur, inklusive des Finanzsystems, und mit dem Aufstieg Roms gelangten Geld und Handel zu neuen Höhen.

Roms Wirtschaft war ausgefeilter als diejenige anderer Zivilisationen zuvor, und Rom war das erste Weltreich der Geschichte, das um Geld herum organisiert war. Der Gebrauch von Geld wurde stark gefördert und alle Geld-Angelegenheiten waren reguliert.[95] Dieser „moderne" Ansatz der Verwendung von Geld als Mittel zur Organisation trug zweifellos signifikant bei zum Aufstieg und zur Größe Roms.

Das Römische Reich also wuchs und blühte und erstarkte auf der Grundlage des Geldes; die Geschichte der Münzen allerdings, ihrer Qualität, der Reinheit des Materials, war wechselhaft: Manche Kaiser gaben viel Geld aus für Kriege und auch in der Innenpolitik, und es wurde immer mehr Geld benötigt. Also wurden immer mehr Münzen geprägt, aber von schlechterer Qualität: Der Anteil des Edelmetalls sank. Die daraus resultierende Abwertung der Münzen beschleunigte die Inflation und schmälerte die Kaufkraft des Volkes. Mehrere Kaiser, vor allem Diokletian und Konstantin, wollten die Währung reformieren, zur früheren Qualität und Reinheit der Münzen zurückkehren – mit (bestenfalls) teilweisem Erfolg. Ein großer Erfolg von Konstantins Währungsreform allerdings war die Münze aus der Anfangszeit seiner Herrschaft: Der goldene Solidus kann als berühmteste Münze der Menschheitsgeschichte bezeichnet werden; er war von außerordentlicher Reinheit und standardisiertem Gewicht. Beides blieb die nächsten 700 Jahre unverändert; es gibt keine Münze, die jemals länger in Umlauf gewesen wäre.[96]

So weit unsere kleine Geschichte des Geldes sowie seiner Anfänge und seines Gebrauchs in der freien Marktwirtschaft. Es ist aber auch wichtig zu sehen, dass parallel das Bankwesen entstand, und das lenkte die Verfügbarkeit und den Gebrauch des Geldes – zum Guten wie zum Schlechten. Das Geld in seinen primitivsten Formen entstand vor dem Bankwesen; doch „Banken" gab es mindestens 1000 Jahre, bevor die ersten *Münzen* geprägt wurden.[97] Wie das

Geld, so tauchte auch das Bankwesen erstmals in Mesopotamien auf, in derselben fruchtbaren Weltregion, in der die erste menschliche Zivilisation überhaupt ihren Anfang nahm (datiert auf vor 7000 v. Chr.). Historiker nehmen an, dass die Erfindung des Schreibens (ebenfalls im Zweistromland) zurückgeht auf die Entstehung des Bankwesens; irgendwie musste man ja Soll und Haben sowie Zahlungen akkurat dokumentieren.[98]

Die Schrift entstand also als Methode der Buchhaltung; die ältesten uns bekannten Texte sind jedenfalls Listen von Vieh und landwirtschaftlichen Geräten, gefunden in den Beschlüssen von Uruk, datiert auf etwa 3100 v. Chr.[99] Andere uns erhaltene Aufzeichnungen belegen die Existenz von Bankhäusern in Babel, nachdem die Stadt an das persische Weltreich gefallen war.[100] Natürlich gibt es zwischen diesen antiken Banken und dem modernen Bankwesen viele Unterschiede; doch waren schon sie auf ihre Weise ziemlich ausgeklügelt, um den spezifischen Bedürfnissen der vornehmlich Landwirtschaft treibenden Gesellschaft jener Zeit gerecht zu werden. Ausgrabungen zeigen: Schon im 3. Jahrtausend v. Chr. gab es Finanzpraktiken wie Einlagengeschäfte, Devisenhandel sowie gesicherte und ungesicherte Kreditvergabe.[101]

Ein Großteil des Bankgeschäfts in der Antike, besonders in Griechenland und in Rom, bestand in Bankgeschäften von Händlern im großen Stil. Noch zahlreicher waren jedoch die Geldverleiher und Geldwechsler, die in kleinerem Rahmen arbeiteten; besonders für den kleinen Mann waren sie lebenswichtig. Der Name sagt es schon: Geldverleiher verliehen Geld, meist zum höchstmöglichen Zinssatz; Geldwechsler tauschten Fremdwährungen in die einheimische Währung um, in der Regel ebenfalls mit signifikantem Aufschlag. Ob es dabei ehrlich zuging oder nicht – Geldwechseln war in der Antike eine unverzichtbare Dienstleistung:

> Das Geldwechseln war die älteste und blieb die üblichste Form von Bankgeschäft, besonders auf der Ebene des Einzelhandels, und es war ein wesentlicher Aspekt des Handels, denn es gab eine große Vielfalt verschiedener Arten und Qualitäten von Münzen – und Nachahmung und Fälschung waren an der Tagesordnung, Praktiken, die anscheinend immer untrennbar zum Münzwesen dazugehört haben.[102]

Wahrscheinlich kennen wir die Gepflogenheiten der Geldwechsler bestens dank der Berichte in den Evangelien – Jesus tritt ihnen im Vorhof des Tempels aufgebracht entgegen und jagt sie hinaus. Diese Männer hatten in ihrer Geldgier das Haus des Gebets in ein Handelshaus verwandelt. Sie übervorteilten die Besucher, indem sie überzogene Wechselkurse berechneten für den Tausch der auswärtigen Münzen in die einfachen Silbermünzen, mit denen die Tempelsteuer bezahlt werden musste. Dasselbe – Geldgier, Übervorteilung – galt für die Bereitstellung zulässiger Opfertiere im Austausch gegen die Tiere, welche die Besucher mitgebracht hatten; diese waren von den Priestern (die mit den Geldwechslern im Bunde standen, welch eine Gaunerei!) aufgrund irgendeines Makels für nicht akzeptabel erklärt worden. Voller Zorn stieß Jesus deren Tische um und jagte sie aus dem Tempelbereich, weil sie das Haus seines Vaters entweihten (Matthäus 21,12–13; Markus 11,15–17; Johannes 2,13–17).

Das Bankwesen gedieh auch im Römischen Reich, kam aber im Wesentlichen zum Erliegen bei der Plünderung Roms durch die Westgoten 410 n. Chr. Die östliche Hälfte des Reichs florierte weitere tausend Jahre; die Westhälfte schleppte sich bis 476 n. Chr. mehr schlecht als recht durch – in jenem Jahr wurde der letzte römische Kaiser, Romulus Augustus, abgesetzt.[103] Konstantins Herausgabe des goldenen Solidus war zwar eine wahrlich „solide" Errungenschaft; doch profitierten davon nur die reichen Schichten, denn die kleineren Münzen, die in der Unterschicht im Gebrauch waren, blieben stark unterbewertet und waren nahezu wertlos. Die fortschreitende Entwertung der Währung trug genau so viel bei zum Fall Roms wie die Invasion von außen:

> Der Wertverfall durch die Inflation der Geldmittel, mit denen der Großteil des Einzelhandels abgewickelt werden musste und mit denen die allermeisten Menschen die allermeisten Zahlungen tätigten, dieser Substanzverlust schwächte die wirtschaftliche Grundlage des Römischen Reiches zunehmend. So waren es zwar die Invasionen, die zum Untergang des Reiches führten; doch die zugrundeliegende Ursache war das chronische Chaos in Wirtschaft und Finanzwesen des 5. Jahrhunderts – Ergebnis überzogener unproduktiver Ausgaben für Verteidigung und Wohlfahrt. Mit dem Verschwinden seiner einheitlichen Währung zerbrach Europas Einheit, sie kam nie wieder zustande.[104]

Erst zur Zeit der Kreuzzüge kam in Europa wieder ein internationales Bankwesen auf, und das an einem ungewöhnlichen Ort: Die erste größere Bankinstitution Europas entstand nicht unter Kaufleuten, sondern in einem Kriegermönchs-Orden, die das Armutsgelübde abgelegt hatten, in der „Armen Ritterschaft Christi und des salomonischen Tempels zu Jerusalem", besser bekannt als Templerorden. In den 200 Jahren seiner Existenz bis zu seiner brutalen Zerschlagung etablierten die Templer ein hochentwickeltes Bankensystem, um das enorme Vermögen zu verwalten, die Beute, die sie durch ihre legendären Heldentaten in den Kreuzzügen angehäuft hatten. Damit legten sie die Grundlagen des modernen Bankwesens.[105]

Der Untergang des Templerordens und seines Bankunternehmens war Folge der Intrigen des französischen Königs Philipp IV. und Papst Clemens V., dem Komplizen Philipps. Philipp brauchte dringend Geld, viel Geld, um den katastrophalen Wertverfall der französischen Münzen abzuwenden, den er selber eingeleitet hatte (er galt als „Falschmünzerkönig"), und so warf er sein Auge auf das enorme Vermögen der Templer. Der Löwenanteil des Templerschatzes lag in einem Schloss nahe Paris. Lange hatten die Templer praktisch die gesamten Geldgeschäfte der Krone geführt; 1295 entzog der König ihnen dieses Amt, gründete im Louvre die königliche Staatskasse und verschaffte sich Zugriff auf den Rest ihres Vermögens.[106]

Philipp wusste, dass er sein Ziel nur erreichen konnte, wenn der Templerorden zerschlagen wäre. Deshalb begann er eine sorgsam berechnete und koordinierte Verleumdungskampagne: Er schrieb den Templern die unvorstellbarsten Gotteslästerungen, Zügellosigkeit und Perversion zu. Philipps Intrige funktionierte: Mitglieder und führende Leute der Templer wurden verurteilt und auf dem Scheiterhaufen verbrannt. Der Templerorden war zerbrochen und mit ihm die Macht der katholischen Kirche über die finanziellen Angelegenheiten Europas. Jack Weatherford merkt an:

> Die Zerschlagung der Templer hinterließ allerdings in Handel und Finanzen eine Lücke. Die Kirche war zu schwach und zu verängstigt, um diese wieder zu schließen; und der Staat war noch nicht groß und stark genug, die Lücke auszufüllen.[107]

Damit begannen der Aufstieg der großen privaten Bankhäuser der italienischen Renaissance und die Entstehung des modernen Bankwesens. Aufgrund ihrer

Gelübde war es den Templern untersagt, sich Privatvermögen anzuhäufen; die italienischen Bankiersfamilien waren in dieser Hinsicht frei – ihnen war nur eines wichtig: kräftiger Profit! Sie machten ihre Geschäfte mit jedem, boten ihre Dienste sowohl kleinen als auch großen Kaufleuten an, den gewöhnlichen Leuten wie dem Adel.[108] Sie heckten auch eine clevere Lösung aus, wie das kirchliche Verbot des Wuchers zu umgehen sei: Das Zinsverbot galt nur für Leihgeschäfte; also stellten die italienischen Banken stattdessen Wechsel aus – schriftliche Verträge, die festlegten, dass der Schuldner eine bestimmte Summe Bargeld bekam, die er zu einem bestimmten Zeitpunkt in einer anderen Währung zurückzahlen musste, und der Rückzahlungsbetrag war ein wenig höher.[109]

Abgesehen von der Umgehung des Wucherverbots bestand ein Vorteil der Wechsel darin, dass sie viel leichter zu handhaben waren als schwere Münzen, und damit befreite der Wechsel das Geld von seinen räumlichen Einschränkungen. Das Ergebnis war eine ganz neue Form von Geld – anstelle von Metallmünzen zirkulierten diese Verträge und waren damit eine Art Papiergeld.[110]

Die Renaissance des 14. und 15. Jahrhunderts war für die Welt in vielerlei Hinsicht eine Wende, ein Umbruch in fast jeder Hinsicht, nicht zuletzt in Sachen Geld, Bankwesen und Wirtschaft. Mit dem Anbruch des modernen Bankwesens kam neuer Reichtum in nie gekannter Höhe, und schrittweise begab sich die Menschheit in die moderne Welt. Die Ausbreitung der europäischen Völker und Ideen in die Neue Welt, nach Amerika, beschleunigte diesen Prozess:

> Mit dem Aufstieg des italienischen Bankwesens und der Renaissance tauchte schrittweise eine neuartige Zivilisation auf. Sie war geprägt von neuen Denkweisen und neuen Organisationsformen des Handelswesens ... Mit der Ausbreitung der europäischen Hegemonie nach Nord- und Südamerika häuften die Europäer mehr Vermögen an, als jedes andere Volk je besessen hatte. In Kombination mit den neuen Finanzinstitutionen erzeugte der neue Reichtum im Bankwesen eine einzigartige Mischform; diese dominierte die Welt die nächsten 500 Jahre, bis zum Ersten Weltkrieg.[111]

Dem Aufstieg des privaten Bankwesens in der Renaissance sind zwei natürliche, zumindest logische Entwicklungen entsprossen: das Konzept von einer Zentralbank, die die gesamte Währung eines Landes kontrollierte, und vielen

Einzel- bzw. Geschäftsbanken, in denen die Gold- und Silberreserven nur einen Teil des Wertes der Banknoten, Wechsel und Kredite dieser Bank abdeckten. Beides besteht mehr oder weniger bis heute; es prägt die Art und Weise, auf die in der Welt Geschäfte gemacht werden.

Ein gutes Beispiel ist die Gründung der „Bank of England". Ich begann dieses Kapitel mit den Kerbstöcken, dem Finanzsystem, das Heinrich I. einrichtete und in dem die Holzstöcke mit Kerben nicht nur als Aufzeichnungen von Steuerleistungen dienten, sondern auch als Währung für Transaktionen aller Art. Mit diesen Kerbstöcken wollte Heinrich unter anderem das Steuerwesen im Königreich schützen, denn diese Form der Währung war für Bankiers und Geldwechsler uninteressant. Wie bereits gesagt: Kerbstöcke waren in England über 700 Jahre lang eine erfolgreiche Währung. – Warum dann starb diese Währung aus, wenn sie doch so gut war?

Die Geschichte lehrt, dass Bankiers es nicht mögen, wenn eine Währung sich ihrem Zugriff entzieht, denn eine solche Währung macht ihnen Konkurrenz. Vor dem Aufstieg der Zentralbanken war es für einzelne Banken oder Bankengruppen normal, ihre eigene Währung herauszugeben. Es ist begreiflich, warum Bankiers und ihre Aktionäre versuchten, konkurrierende Währungen auszuschalten: War die Konkurrenz beseitigt, fand die eigene Währung einen größeren Markt.

Die Bank von England wurde 1694 gegründet als Privatbank, von der man Anteile kaufen konnte. Die ersten Investoren kauften ihre Anteile an der Bank mittels – richtig! – mittels Kerbstöcken. Dann machten sie Schluss mit diesem System (Kerbstöcke blieben noch 160 Jahre im Umlauf, allerdings nahm der Gebrauch ab). Die neue Bank wurde zur Mindestreserven-Notenbank: Sie verlieh ein Vielfaches der eigenen Reserven und auf das verliehene Geld erhob sie Zinsen. Die Bank genoss die Zustimmung sowohl der Wirtschaftswelt als auch des Staates; so wurde schnell jedem klar, dass es vorteilhaft war, bei dieser Bank ein Konto zu haben. Deshalb zogen die Konkurrenzbanken ihre eigenen Währungen aus dem Verkehr und übernahmen die Währung der Bank von England; damit wurde diese praktisch zur Zentralbank.

Das moderne Bankwesen kam erst spät nach England; aber einmal angekommen, nahm es zunächst das Land und dann die Welt im Sturm. Vor 1640 hatte es in England kein modernes Bankwesen gegeben; nur ein Jahrhundert später war Großbritannien weltweit führend in Geldwesen, Landwirtschaft und Industrie. Im Zuge dessen wurden Regeln entwickelt für die optimale Menge Papiergeld zum Gegengewicht der Metallreserve; zudem etablierte sich das Konzept eines Zentralbanksystems mit Anbindung an einen Goldstandard zur Regulierung. Damit war die Richtung der Finanzentwicklung bis zum Beginn des Ersten Weltkriegs vorgezeichnet.[112]

Die britischen Kolonien in Amerika übernahmen diese Bank- und Finanzprinzipien vom Mutterland. Dank der Industrialisierung im 19. Jahrhundert nahmen die USA an Vermögen und Macht zu; stabilisiert wurde die US-Wirtschaft durch den klassischen Goldstandard, wie in Kapitel 1 dargelegt. Eine Reihe von Finanzkrisen in der ersten Hälfte des 20. Jahrhunderts führte zum Federal Reserve Act von 1913, der die Federal Reserve Bank, eine Privatbank, zur Zentralbank der USA machte. Deren Banknoten wurden per Gesetz zur einzigen Papierwährung erklärt, sie allein war nun in den USA gesetzliches Zahlungsmittel.

Wie in Kapitel 1 ausgeführt, war der US-Dollar die Standard-Geldeinheit, an der andere Währungen der Welt gemessen wurden; und über den Dollar waren auch die anderen Währungen an den Goldstandard gekoppelt. In Europa war die Gründung der EU und die Einführung des Euro seit Jahrhunderten die erste ernsthafte Bemühung, hier ein einheitliches Banken- und Finanzsystem zu errichten. Die Abkehr vom Goldstandard in den 1930er-Jahren führte 1973 zum endgültigen Bruch mit der Anbindung des Dollars an das Gold. 1971 war der Goldpreis neu festgelegt worden auf 38 Dollar pro Unze, 1973 auf 42 Dollar. Das war eine Entwertung des Dollars und veranlasste die US-Regierung gegen Ende 1973, den Wert des Dollars vollends vom Gold abzukoppeln. Diese Entwicklung brach der Weltwirtschaft im Meer der Fiatgeld-Währung das Ruder und erzeugte die Bedingungen, die zur jetzigen Weltwirtschaftskrise geführt haben.

Die Preisgabe des Goldstandards war der zentrale Faktor, doch waren noch viele andere Faktoren im Spiel, insbesondere in den letzten 50 Jahren; sie alle zusammen haben die Weltwirtschaft in die Krise geführt. Ein signifikanter Faktor ist die bloße Existenz einer Weltwirtschaft an sich. Auch wenn die wichtigsten Industrieländer der Welt jahrhundertelang Währungen umgetauscht haben: Der Welthandel ist doch erst mit Anbruch des Computerzeitalters wahrhaft global geworden. Das elektronische Banking, der elektronische Transfer von Geldern etc. ermöglicht erstmals in der Geschichte, Zahlungen von einem Teil der Welt aus in praktisch jeden anderen Teil der Welt sofort, „in Echtzeit", auszuführen.

Das hat ganz klar seine Vorteile: Die Zeitspanne zwischen Auszahlung durch die eine Partei und Empfang durch die andere entfällt. Die Schattenseite: Eine sofortige Kommunikation kann auch die Bewegung von Wirtschaftskrisen von einem Ort zum nächsten beschleunigen und die Schwere der Krise verstärken. Früher dauerte es Tage und Wochen, bis wirtschaftliche Unruhen hier die Preise dort steigen ließen; heute geschieht das innerhalb von Minuten. Große Veränderungen, seien sie gut oder schlecht, führen damit fast unmittelbar zu Reaktionen an den Börsen. Die Preise an der Wall Street steigen oder fallen in Echtzeit. Sie hängen nicht nur davon ab, was in der US-Wirtschaft passiert, sondern auch davon, was Japan, China, Großbritannien, dem Nahen Osten oder der EU widerfährt.

So stellt sich uns die große Frage: Wie lange kann eine Weltwirtschaft, die auf einem Unterbau von *Papier* beruht, weiterhin expandieren, bevor sie entgleist wie eine ins Schlingern geratene Achterbahn?

Ein weiterer Faktor der heutigen Weltwirtschaftskrise ist das allgemeine Unwissen und, noch wichtiger, der *vom Staat betriebene Missbrauch* des Wesens und Zwecks von Geld.

Wenn dem so ist, warum nehmen dann so viele an, Wirtschaft und Finanzen seien Sache des Staates und nicht des freien Marktes? Ein Grund lautet: Die Regierungen haben diese Dinge zu ihrer Domäne *gemacht*. Auch im freiheitlichsten Land muss jeder, der wirtschaftlich aktiv ist (anders ausgedrückt: müssen wir alle) fungieren unter allerlei Regeln und Verordnungen – oft sogar trotz, also unter Missachtung derselben. Diese Regeln wurden vom Staat in großer Zahl aufgestellt, entweder aus Eigeninteresse oder um zu „korrigieren", was in der Volkswirtschaft als Ungleichgewicht oder Ungerechtigkeit empfunden wird. In Kapitel 3 haben wir gesehen, dass die Manipulation der Wirtschaft, insbesondere des Geldangebotes, durch den Staat mehr Probleme erzeugt als löst. Ein sehr gutes Beispiel dafür ist die Inflation.

Der Staat hat die Inflation quasi eingebaut; kein Mensch kann über seinen Schatten springen, und so konnte noch kein Regime jemals der Versuchung widerstehen, das Geldangebot aufzublähen, um zusätzliche Einkünfte zu erzielen. Das gilt ganz besonders für Kriegszeiten; ein Krieg ist für die Volkswirtschaft ja immer eine besondere Belastung. Auf einem völlig freien Markt, auf dem die Geldmenge an einen fassbaren, endlichen Standard wie Gold oder Silber gebunden ist, gibt es praktisch keine Inflation, da jede Erhöhung der Geldmenge begrenzt wäre durch die verfügbare Menge des Währungsstandards (also durch den Wert, der in Form von Gold oder Silber als Deckung tatsächlich, greifbar, physisch vorhanden sein muss). Wenn aber der Staat die Geldmenge bestimmt, besonders seit Anbruch des Papier-Fiatgeld-Systems, braucht die Regierung zur Ausweitung ihrer Ausgaben nur weiteres Geld zu drucken. Wenn eine Regierung aber mehr Geld druckt, ohne dass entsprechend die Produktion von Gütern und Dienstleistungen steigt, dann erhöhen sich die Preise für diese Güter und Dienstleistungen – und der Wert, die Kaufkraft der Währung nimmt ab, und das führt zur Inflation. Im Grunde genommen ist das eine heimtückische Art der Besteuerung, heimtückisch, weil die meisten gar nicht merken, dass sie zusätzlich besteuert werden.

Der Gedanke, Inflation sei eine Form der Besteuerung, mag für viele neu sein; allgemein nimmt man ja an, Inflation sei ein natürlicher und unausweichlicher Teil des Wirtschaftslebens. Ein Grund dafür ist, dass Inflation uns schon so lange begleitet, dass viele sie schlicht als unumgänglich akzeptieren, als Notwendigkeit, als Gegebenheit. Aber in Wirklichkeit handelt es sich dabei um eine Steuer, denn der Staat verursacht damit bewusst und vorsätzlich die Schmälerung des Einkommens des Bürgers durch Abwertung der Währung und die daraus folgende Minderung der Kaufkraft – und davon profitiert er, da er nun mehr Geld ausgeben kann (denn er hat ja durch den Druck von Banknoten die Geldmenge erhöht). Das geschieht zulasten des Steuerzahlers!

Jörg Guido Hülsmann bekräftigt zunächst, „daß es aus reinen Zweckmäßigkeitserwägungen keinen Grund dafür gibt, in diesen Marktprozeß einzugreifen und Veränderungen des Geldangebots auf politischem Wege herbeizuführen“.[113] Er fährt fort mit der Behauptung, Inflation sei nichts anderes als die legalisierte Beschlagnahme von Privateigentum durch den Staat:

> Inflation ist eine Ausweitung der nominalen Menge eines Tauschmittels über jenes Maß hinaus, das auf dem freien Markt produziert worden wäre. Da der Ausdruck „freier Markt“ eine Kurzform für die etwas umständliche Formel

> „soziale Kooperation unter Achtung privater Eigentumsrechte" ist, bedeutet Inflation also die Ausdeh[n]ung der nominalen Geldmenge unter *Verletzung* privater Eigentumsrechte. In diesem Sinne kann Inflation auch eine erzwungene Art der Geldmengenausdehnung genannt werden, im Unterschied zur „natürlichen" Geldproduktion mittels Bergbau und Münzprägung.[114]

Die inflationäre Ausweitung der Geldmenge ist Ursache der meisten, wenn nicht aller grundlegenden Wirtschaftsprobleme wie Kaufkraftverlust, Verarmung großer Teile der Bevölkerung, ungerechte Verteilung des Vermögens, Wirtschaftskreislauf von Aufstieg und Niedergang u. a. Die Wirtschaftspolitik der Regierungen ist tendenziell weit entfernt davon, die Situation zu erleichtern; meist verschlimmert sie die Lage. US-Präsident Ronald Reagan drückte es in einem geflügelten Wort so aus: „Der Staat ist die *Ursache* und nicht die Lösung unseres Problems; der Staat *ist* das Problem."

Seit über 40 Jahren steht die ganze Welt auf Fiatpapiergeld. Das heißt, dass die ganze Weltwirtschaft im Kern höchst inflationär ist; und die Leichtigkeit, mit der Staaten mehr Geld drucken können (was sie auch tun), um sich aus der Patsche zu helfen, hat das Problem ausufern lassen bis zu dem Punkt, an dem die Achterbahn zu entgleisen droht. Die Stabilität der Weltwirtschaft steht am Rande des Abgrunds, und es braucht nicht viel, um sie über die Kante zu befördern. Ohne drastische Richtungsänderung ist es nur noch eine Frage der Zeit, bis das ganze Kartenhaus (in diesem Fall: Haus aus Papiergeld) einstürzt.

Wir haben gesehen: Es gab eine Zeit – und sie ist noch gar nicht so lange her –, da hatten die größten Volkswirtschaften der Welt ihren Rückhalt in gewichtigen Wertestandards wie Gold und Silber. Das ist vorbei. Inflationäre Praktiken der Regierungen, besonders das ungebremste Drucken von immer mehr Banknoten, hat eine Weltwirtschafts-Infrastruktur erschaffen, die sich komplett auf Papier gründet. Das Ergebnis: Wir alle treiben in einer *weltweiten Schuldenkultur*.

Das Video zu diesem Kapitel (Englisch):
http://youtu.be/lnEQN01GvSE

Kapitel 5

Die weltweite Schuldenkultur – Hauptwährung der Welt[115]

Es kann nichts Unwirklicheres geben als die Anmaßung einer Schuldenwährung.

Charles Holt Carroll (1860)

Das „globale Dorf", in dem wir leben, wird jeden Tag kleiner. So scheint es zumindest. Die Größe unseres Planeten hat sich nicht verändert, aber die technischen Revolutionen der letzten 50 Jahre in der Telekommunikation und der Digitalisierung hat die Völker der Erde näher zusammengebracht als jemals zuvor. Was auf der anderen Seite der Welt passiert, erscheint in Echtzeit auf unserem Fernsehschirm oder kommt als Stream auf den Computer. Die Finanzmärkte im Westen reagieren fast unmittelbar, wenn in Asien, im Nahen Osten oder in Südamerika sich etwas ändert. Der alte Spruch „Die Welt ist klein" ist wahrer als je zuvor und er wird ständig noch wahrer.

Mit der technischen Revolution und der ihr folgenden Verkleinerung des globalen Dorfes wächst bei den meisten Menschen ein Bewusstsein dafür, wie gefährlich die Welt ist, in der wir leben. Die ständige Bedrohung durch Terroranschläge lässt Millionen von Menschen Tag für Tag in Angst leben, insbesondere an den „Hotspots" der Welt (allerdings hat der 11. September 2001 gezeigt, dass Terroristen das Potenzial haben, fast überall zuzuschlagen und fast jeden zu treffen). Hurrikane, Tornados und Tsunamis richten verheerende Schäden und Zerstörung an. Hitzewellen führen zu anhaltender Dürre und versengen das Getreide, bevor es reifen kann. Im Winter bedrohen Rekordfröste besonders Obdachlose, Kranke und ältere Menschen. In aller Welt verschmutzen wir unsere Luft, verbauen und verbrauchen wir unsere Böden, vergiften unser Wasser. Seien wir ehrlich: Unsere Welt ist ein gefährlicher Ort.

So alarmierend und beunruhigend diese Wirklichkeiten (zu Recht) auch sind: Es gibt eine andere Wirklichkeit, und sie stellt eine genauso ernste oder noch ernstere Bedrohung für die Wohlfahrt und Sicherheit der Welt dar – und dennoch entgeht sie den meisten von uns. Ich spreche von der wachsenden weltweiten Schuldenkultur, die droht, die Volkswirtschaften der ganzen Welt zu Fall zu bringen, besonders der Länder, deren Ökonomien die Hauptmotoren der Weltwirtschaft sind. Unsere Welt wird vornehmlich von Schulden regiert; *sie* sind die primäre Währung der Welt und nicht der Dollar, der Yen oder der Euro.

Wenn Sie meiner Argumentation in diesem Buch bis hierher gefolgt sind, verstehen Sie bereits, warum das ein Problem ist. Ja, Papierwährungen gibt es seit Jahrhunderten, und sie wurden und werden in jedem wichtigen Wirtschaftsraum der Welt genutzt als Mittel, die Geldmenge zu erhöhen, damit die jeweilige Regierung ihrem Bedarf und ihren Zielen gerecht werden kann; doch war das Inflationspotenzial solcher Währungen immer begrenzt durch einen handfesten Finanzstandard, z. B. Gold. Heute aber wird die Weltwirtschaft „aufrechterhalten" durch eine freischwebende Währung aus Fiatpapiergeld, und die hat erstmals in der Geschichte keinen soliden Standard, der das Geld absichern und den Wert des Geldes garantieren würde.

Wenn es keinen etablierten Standard von Wert gibt (z. B. Gold oder Silber), der die Geldmenge der Welt absichert, was stützt das Geld dann? Im Wesentlichen hält nur eines dieses „Kartenhaus" aufrecht, nur eines verhindert seinen totalen Zusammenbruch: die Zuversicht der Bürger in die Stabilität und Glaubwürdigkeit, die Kreditwürdigkeit der Staaten, die diese Währung herausgeben. Solange diese Zuversicht vorhanden ist, halten die Bürger eines Landes die Währung ihrer Nation im Umlauf und wickeln mit ihr Geschäfte ab. Sollten sie allerdings das Vertrauen auf die Wirtschaftsstabilität ihrer Regierung bzw. des Landes verlieren (und damit auf die Stabilität ihrer Währung), dann geben sie die Währung auf. Was, wenn die Weltbevölkerung als Ganzes die Zuversicht verliert, das Vertrauen auf die ungeheuerlich aufgeblähte, hoch inflationäre und ständig wachsende Fiatgeld-„Blase“, zu der das heutige weltweite Finanzsystem der Wirtschaft geworden ist? Das wäre die *Katastrophe*, der *GAU*.

So undenkbar es auch klingen mag: Genau dieses „Weltuntergangsszenario“ lässt viele Ökonomen und Finanzanalysten seit Jahren Alarm schlagen, und ihre Zahl nimmt ständig zu. Private und öffentliche Schulden haben ein Allzeithoch erklommen, insbesondere im Westen und in den Industrieländern. Immer mehr Menschen wachen auf angesichts der Tatsache, dass die weltweite Schuldenblase sich sehr schnell weiter ausdehnt und bald – ja: platzt. Wenn dieser Trend nicht gestoppt und umgekehrt wird, dann wird (vielleicht früher, als uns lieb ist) die Achterbahn entgleisen und Rezession, Depression oder sogar einen totalen Zusammenbruch der Weltwirtschaft nach sich ziehen.

Niemand spricht gerne über Schulden, besonders wenn alles gut läuft. In schlechten Zeiten ist es aber noch schlimmer, denn dann setzt der Verdrängungsfaktor ein: Wir ersparen uns tunlichst, weiteren unangenehmen Wahrheiten ins Auge zu blicken. In unserer heutigen Welt kann man das Thema „Schulden“ aber nicht einfach ignorieren; wir leben damit. Ungesunde und sich verschlechternde Wirtschaftsbedingungen zwingen uns zuzugeben, dass wir ein Schuldenproblem haben – und nicht nur wir, sondern die ganze Welt.

Martin Luther sagte einmal (sinngemäß), ein Evangelium, das sich nicht um den Alltag kümmere, sei überhaupt keines. Doch vielen Kirchen und Gemeinden fällt es schwer, sich mit den drängenden sozialen und Wirtschaftsfragen unserer Zeit zu befassen (das gilt auch für Fragen der Moral und absoluten Werte, die doch zu ihrem „Kerngeschäft“ gehören) – entweder, weil sie davon nichts verstehen, oder sie halten diese Fragen nicht für „geistlich“ genug, als dass sie der Aufmerksamkeit der Kirche wert wären. Natürlich ist der primäre Auftrag der Kirche, alle Völker zu Jüngern zu machen; dabei darf aber das ganz reale sozio-ökonomische Umfeld nicht ignoriert werden, in dem diese Menschen tagtäglich leben. Wenn die Kirche ihnen zeigen will, was das Evangelium für ihr Leben heute zu sagen hat, dann kann sie das Thema „Globalisierung“ nicht länger ignorieren; sie muss sich befassen mit Weltwirtschaft und der Frage, wie sich diese auf die Menschen auswirkt und insbesondere auf die

Armen. Die Kirche Jesu Christi muss ihre kraftvolle prophetische Stimme hören lassen auch im Diskurs über Umweltschutz, Armutsbekämpfung und Abkehr von der globalen Schuldenkultur.

Schulden sind ein Resultat des Sündenfalls: Mit der menschlichen Natur fiel auch die Kultur; laut Bibel waren Schulden ursprünglich nicht vorgesehen, sie sind *kein* biblisches Konzept. Gottes anfängliches Ideal-Modell für die Menschheit war eine Kultur ohne Schulden; das zeigt sich zunächst am Beispiel Israel (wenn auch unvollkommen) und dann am Beispiel der Kirche des Neuen Testaments. Schulden mit all ihren negativen Folgen sind unvermeidlich Merkmal von Kulturen, die Gott ignorieren; das ist *ein* Grund, warum so viele „nachchristliche" Länder des Westens in so großen Schwierigkeiten stecken. Da Gott jedoch immer am Werk ist, sogar mitten in einer gottlosen Kultur, dürfen wir die Hoffnung nicht aufgeben, und in einer Kultur uferloser Schulden muss die Kirche eine klare Stimme sein – für Vernunft, Weisheit und einen gesunden Menschenverstand.

Einfach ausgedrückt: Schulden sind das Ergebnis, wenn wir schon heute Dinge kaufen mit dem Geld, das wir erst morgen verdienen (oder zu verdienen *erwarten*). Die Bibel warnt uns davor, auf die Zukunft zu spekulieren:

> *Nun zu euch, die ihr sagt: „Heute oder spätestens morgen werden wir in die und die Stadt reisen! Wir werden ein Jahr lang dort bleiben, werden Geschäfte machen und werden viel Geld verdienen!" Dabei wisst ihr nicht einmal, was morgen sein wird! Was ist schon euer Leben? Ein Dampfwölkchen seid ihr, das für eine kleine Weile zu sehen ist und dann wieder verschwindet. Statt solche selbstsicheren Behauptungen aufzustellen, solltet ihr lieber sagen: „Wenn der Herr es will, werden wir dann noch am Leben sein und dieses oder jenes tun." Doch was macht ihr? Ihr rühmt euch selbst und prahlt mit euren überheblichen Plänen. Alles Rühmen dieser Art ist verwerflich.*
>
> Jakobus 4,13–16 NGU

Wenn wir Schulden machen, spielen wir mit der Erwartung, dass das Morgen so wird, wie wir es erhoffen. Das ist niemals weise, denn wir haben nur das Heute. Das Heute mag Wirklichkeit sein, aber das Morgen ist nur eine Möglichkeit.

Früher galten fast überall Schulden als etwas Nachteiliges, das man tunlichst vermeiden sollte, insbesondere als Einzelperson und als Familie; wenn Firmen Schulden machten, gingen sie umsichtig und mit Bedacht vor. Man beschränkte sich dabei meist auf Projekte mit hohem Kapitalbedarf, und moralische Hürden sowie Leitplanken sorgten dafür, dass die Verschuldung nicht überhandnahm. Die moderne Kultur hat diese Sicherungen in den Wind geschlagen – mit dem Ergebnis, dass Schuldenmachen nun für jedermann das primäre Mittel ist für sozialen Aufstieg, Besitzstandmehrung und Zahlungsfähigkeit.

Im Großen und Ganzen praktizierte die Urgemeinde bis zur Zeit Konstantins die Gleichheit der Gläubigen; Maßstab war die Lehre Jesu. Wie bereits dargelegt, begann die Untergrabung im 4. Jahrhundert unter Konstantin durch den Kompromiss mit der Macht des Staates. Kirche und Staat gingen eine praktisch unauflösliche Verbindung ein mit dem Ergebnis, dass der Leib Christi auf Erden zum Sklaven des Staates wurde.

In den folgenden Jahrhunderten gab es einzelne Stimmen, die die Kirche zu ihrer ursprünglichen Vision. ihrem eigentlichen Auftrag zurückriefen – doch nur zu oft wurden sie schnell zum Schweigen gebracht. Der Umschwung der Gezeiten nahm erst im 12. Jahrhundert langsam Gestalt an; im 16. Jahrhundert erreichte die Welle der Reform den Höhepunkt. Wegbereiter waren Gruppen wie die Waldenser und Einzelpersonen wie Jan Hus und John Wyclif; zwar wurden sie bedrängt und ignoriert und meist wurde ihr Leben gewaltsam ausgelöscht, doch der Geist der Reformation, den sie entfesselt hatten, war nicht mehr aufzuhalten.

Die Reformation war das Werk einiger weniger bekannter Menschen (u. a. Luther, Calvin und Zwingli) sowie vieler wenig Bekannter und Unbekannter: Wiedertäufer und Gruppen der so genannten „radikalen Reformation" um Menno Simons, Hans Denk und Schwenckfeld, die „Schwärmer" und andere. Sie waren nicht nur *bereit*, ihr Leben und ihre Karriere zu opfern, sie taten das auch wirklich. Das hat Europa verändert! Sie richteten unter dem Volk folgende biblisch-christliche Werte wieder auf:

- *Der eigenständige, intrinsische Wert der Arbeit als einer guten Gabe Gottes.* Fleiß – schwere, ehrliche Arbeit – ist eine Tugend, die hilft, dem

Urteil in 1. Timotheus 5,8 zu entgehen: „Denn wenn sich jemand nicht um seine Angehörigen kümmert, vor allem um die, die unter einem Dach mit ihm leben, verleugnet er den Glauben und ist schlimmer als jemand, der nicht an Christus glaubt" (NGÜ). Zu diesem Prinzip gehört unter anderem, fleißiges Arbeiten auszugleichen durch vernünftige Freizeitgestaltung. „Arbeitssucht" (der berühmte „Workaholic") ist eine moderne Sucht, ein Produkt unserer postmodernen und postchristlichen Kultur.

- *Die Wichtigkeit der Zeit.* Auch wenn das Leben nach dem Tod das Wichtigste ist und es unser Hauptanliegen sein sollte, uns darauf vorzubereiten, ist doch das Leben in dieser Welt ebenfalls wichtig und bedeutsam. Es soll als Gabe Gottes genossen und gefüllt werden mit erstrebenswerten Beschäftigungen, von denen nicht nur man selbst profitiert, sondern auch andere.
- *Der Wert eines bewusst genügsamen Lebensstils.* Zügelloser Konsum, wie er heute weithin vorherrscht – dieses Konzept ist der Bibel fremd. Der Lebensstil der Bibel, ihr Lebensprinzip ist Zufriedenheit, nicht Konsumieren.
- *Das Bestehen auf der Herrschaft des Gesetzes (Rechtsstaatlichkeit).* Herrschaft des Gesetzes – das bedeutet, dass die Angelegenheiten der Menschen durch Gesetze geregelt werden und nicht durch die Launen und Wünsche der Reichen. Solche Gesetze müssen fair sein sowie gleichermaßen und unparteiisch auf alle angewendet werden, ohne Rücksicht auf ihren Status.

Die Wiederentdeckung dieser vier Grundprinzipien brachte etwas zustande, was es nie zuvor gegeben hatte: Erstmals konnte der kleine Mann sich ein Vermögen schaffen; und sie bereitete den Bürgerrechten und der Demokratie den Boden:

1. *Alphabetisierung für alle.* Jeder erlernte Lesen und Schreiben; Bildung war nicht länger das Vorrecht der Reichen und der Elite, sondern wurde nach und nach Allgemeingut. Weil jeder Einzelne persönlich vor Gott stand, musste jeder lernen, selber zu denken, und für seine Überzeugungen und sein Verhalten einstehen.

2. *Toleranz gegenüber den Ansichten anderer*. Weil alle Menschen zum Ebenbild Gottes erschaffen sind, sind vor ihm alle für sich selber verantwortlich; und ihnen stehen Würde, Beachtung und Respekt zu.

Die Zunahme der allgemeinen Lese- und Schreibfähigkeit beförderte die Toleranz gegenüber anderen Ansichten; das ermöglichte erstmals in der Geschichte den Aufstieg erfolgreicher Demokratien. Der kumulative Effekt der zunehmenden Alphabetisierung und damit des Wissens, des kritischen Denkens sowie des unabhängigen Urteilens führte zu einer anderen Entwicklung: Die Art und Weise, wie wir Menschen die Welt und das Universum betrachten, änderte sich grundlegend – der Aufstieg der modernen Naturwissenschaft begann. Die Reformatoren lehrten eine ganz neue Weltsicht: dass die Welt, weil von Gott erschaffen, funktioniert nach universal gültigen, zuverlässigen Naturgesetzen, die sowohl beobachtbar als auch messbar sind. Anders ausgedrückt: Die Reformation hinterließ der Welt die Wahrheit, dass die natürliche Welt kein Zufall ist, sondern durch systematisches Erforschen erkannt und verstanden werden kann. Naturwissenschaftliche Entdeckungen (hier hatte der Westen die Nase vorn) führten zu noch nie dagewesenen und exponentiellen Fortschritten in Medizin und Technik, im Ingenieurswesen, in der Industrialisierung und auf anderen Feldern, und diese Errungenschaften haben jede Facette des Lebens verändert und werden das weiterhin tun.

Die Reformation weckte im Volk die Vorstellung von einer freien Gesellschaft auf der Grundlage (1.) des Glaubens an Gott und (2.) des Rechtsstaats, also der Herrschaft des Gesetzes über alle gleichermaßen; in solch einer Gesellschaft würde das Recht jedes Einzelnen auf Respekt, Würde und Chancengleichheit gewahrt – die amerikanische Unabhängigkeitserklärung: spricht vom „Recht auf Leben, Freiheit und das Streben nach Glück".

Im letzten Jahrhundert (oder schon länger) hat die Naturwissenschaft ihren religiösen, spezifisch: christlichen, Ursprung allerdings aus den Augen verloren und einen gottlosen Darwinismus übernommen. Der Einfluss der Reformation auf den Alltag der meisten Menschen ist geschwunden. Hatten die protestantischen Gesellschaften ihren Blick nach außen gerichtet und auf den Nächsten, ist die moderne Kultur entschlossen auf das andere Extrem zumarschiert: Sie fokussierte sich zunehmend auf das Innere und wurde egozentrisch. Das Konzept einer universalen Wahrheit wird in Frage gestellt oder ganz abgelehnt. Der Naturwissenschaft (wahlweise auch dem Staat) wird die Fähigkeit zugeschrieben, die Antworten auf alle Probleme der Menschheit zu haben. Nun haben Naturwissenschaft und Staat schon mehrfach gezeigt, dass sie kein Utopia hervorzubringen imstande sind; deshalb sind viele desillusioniert und erwarten von dort keinerlei Antworten mehr. Eine Alternative sehen sie in der Spiritualität; doch auch die stellt sie nicht zufrieden. Die Reformation bezeugt einen personalen Gott, dem alle Menschen Rechenschaft schuldig sind; diese Überzeugung ist einer vagen Spiritualität gewichen, in der alles möglich ist und in der jeder den Sinn des Lebens selber herleiten muss. Statt des Vertrauens herrscht die Gier, statt der altehrwürdigen und erhabenen biblischen Prinzipien von Liebe, Dienen und Selbstaufopferung regieren jetzt Egoismus, Lust, Ehrgeiz – und Angst.

Da unsere Welt nun in einem so traurigen, betrüblichen Zustand ist, kann es nicht anders sein: Unsere durch und durch säkularisierten Kulturen haben auch die Anti-Schulden-Sicht der Bibel fallengelassen – zugunsten einer Schuldenkultur, die angetrieben ist von Gier und Konsum.

Für die Untersuchung dieser Abwärtsspirale hinein in die globale Schuldenkultur könnte es erhellend sein, die USA näher zu betrachten. Die USA waren das am stärksten von der Reformation durchdrungene Land des Westens; deshalb konnte dieses Land lange Zeit der Versuchung widerstehen, reich werden zu wollen – die reformatorischen Prinzipien boten eine solide moralische Struktur im Hinblick auf die Ansammlung und Verteilung von Geld. Luxus und Maßlosigkeit waren verpönt, während Fleiß und Sparsamkeit, Selbstbeherrschung und Belohnungsaufschub gepriesen wurden als Tugenden, die es energisch auszuüben galt. Allerdings belegt die Geschichte in reichem Maße: Sobald eine Kultur Gott und die Bibel ablehnt, gerät sie innert zweier oder dreier Generationen in die Abwärtsspirale.

Wir behalten dies im Hinterkopf und betrachten nun die Geschichte der Zinssätze in den USA seit der Gründung bis heute. Ursprünglich verboten alle Staaten der USA überhöhte Zinsen; in der Regel wurden sie bei 6 % gedeckelt. Als mit der Aufklärung die Ablehnung der Bibel Wurzeln schlug, begann die Abwärtsspirale.

- Anfang des 20. Jahrhunderts: Elf Staaten schaffen Gesetze zur Zinsregulierung ab, neun andere heben den Höchstzinssatz auf 12 % an. Da die Banken keine Privatkredite gewähren, treten Verleiher auf und verlangen Jahreszinssätze von 10 bis 33 %.
- 1916: Das „Uniform Small Loan Law" (Kleinkredit-Vereinheitlichungs-Gesetz) erlaubt „besonders lizensierten Verleihern", Zinssätze von bis zu 36 % zu erheben.
- 1933: Der Glass-Steagall-Act schränkt Finanzdienstleister ein; sie dürfen sich nur in einem von vier Bereichen engagieren: kommerzielles Banking, Investmentbanking, Versicherungen, Hypotheken-Dienstleistungen. Diese Aufgabenbegrenzung untersagt z. B. Banken den Verkauf von Versicherungsprodukten und steht für die strikte Trennung zwischen dem Kreditgeschäft mit Privatkunden und dem Investmentbanking.
- 1945 und danach: Alle Staaten deckeln die Zinsen bei 36 %.
- Februar 1970: Das US Department of Housing and Urban Development (Ministerium für Wohnungs- und Städtebeau) schwächt den Glass-Steagall-Act, indem es die erste Hypotheken-gedeckte Sicherheit einführt – das ist der erste Schritt auf dem Weg zur Subprime-Krise auf dem Häusermarkt, der Krise am US-Hypothekenmarkt Anfang des 21. Jahrhunderts.
- 1978: Der US Supreme Court (Oberstes Bundesgericht) schafft die Deckelung der Zinssätze ab für alle Staaten, die das wollen. Die Entscheidung von Delaware und South Dakota, die Deckelung der Zinssätze komplett abzuschaffen, veranlasst mehrere Kreditkartenunternehmen, ihren Sitz in diese Staaten zu verlegen; damit können sie in den ganzen USA ohne derartige Einschränkungen Geschäfte machen.
- 1980: Der Kongress beendet die Macht der Bundesstaaten, die Zinssätze für erstrangige Hypotheken zu deckeln. Das führt zum Ausufern der flexiblen Zinssätze und der allein auf Zinsen beruhenden Leihgeschäfte, was wiederum dazu führt, dass bei Ansteigen der Zinssätze Millionen ihre Häuser verlieren.
- 1994: Die Bundesregierung blockiert die Bemühungen vieler Staaten und Städte, ihre Bürger vor Kredithaien zu schützen.

- 1999: Der Gramm-Leach-Biley-Act macht Schluss mit der Trennung zwischen verschiedenen Arten von Finanzdienstleistungen und hebt damit den Glass-Steagall-Act praktisch auf.
- 2000: Der „Commodity Futures Modernization Act" (Anpassung der Warentermingeschäfte, „Enron Loophole") dereguliert Termingeschäfte. Die Folge: rasanter und übermäßiger Anstieg der Preise für Öl, Gas und Nahrungsmittel; das Ergebnis: 2007–2008 tätigte der Staat mit vielen Milliarden Dollar Steuergeldern Rettungskäufe von systemrelevanten Firmen („zu groß zum Scheitern" – ein Bankrott würde allen schwer schaden und muss deshalb verhindert werden).
- 2007: Das Ende der Trennung von Investment, Versicherungen, Hypotheken und Bankdienstleistungen (Gramm-Leach-Biley-Act 1999) erweist sich zunehmend als problematisch – es kommt zu zahlreichen Pleiten und Fusionen; andere, die überleben, sind deutlich geschwächt.

Dieser kurze Überblick gilt nur den Zinssätzen und ihren Auswirkungen; doch dürfte er die schrittweise, systematische Abkehr vom Standard der Sparsamkeit und des Maßhaltens gut illustrieren. Es gibt viele andere Faktoren, die wir in Betracht ziehen könnten, aber die Zinsen sind der eine, der größte Faktor in der weltweiten Schuldenkultur, und sei es allein aus dem Grund, dass Zinsen auf die eine oder andere Weise praktisch jeden Erdenbürger berühren.

Schulden und Wucher gehen Hand in Hand. Eine auf Schulden gegründete Kultur braucht nicht nur hohe Zinssätze, sondern auch einen höchstmöglichen Prozentsatz von Menschen, die als Schuldner an dem System „teilhaben", sei es mit Geschäftsschulden oder mit Privatschulden. Ein solches System – und heute fungiert es im Weltmaßstab – zeitigt eine ganze Reihe ernsthafter Konsequenzen, welche die Stabilität der Wirtschaft weltweit gefährden.[116]

1. Wucher braucht ständiges Wachstum – auf lange Sicht ist das unhaltbar

Der Geldumlauf war immer von der Zahlung von Zinsen abhängig. Zinsen führen unweigerlich zu Zinseszinsen, die exponentielles Wachstum hervorrufen, was letztlich untragbar ist. Die strenge und vernünftige Begrenzung des

Wuchers in der vernünftigeren Wirtschaftspolitik früherer Zeiten ist größtenteils abgeschafft. Im Ergebnis vermehren sich die Zinsen ungeheuerlich – wie bösartige Zellen in einem von Krebs befallenen Körper.

2. Das Ungleichgewicht zwischen Risiko und Rendite bei Schuldnern und Kreditgebern verschärft den Effekt der Wirtschaftszyklen

Ein Aufschwung der Wirtschaft führt im Allgemeinen zur Zunahme der Profite des Kreditnehmers und ermutigt zur Aufnahme neuer Kredite und zu neuen Investitionen; ein Abschwung hingegen erhöht die Zinssätze und senkt sowohl die Investitionen als auch die Produktion. Eine zinslose Finanzierung würde Gewinn und Verlust zwischen Kreditgebern und -nehmern ausgeglichener verteilen; das würde die Auswirkung des Wirtschaftszyklus bedeutend abfedern.

3. Wucher ermutigt zur Vermögensspekulation

Käufer neigen dazu, sich Geld zu leihen, um mehr Vermögenswerte zu kaufen und damit ihren Kapitalgewinn zu erhöhen. Im Gegenzug sind Kreditgeber bereit, mehr zu verleihen, denn der Wert ihrer Sicherheit steigt und das Risiko sinkt – auch und gerade dann, wenn der Kreditnehmer zahlungsunfähig wird. Zunehmendes Verleihen führt zu höheren Profiten; diese Spirale setzt sich fort, bis dies untragbar wird (entweder aufgrund der steigenden Zinssätze oder wegen Vertrauensverlusts). Dann implodiert das Ganze, es fällt in sich zusammen. Spekulanten, die in diesem Zusammenbruch gefangen sind, sehen sich gezwungen, mit Verlust zu verkaufen (während sie immer noch ihre Schulden zurückzahlen müssen), und Verleiher werden nicht das Risiko eingehen, Vermögenswerte zu kaufen, die an Wert verlieren. Diese verheerende Achterbahn (*boom-bust cycle*) ist eine direkte Haupt-Auswirkung des Zinsen-Systems; würde man das Risiko aufteilen zwischen Kreditnehmern und Kreditgebern, wären beide vorsichtiger, wenn die Werte steigen, und der Schlag des Preisverfalls wäre weniger schwer.

4. Wucher destabilisiert das Finanzsystem

Der Wert von Fiatwährungen schwankt von Tag zu Tag, oft von einem Augenblick zum nächsten; es gibt ja keinen anerkannten Finanzstandard, der sie stabilisieren könnte. Wir erinnern uns: Das Bretton-Woods-System hielt das Gold

25 Jahre lang bei dem auf 35 Dollar je Unze festgelegten Preis; das garantierte Finanzstabilität. Solche Kontrollmechanismen gibt es heute nicht mehr, und die Währungen der Welt steigen oder fallen mit den „Gezeiten" der Konjunktur wie ein Boot, das sich losgerissen hat.

5. Wucher destabilisiert die Banken

Banken gehen mit dem Geld der Sparer ständig Risiken ein, indem sie es zu hohen Zinssätzen verleihen – in dem Wissen, dass der Staat oder die Zentralbank im Falle einer Krise oder bei Vertrauensverlust der Sparer sie vor Verlusten schützen. Dabei stehen die Sparer unter dem falschen Eindruck, ihr Geld wäre sicher; doch wissen sie nicht, dass diese Zinsgeschäfte abgesichert sind durch *ihre Steuergelder*.

6. Wirtschaftswachstum braucht die ständige Zunahme von Liquidität, Inflation und Preissteigerung

Inflation wird in der heutigen Weltwirtschaft als Gegebenheit hingenommen, und viele glauben, sie wäre ein notwendiges Übel, das man eben unter Kontrolle halten müsse. Tatsächlich stimmt das Gegenteil: *Zinsen sind die eine größte* Ursache *der Inflation*. Das Geheimnis: Um die Inflation zu stoppen, müssten Zinsen *abgeschafft* werden.

In einem auf Wucher beruhenden System hängt das Wirtschaftswachstum ab vom konstanten Leihen aller Marktteilnehmer. Wenn Schulden nominal festgelegt sind (also mit einem Geldbetrag), nützt eine unerwartete Inflation dem Kredit*geber*, nicht dem Kreditnehmer. Andererseits erzeugen steigende Zinssätze (und fallende Preise) Notlagen, denn sie bremsen Konsum und Investition – das Ergebnis: ein Anstieg der Arbeitslosigkeit. Wenn die Schulden hoch sind, senken (verzögern) sinkende Preise die Nachfrage; dann ergreift der Staat Maßnahmen, um einen starken Preisverfall zu verhindern. Die Zentralbanken andererseits versuchen, Schuldner zu schützen, indem sie eine niedrige und stabile Inflationsrate festsetzen (statt die Preise zu stabilisieren). Die Abschaffung der Zinsen würde Inflation eliminieren, was wiederum all die Probleme bei der Preisstabilisierung verringern würde.

7. Wucher verschafft GmbHs einen Vorteil gegenüber Einzelpersonen und Familien

Dank Steuervorteilen wurde das Schuldenmachen in den letzten 50 Jahren zur gängigen Finanzierungsform kommerzieller Unternehmen. Schon früh erkannte man die Notwendigkeit, die Aktionäre einer Firma davor zu schützen, über ihre Investition hinaus offene Geldforderungen begleichen zu müssen. Vorschriften für GmbHs (Gesellschaft mit beschränkter Haftung) ermöglichen es Firmen, große Summen Aktionärskapital zu bekommen, während sie gleichzeitig verhindern, dass im Fall der Insolvenz (Geschäftsschließung mit unbezahlten Schulden) die Gläubiger die Anteilseigner zur Kasse bitten.

Die Einführung der GmbH richtet das gesamte Wirtschaftssystem aus gegen Privatpersonen und Familien, denn diese genießen nicht dieselben Privilegien wie die GmbH. Private haben weniger Kreditvermögen, tragen aber größere Risiken. Die Existenz von Wucher hat ein System hervorgebracht, das diejenigen belohnt, die sich weigern, für ihre Schulden volle Verantwortung zu tragen (GmbHs), während es diejenigen bestraft, die für ihre Kredite uneingeschränkte Verantwortung übernehmen.

Noch signifikanter als diese wirtschaftlichen Folgen sind jedoch die *humanitären* Folgen eines auf Wucher basierenden Systems:

1. Die Vergabe von Krediten erfolgt nicht nach Bedürftigkeit

Private Kreditnehmer, die arm sind und wirklich Geld brauchen, haben weniger Chancen auf einen Kredit als reiche Leute, die eigentlich keinen bräuchten; und wenn arme Kreditnehmer tatsächlich einen Kredit bekommen, müssen sie (aufgrund des als höher eingestuften Ausfallrisikos) höhere Zinssätze bezahlen. Im Allgemeinen gilt: Man muss Geld *haben*, um sich Geld *leihen zu können*. In der heutigen Weltwirtschaft werden Vermögenswerte meist nicht den vielversprechendsten Projekten zugeteilt und auch nicht den bedürftigsten Menschen, sondern denen, die bereits Vermögenswerte haben – denn das gilt als Sicherheit, dass sie das Geld zurückzahlen können.

2. Ressourcen fließen tendenziell von den armen in die reichen Länder

Die Regelungen des Zinswesens und der GmbHs verschaffen Firmen mit Kapital einen Vorteil gegenüber Familien und Personen, die über wenig Kapital verfügen; und in gleicher Weise begünstigen sie reiche gegenüber armen Ländern. Kapital aus reichen Ländern fließt als stark geschützte Investitionen in arme Länder; und die armen Länder, die dieses Kapital erhalten, werden zu Schuldnern der reichen Länder. Kapital schafft Arbeitsplätze; also wandern die Arbeiter dorthin, wo die Arbeitsplätze sind, was zum Ausbluten von Dörfern führt und zum Niedergang ganzer Landstriche. Die armen Länder brauchen ausländisches Kapital, haben aber nicht die Mittel, ihre Schulden zurückzuzahlen, bevor neue Schulden entstehen; das hält sie gefangen in einem Kreislauf des ständig wachsenden Schuldenbergs – und sie verarmen weiter, während ebendieser Kreislauf die Geberländer immer reicher macht.

3. Die Kluft zwischen Arm und Reich wird immer größer

Für Menschen und Firmen mit viel Kapital reduziert ein Zinsen-System das Investitionsrisiko deutlich – aufgrund der Zinsen können die Investoren eine Rendite auf ihre Investition erwarten, auch wenn die Unternehmung schiefgeht. Das gilt sogar dann, wenn sie persönlich keinerlei Risiko eingegangen sind, keinerlei Opfer gebracht haben. Wie sich die Zinsen ansammeln, so sammelt sich auch der Reichtum der Investoren an, was unvermeidlich die Kluft zwischen Arm und Reich vergrößert.

Umgekehrt gilt: Kreditnehmer, die ihre Schulden nicht mehr bedienen können, werden häufig schweren, oft unnötigen Strafen unterzogen und bis zur Pleite getrieben – was auch dann geschehen kann, wenn es ihrer Firma im Allgemeinen gut geht. Das System ist so verdreht, dass es den Reichen größtenteils ermöglicht, sich vor den Wechselfällen des Lebens zu schützen, während die Armen bzw. die mit zu wenig Ressourcen (und sei es nur zeitweilig) oft in finanzielle Sklaverei, in die Schuldknechtschaft getrieben werden.

4. Das System spielt die Interessen von Firmen aus gegen die Interessen der Welt

Die gegenwärtige, auf Schulden gründende und von Zinsen angetriebene, Wirtschaft zwingt die Welt zur Wahl zwischen gesundem Wirtschaftswachstum und gesunder Umwelt – Ökonomie gegen Ökologie. Wirtschaftswachstum braucht die stetige Zunahme öffentlicher und privater Schulden, aber unsere Jagd nach diesem Wachstum fügt der Umwelt Schaden zu. Wenn wir nicht weiterhin wachsen, werden wir kollabieren; aber dieses unser Wachstum geschieht gegenwärtig auf Kosten der Umwelt, vor allem aufgrund unseres Verbrauchs nicht erneuerbarer fossiler Brennstoffe.

Bisher haben wir nur Schulden und Zinsen und ihre Auswirkungen betrachtet; damit verbunden sind viele Faktoren, die der globalen Schuldenkultur Futter gegeben haben und das auch weiterhin tun. Hier sind nur einige davon:

- Einzelpersonen und Familien, die es sich eigentlich nicht leisten können, bekommen verlockende Angebote über leicht erhältliche Kredite: Kreditkarten mit einem Kreditrahmen oder Überziehungskredite fürs Girokonto (zu extrem hohen Zinsen), die am nächsten Zahltag fällig werden. Menschen, die finanziell bereits klamm sind (ansonsten „bräuchten" sie ja keinen Kredit), kommen noch stärker unter Druck, weil sie auch die Last von Zins und Tilgung tragen müssen. Das Überleben der Kreditkartenfirmen hängt an der Erwartung, dass die überwältigende Mehrheit der Karteninhaber die monatliche Mindestrückzahlung leistet (zu hohen Zinssätzen) – und das sperrt diese in jahrelange Verschuldung ein, während jährlich Milliarden an Zinsen in die Schatzkammern dieser Firmen fließen.
- Das Konkursrecht wird vom allerletzten Rettungsring für Menschen, die einen Fehler gemacht oder Widrigkeiten erlitten haben, zum gewöhnlichen Instrument, das „legal" ermöglicht, sich der Verantwortung zu entziehen.
- Arbeitsplätze werden ausgelagert nach China und anderen Ländern mit niedrigen Lohnkosten, um Geld zu sparen und um kostspielige Vorschriften zu Umweltschutz, Arbeitssicherheit und Verbraucherschutz zu umgehen.

- Die Armen werden mit Lotterien dazu verführt, ihr weniges Geld zu verspielen – das ist eine Art „Armutsbesteuerung“: Allein in den USA wird mit einem Fünftel der Bevölkerung ein 60-Milliarden-Geschäft gemacht.

Die gegenwärtige Weltwirtschaft mit ihrer Schuldenkultur und den anscheinend unbegrenzten Fiatwährungen ist wie ein Haus ohne Fundament, das demnächst unter seinem Eigengewicht zusammenbricht. Was könnte getan werden, um eine weltweite Wirtschaftskatastrophe abzuwenden? Welche grundlegenden praktischen Maßnahmen können wir ergreifen, um die Weltwirtschaft auf eine vernünftigere Basis zu stellen? Hier sind einige Möglichkeiten:

- Chancengleichheit herstellen – Beendigung der beschriebenen eingebauten Tendenzen gegen die Armen, die Einzelpersonen und die Familien, so dass jeder am Markt teilnehmen und in freien Wettbewerb treten kann.
- Der Kapitalzuteilung eine neue Ausrichtung geben – Priorität bekommen die Personen, Firmen und Regionen, die es am nötigsten brauchen.
- Das hemmungslose Drucken von Geldnoten einschränken – Begrenzung der Geldmenge auf die tatsächlichen Vermögenswerte und den Wert der Waren und Dienstleistungen, die tatsächlich zur Verfügung stehen.
- Weltweit die Zinssätze deckeln – besser wäre noch, Kredite und Zinsen komplett abzuschaffen und Investitionen mit Fremdkapital nur als Investition bzw. Unternehmensbeteiligung zuzulassen.
- Währungen derart umgestalten, dass sie gegenüber zyklischen Veränderungen immun sind
- Das Geldsystem neu stabilisieren durch Rückkehr zu einem soliden Geldstandard wie Gold
- Hoffnung und Optimismus im Herzen der Menschen neu beleben, damit der bedrückende und alles durchdringende Pessimismus verdrängt wird, der sagt, dass wir uns im unumkehrbaren Niedergang befinden: Wir müssen wieder glauben, dass es mit Gottes Hilfe möglich ist, vom Abgrund zurückzutreten, das Blatt zu wenden und wieder Vernunft und Stabilität in die Weltwirtschaft zu bringen.

- Bildungssysteme erneuern – Abkehr von einer streng „funktionalen“ und „technischen“ Ausbildung zugunsten der freien bzw. Geisteswissenschaften (Geschichte, Literatur, Philosophie, Musik) *zusätzlich* zu Mathematik, Naturwissenschaften, Wirtschaftsfächern und Informatik
- Die Medien wieder ihrer eigentlichen Aufgabe zuführen: Berichterstattung in Integrität, Wahrhaftigkeit und Unparteilichkeit
- Weltweit Einigung auf Mindestlöhne und/oder Gewährung der Grundversorgung (Nahrung, Kleidung, Obdach)
- Weltweit die Mittelschicht stärken oder neu etablieren – durch eine neue, ganzheitliche Sicht auf Arbeit und die Stärkung der Familie

Inflation und Schulden, das sind die beiden Hauptursachen der Armut: Inflation, weil der Staat durch seine Macht, mehr Geld zu drucken, sich selbst bereichert auf Kosten der Bevölkerung; und Schulden, weil Kreditnehmer in eine Art Sklaverei geraten sind: Sie haben sich verpflichtet, den Kredit von heute zu bezahlen mit der Arbeit von morgen. Das ist nicht bloß meine Meinung oder die Meinung von Finanzexperten, es ist auch die Einschätzung der Bibel: „Der Reiche herrscht über die Armen; und wer borgt, ist des Gläubigers Knecht“ (Sprüche 22,7). In meiner englischen Bibel steht hier *servant* – „Diener“, doch dieser Begriff wird der Aussage und Bedeutung des hebräischen Originals nicht gerecht. Das hebräische Wort für „Knecht“, *ebed*, bedeutet hier auch „Sklave“, „Leibeigener“. Das ist etwas ganz anderes, als ein „Diener“ zu sein! Manche Übersetzungen schreiben hier tatsächlich „Sklave“ und geben damit die tiefere Bedeutung des Wortes wieder.[117]

„Diener“ ist ein viel zu mildes Wort; es lässt uns einen einfachen Mitarbeiter sehen, einen Butler, eine Haushaltshilfe – eben jemanden, der angestellt ist und für seine oder ihre Dienste entlohnt wird. Ein Sklave hingegen ist rechtlos und besitzlos und erhält für die geleistete Arbeit keine Vergütung. Nun, Kreditnehmer haben zwar all das; sie sind nicht Sklaven im Vollsinn des Wortes, sie sind nicht „Leibeigene“ eines anderen; und doch passt die Metapher des Sklaven in Sprüche 22,7 immer noch, denn ein Kreditnehmer hat sich faktisch verpflichtet, morgen zu arbeiten für das Geld, das er bereits heute von einem Kreditgeber erhalten (und ausgegeben) hat. Wenn Sie bei einem Kreditgeber in der Schuld stehen, dann „gehört" diesem Ihre Arbeit (oder zumindest ein Teil davon) in einem sehr realen Sinne, und zwar so lange, bis die Schulden ganz beglichen sind. Jeder Kreditgeber, bei dem Sie in der Schuld stehen, hat Druckmittel, um zu bestimmen, wie, wann und wo Sie Ihr Geld ausgeben. Solange Sie Schulden haben, sind Sie nicht der alleinige Eigentümer Ihres Lebens und Ihres Geldes.

Dasselbe gilt für Staatsschulden: Geberländer, die anderen Ländern Geld leihen, haben bestimmte Druckmittel gegenüber den Ländern, die bei ihnen in der Schuld stehen. Die USA, einst größtes Geberland der Welt, ist heute eines der Länder mit der höchsten Staatsverschuldung, und der größte Geldgeber ist China. Die USA schulden China Hunderte von Milliarden Dollar. Was, wenn China diese Schulden plötzlich zurückforderte? Die USA würden sofort in Verzug geraten. Zwar gibt es keinen vernünftigen Grund für ein solches Szenario – aber möglich wäre es trotzdem.

Zurück zur Armutsbekämpfung: Die Armut in der Welt ist auch deshalb so schwer zu eliminieren, weil das heutige Weltwirtschaftssystem, die gesamte Infrastruktur der Wirtschaft, dem Fortbestand der Armut immer neues Futter gibt. Im Großen und Ganzen hat die Menschheit schon immer mehr oder weniger in einer Schuldenkultur gelebt, aber nie in dem Maße wie heute – und diese Schuldenkultur macht Armut *unvermeidlich*, sie *kann* gar nicht anders. Die einzige Möglichkeit, Armut zu eliminieren, besteht in der Veränderung des Wesens der Wirtschaftskultur, in der wir leben und wirken.

Armut gehört also wesenhaft zu der weltweiten Schuldenkultur, in der wir alle leben, und eine Lösung braucht nicht weniger als eine weltweite Abwendung von dieser Kultur. Auf die Frage der Armut gehe ich im nächsten Kapitel näher ein; einstweilen möchte ich nur Folgendes sagen:

Inflation und Schulden sind die Einfallstore für Armut, nicht für Wohlstand, und das gilt für ganze Länder wie für Einzelpersonen.

Das Video zu diesem Kapitel (Englisch):
http://youtu.be/A1JA0oxT3rE

Kapitel 6

Der Fortbestand der Armut

Armut heißt: Die Welt sagt den Armen,
dass sie von Gott verlassen sind.

Jayakumar Christian

Armut war schon immer eines der hartnäckigsten Probleme der Menschheit. Armut widersetzt sich stur jedem Versuch, sie auszumerzen. Armut kennt keinen Unterschied; sie hält sich überall, unabhängig von Geografie, Wirtschaft, ethnischer Herkunft, Religion, Ländergrenzen oder politischen Systemen. Milliarden von Dollar wurden ausgegeben und viele Aktionen durchgeführt – öffentliche wie private, von der eigenen Regierung und vom Ausland –, um den Schandfleck der weltweiten Armut zu beseitigen. Aber die Armut hat sich gehalten.

Auch heute noch nagt die Armut wie Aussatz am Gesicht der Menschheit, so hartnäckig und weit verbreitet wie eh und je, nur noch stärker. Ja, die Not ist schlimmer als je zuvor: Krieg, Dürre und andere Naturkatastrophen, der Zusammenbruch der Finanzmärkte und Währungen, die Arbeitslosigkeit und nicht zuletzt die Blase der Staatsverschuldung in aller Welt mit den Bergen von wertlosem Fiatpapiergeld – das alles hat viele Menschen rund um die Welt, die einst fest zur Mittelschicht gehörten, nun in die Reihen der Armen abgedrängt. Da Wirtschaftsprobleme andauern, ist es für sie sehr schwer, wieder nach oben zu klettern. Aus der Armut herauszukommen ist viel schwieriger, als in Armut zu geraten.

Zudem ist die Kluft zwischen Arm und Reich immer noch sehr groß, und sie wird täglich größer. Das Vermögen der drei reichsten *Einzelpersonen* der Welt zusammengenommen übersteigt das Bruttosozialprodukt (BSP) der 48 ärmsten *Länder* der Welt zusammengenommen. Die reichsten 50 Millionen Menschen in Europa und Nordamerika verfügen zusammen über das gleiche Einkommen wie 2,7 Milliarden arme Menschen weltweit. Global gesehen müssen heute (2014) 2,8 Milliarden – knapp die Hälfte der Weltbevölkerung – auskommen mit zwei Dollar pro Tag oder weniger. Fast die Hälfte von ihnen – 1,2 Milliarden – ist gefangen in „drückender Armut": ihnen fehlt dauerhaft selbst das Nötigste; sie haben am Tag einen Dollar oder weniger und kämpfen ums Überleben.[118]

Die meisten Menschen in den reicheren und weiter entwickelten Teilen der Welt verstehen unter Armut vornehmlich den Mangel an ausreichendem Einkommen oder anderen finanziellen oder materiellen Vermögenswerten; doch bei den wirklich Armen beeinträchtigt Armut jeden Lebensbereich. Ein Beispiel ist die Bildung: In unserem hoch technisierten, vom Computer geprägten, digitalisierten „Informationszeitalter" – dank iPads und Smartphones haben wir die enormen Ressourcen der Bibliotheken und Universitäten, von Multimedia und Internet immer zur Hand – unter diesen Umständen also ist es schwer vorstellbar, dass es in der Welt noch jemanden gibt, der zu all dem keinen Zugang hat. Nichtsdestotrotz gab es zu Beginn des 21. Jahrhunderts fast eine Milliarde Menschen, die nicht lesen und schreiben können. Das ist eine von sechs Personen, 16,7 % der Weltbevölkerung. Analphabetentum ist eine der stärksten Ketten, die die Armen in der Armut gefangen halten: Es verwehrt ihnen den Zugang zu dem Wissen und den Informationen, die ihnen helfen könnten, ihre Lage zu verändern.

Eine weitere Geißel der Armen ist der Hunger, und auch Hunger ist durch Armut verursacht. Armut und Hunger gehen Hand in Hand: Armen Menschen fehlen die Mittel, für sich und ihre Familien angemessene Nahrung zu besorgen, sei es Geld, um Essen zu kaufen, oder Waren, die sie eintauschen könnten; sei es Land, auf dem sie etwas anbauen könnten, oder politischer Einfluss, um Hilfe vom Staat zu bekommen – oder alles zusammen. Das gilt insbesondere für die Millionen von Armen in den Städten; und auch hier ist die immer größer werdende Kluft zwischen Arm und Reich offensichtlich. Die Welt produziert mehr als genug Nahrung, um jeden Menschen auf der Erde ausreichend zu ernähren, und trotzdem hungern Millionen. Das Problem ist nicht ein unzureichendes Angebot an Nahrungsmitteln, sondern deren ungleichmäßige und unfaire Verteilung. Einmal abgesehen von Politik, geografischen Besonderheiten und dergleichen, steht Nahrung immer und überall zur Verfügung – denen, die dafür bezahlen können. Dr. Ronald J. Sider beobachtet: „Menschen, die Geld haben, können immer Lebensmittel kaufen. Hungersnot betrifft also nur die Armen."[119] Die Verteilung der Nahrung tendiert stark zugunsten der reichen Länder der Welt: Die wenigen Reichen haben Überfluss, aber die am unteren Ende kommen gerade so über die Runden oder müssen ohne Nahrung auskommen. Ein Beispiel: Rund 200 Millionen Amerikaner verbrauchen gewöhnlich so viel Nahrung, dass man damit über 1 Milliarde der Armen der Welt versorgen könnte – „Die Amerikaner verbrauchen pro Kopf fast 5mal mehr Getreide als die Menschen in den Entwicklungsländern!"[120] Das ist ein Missverhältnis von 5 zu 1. Um es ins rechte Licht zu rücken: Eine arme fünfköpfige Familie in Indien oder in Schwarzafrika könnte gut leben von derselben Menge Nahrungsmittel, die ein einziger Durchschnitts-Amerikaner zu sich nimmt. Es ist eine Tragödie: Milliarden von Menschen hungern tagaus, tagein; dabei könnte eine kleine Veränderung der Verteilung das Missverhältnis ausräumen! Dem Oxforder Ökonomen Donald Hay zufolge würde eine Umleitung von nur 2 % der Getreideernte der Welt zu den Ärmsten und Bedürftigsten ausreichen, um Hunger und Unterernährung aus der Welt zu schaffen.[121]

Ständiger Hunger führt zu Mangelernährung und Krankheit, was eine Vielzahl schwerer, manchmal irreparabler Gesundheitsprobleme nach sich zieht. Das fördert einen weiteren verbreiteten Aspekt der Armut zutage: Mangel an Zugang zu adäquater medizinischer Versorgung und Gesundheitsvorsorge. Der Weltgesundheitsorganisation (WHO) zufolge sterben in Entwicklungsländern jedes Jahr rund 6000 Kinder aus Mangel an sauberem Wasser und Kanalisation; 1 Million jährlich stirbt an Durchfall, Malaria, Tuberkulose und anderen ansteckenden oder parasitären Krankheiten.[122] Anhaltende Mangelernährung verursacht Proteinmangel, und der führt zu permanenten Gehirnschäden.[123] Das ist eine der tragischsten Konsequenzen der weltweiten Armut, denn es schadet auch kommenden Generationen.

Armut bedrückt das Leben der Armen also auf vielerlei Weise; das Problem ist nicht einfach, dass ihnen „das nötige Kleingeld" fehlt. Wir werden noch sehen, dass Armut vielfältig definiert und verstanden werden kann; die gerade dargelegten Aspekte führten Dr. Sider zu einer prägnanten Zusammenfassung: „Armut heißt: Analphabetentum, unzulängliche medizinische Versorgung, Krankheit und Gehirnschäden."[124]

Armut ist eine zu komplexe Angelegenheit, als dass man sie in eine kurze, einfache Definition packen könnte; es gibt zu viele Dimensionen zu bedenken. Auf der untersten Ebene kann Armut sicher in ökonomischen Begriffen beschrieben werden, als anhaltender Zustand des Mangels an ausreichendem Einkommen oder anderen Ressourcen für die Grundversorgung mit Essen, Wasser, Kleidung, Unterkunft und Gesundheitsfürsorge. Das Schlüsselwort ist „anhaltend": Eine nur gelegentliche Geldknappheit konstituiert noch keine Armut; es gibt viele, die hin und wieder zu wenig Geld haben, aber deshalb noch lange nicht als arm bezeichnet werden können. Armut ist ein Zustand, in dem jemand nicht nur ein zu geringes Einkommen hat, um das zu kaufen, was er braucht, sondern in dem er auch keine Mittel und Wege hat, um das zu ändern. Diese Armut ist nicht zeitweilig, sie ist nicht einmal chronisch, sie ist unaufhörlich.

Armut ist nicht gleich Armut, hier gibt es große Unterschiede. Die meisten Einwohner der entwickelten und industrialisierten Länder des Westens haben nie mit eigenen Augen die erdrückende, „absolute" Armut gesehen, die für 1,2 Milliarden Alltag ist, einen so schwerwiegenden Mangel, dass er lebensbedrohlich ist: Mangel an Nahrung und sauberem, unbedenklichem Wasser sowie Anfälligkeit für Krankheiten, die es woanders fast gar nicht gibt. Fast die gesamte Armut, die in den westlichen Ländern existiert, kann eingestuft werden als „relative" Armut – der Mangel ist signifikant größer als bei den meisten anderen in der Gesellschaft. Im Jahr 2012 hieß es, jeder sechste US-Amerikaner habe ein Einkommen, das ihn unter die Armutsgrenze fallen lasse; doch fast jeder von ihnen würde als sagenhaft reich gelten im Vergleich zu den fast drei Milliarden Menschen in der Welt, die mit zwei Dollar pro Tag oder weniger überleben müssen.

Unsere Haltung gegenüber und unsere Reaktion auf Armut hängen zum großen Teil ab von der Perspektive, aus der wir sie betrachten. Eines der größten Hindernisse für Armutsbekämpfung besteht darin, dass zwar jeder zustimmt, dass Armut ein Problem ist, das angegangen werden muss; aber es gibt erhebliche Meinungsverschiedenheiten dazu, *wie* Armut angegangen werden soll, wie und wo Lösungen zu finden sind und sogar, *ob* permanente Lösungen möglich sind oder nicht.

Auf der einen Seite gibt es die Verfechter der freien Marktwirtschaft, die glauben, die beste Lösung sei, dass Firmen frei agieren können, mit kaum oder gar keiner Einmischung durch den Staat oder NGOs (Nichtregierungsorganisationen wie Kirchen, Interessenvertretungen und andere gemeinnützige Organisationen wie z. B. Hilfswerke). Zur Begründung verweisen sie auf den echten Fortschritt in der Armutsbekämpfung, die in den letzten Generationen der Kapitalismus ermöglicht hat. Ihnen entgegen stehen die Leute, die sich für einen kontrollierten oder regulierten Markt aussprechen in dem Glauben, dass Marktkräfte allein, ohne Aufsicht des Staates und die aktive Einmischung von Bürgern durch die Arbeit der NGOs, mit dem Problem der Armut nicht wirksam fertigwerden.[125]

Beide Seiten verfolgen dasselbe Ziel – Armutsbekämpfung –, haben aber unterschiedliche Philosophien, wie dieses Ziel zu erreichen sei. Trotz der philosophischen Unterschiede herrscht aber allgemein Übereinstimmung, dass alle, Firmen, der Staat und NGOs, sich am Kampf gegen globale Armut beteiligen müssen. Firmen z. B. können einen Beitrag leisten, indem sie Profit machen auf eine Art, die das Wohlergehen von Menschen verbessert. Allerdings kann das nur funktionieren, wenn gute Regierungen für faire Märkte sorgen, für Schutz und Sicherheit, Freiheit, Menschenrechte und Rechtsstaatlichkeit, wenn sie ein vernünftiges Geldsystem aufrechterhalten und gleiche Bildungschancen für alle fördern.[126]

Erfahrungsgemäß entstehen NGOs, um Themen anzugehen, um die sich Geschäftswelt und Staat nicht kümmern. Die erste signifikante NGO der Geschichte war die Gemeinde Jesu, und wer ihr beitrat, riskierte den Verlust von Eigentum, sozialer Anerkennung, des Rufes und sogar des Lebens. Seitdem stehen NGOs für traditionelle Werte und Opferbereitschaft, um die Welt zum Besseren zu verändern, was dann für alle eine Verbesserung ist, auch für Staat und Geschäftswelt.[127]

Auch Naturwissenschaft und Technik spielen in der Armutsbekämpfung eine entscheidende Rolle: Die Naturwissenschaft sucht nach Wissen, die Technik will praktische Probleme lösen. Zusammen haben beide wesentliche Beiträge zur Armutsbekämpfung geleistet; doch beide können nicht existieren oder ihren Teil tun, wenn nicht der Staat Regeln festlegt und Firmen Kapital zur Verfügung stellen für Forschung und Entwicklung sowie für das Marketing, um die neuen Entdeckungen unter das Volk zu bringen. Hinzu kommt die Rolle der NGOs: Sie sind die Seele und das Gewissen, denn sie sind bestrebt, alle auf denselben Stand zu bringen, sie ziehen Versorgungslücken und Verstöße gegen ethische Prinzipien ans Licht – Exzesse, Machtmissbrauch –, und sie helfen, all dem vorzubeugen.[128]

Es scheint also klar: Je nach Hintergrund und Erfahrung, Überzeugung und Werten, je nach sozialem, kulturellem, religiösem und philosophischem Standpunkt gehen Menschen das Problem der Armut ganz unterschiedlich an. Anders ausgedrückt: Wie in jeder anderen Frage gibt es auch zu Ursachen und Bekämpfung von Armut so manche Meinungsverschiedenheit – unterschiedliche Weltanschauungen führen zu unterschiedlichem Verständnis dessen, wie die Welt funktioniert. Unstimmigkeiten rühren also her von einem Konflikt der Visionen.

Über diesen Konflikt spricht der Philosoph und Ökonom Thomas Sowell in seinem aufschlussreichen Buch *A Conflict of Visions: Ideological Origins of Political Struggles*. Im Prinzip, so Sowell, entstehen Konflikte zwischen Visionen durch unterschiedliche Auffassungen vom Wesen des Menschen.[129] Diese Visionen teilt er ein in zwei grundlegende Kategorien: die *eingeschränkte Vision* und die *uneingeschränkte Vision.* Die eingeschränkte Vision halte das Wesen des Menschen mit all seinen Fehlern, Widersprüchen und Schwächen für etwas Gegebenes, für eine inhärente Tatsache des Lebens, die von keiner politischen, sozialen oder anderen menschlichen Instanz verändert werden könne; daher sei es auch vergeblich, dies zu versuchen; um mit Edmund Burke zu sprechen: „So wie die Dinge im Grunde beschaffen sind, hat ein jedes Vornehmen des Menschen eine tief verwurzelte Schwäche."[130] Das gelte für alle erdenklichen Lösungen des Armutsproblems: Weil das Wesen des Menschen prinzipiell fehlerhaft sei, sei es auch jede Institution und jedes Werk, jedes Programm und jeder Plan, was immer der Mensch sich erdenken könne – „jedes

Vornehmen des Menschen". Diese „tief verwurzelte Schwäche" im Wesen des Menschen nun sorge dafür, dass kein Programm und keine Strategie, die allein von unserem Einfallsreichtum erdacht wurde und die wir Menschen eigenständig umsetzen könnten, eine permanente Lösung sein könne für die riesigen, zutiefst moralischen sozialen Herausforderungen der Armutsbekämpfung. Unser fehlbares Menschsein enge unseren Handlungsspielraum ein; das mache dauerhafte, endgültige Lösungen unmöglich. Wir könnten bestenfalls hoffen, innerhalb dieser Einschränkungen die wirksamsten Wege zu finden, die den meisten Menschen die meisten moralischen und sozialen Vorteile bringen würden.[131] – So weit Thomas Sowell.

Wenn nun endgültige Lösungen nicht erreichbar sind und der Mensch von Grund auf egoistisch ist, dann müssen Anreize geschaffen werden, die uns dazu bringen, dass wir unsere Eigeninteressen und Begierden den Interessen und dem Wohlergehen anderer unterordnen. Ohne diese Art von Geben und Nehmen könnte es kein Zusammenleben geben; das kann nur funktionieren, wenn jede Einzelperson etwas von ihrem Eigeninteresse aufgibt zugunsten des Wohlergehens der ganzen Gemeinschaft. Der Philosoph und Ökonom Adam Smith erkannte, wie häufig solche Handlungen der Unterordnung in einer zivilisierten Gesellschaft sind, und warf die Frage auf, was den von Natur aus selbstbezogenen Menschen veranlasse, sein „Eigeninteresse den übergeordneten Interessen anderer zu opfern". Er beantwortet seine eigene Frage so:

> Es ist nicht die Nächstenliebe, es ist nicht die Liebe zur Menschheit, die uns so oft veranlasst, jene göttlichen Tugenden zu praktizieren. Es ist eine stärkere Liebe, eine kraftvollere Zuneigung, die im Allgemeinen bei solchen Gelegenheiten zum Tragen kommt: die Liebe zum Ehrenwerten und Edlen, zur Erhabenheit, Würde und Überlegenheit unseres eigenen Charakters.[132]

Smith glaubte also, nicht einmal die Nächstenliebe (die Jesus einstufte als das zweithöchste Gebot, über dem nur noch das Gebot steht, vor allem Gott zu lieben; Matthäus 22,37–39) – das Gebot der Nächstenliebe also sei ein ausreichender Anreiz, das Eigeninteresse beiseite zu legen, um die sozialen und moralischen Fragen der Gesellschaft anzugehen, auch die der Armut. Statt zum Altruismus aufzurufen, dachte Smith also, es sei das Beste, an das persönliche

Empfinden für Ehre, Würde und Charakter zu appellieren: Anderen zu helfen sei ehrenhaft und würde dem eigenen Ruf guttun. Das war ein sehr pragmatischer Ansatz; er sucht das, was man aufgibt, um anderen zu helfen, aufzuwiegen mit dem, was man an Ansehen gewinnt.

Die „eingeschränkte Vision" also erkennt an, dass es für moralische und soziale Probleme keine permanenten, endgültigen Lösungen geben kann (aufgrund der Fehlerhaftigkeit der menschlichen Natur); als beste Alternative schlägt sie vor, ein Gleichgewicht von Geben und Nehmen zu suchen. Dr. Sowell merkt dazu an: „Eines der Kennzeichen der eingeschränkten Vision besteht darin, dass sie mit Ausgleich operiert, nicht mit Lösungen."[133]

Im Gegensatz zum Pragmatismus der eingeschränkten Vision steht der *Idealismus* der uneingeschränkten Vision. Die uneingeschränkte Vision erkennt im Wesen des Menschen keinen fundamentalen Fehler, sondern behauptet, soziale und moralische Probleme rührten von externen Faktoren wie Bildung, Erfahrung und Umwelt. Weil sie im Wesen des Menschen keine inhärente Fehlerhaftigkeit erkennen kann, glaubt die uneingeschränkte Vision an die Verbesserungsfähigkeit des Wesens des Menschen; man müsse nur die hinderlichen externen Faktoren ausschalten oder korrigieren. Nach dieser Ansicht sind Smiths Anreize unnötig, weil der Mensch aus sich selbst heraus in der Lage sei, unparteiisch und selbstlos die Bedürfnisse anderer anzuerkennen als solche, die wichtiger sind als die eigenen – sogar dann, wenn seine eigenen Interessen oder die seiner Familie darunter leiden müssten. Das Konzept des Eigeninteresses als Antrieb des Tuns, wie es die eingeschränkte Vision vertritt, wird in der uneingeschränkten Vision ausgeblendet zugunsten des Glaubens an das wesenhafte Gutsein des Menschen. Statt dass man sich mit Ausgleich zufrieden gäbe, werden permanente Lösungen für möglich gehalten, weil in der uneingeschränkten Vision gilt: „Moralische Verbesserung hat keine Obergrenze."[134]

> Zur uneingeschränkten Vision gehört die Vorstellung, dass das Potenzial sich sehr von dem unterscheidet, was tatsächlich ist, und dass es Mittel gibt, das Wesen des Menschen und sein Potenzial zu verbessern, oder dass derartige Mittel entwickelt oder entdeckt werden können, so dass der Mensch das Richtige tut aus dem richtigen Grund und nicht, um anderweitige psychische oder wirtschaftliche Belohnungen zu bekommen. ...

> Kurzum: Der Mensch ist „perfektionierbar" – das heißt: der kontinuierlichen Verbesserung fähig, nicht aber der tatsächlichen Erreichung absoluter Perfektion.[135]

Laut Sowell hat das Konzept der „Perfektionierbarkeit" bis heute überlebt, auch wenn das Wort selber kaum zu hören ist. Viele gehen von der wesenhaften Gutheit und Verbesserungsfähigkeit des Menschen aus, und das Konzept einer permanenten Lösung ist Kern und Stern ihrer Vision. Ihrer Ansicht nach ist das Erreichen einer Lösung aller Anstrengung wert, koste es, was es wolle:

> Eine Lösung ist erreicht, wenn es nicht mehr notwendig ist, Ausgleich zu erzielen, selbst wenn die Entwicklung jener Lösung Kosten erzeugt hat, die nun in der Vergangenheit liegen. Das Ziel, eine Lösung zu erreichen, rechtfertigt die anfänglichen Opfer, die Übergangsbedingungen, die andernfalls als unakzeptabel betrachtet werden könnten.[136]

Das Aufeinanderprallen von eingeschränkter und uneingeschränkter Vision zeigt sich in den Debatten über die Frage, wie hartnäckige Gesellschafts- und Moralprobleme wie Armut am besten anzugehen seien. Auf der einen Seite steht der Idealismus derjenigen, die nach mehr Engagement der Regierung rufen und durch die Erhöhung der Staatsausgaben zu „Lösungen" kommen wollen; auf der anderen Seite stehen die Pragmatiker, die derartige Interventionen und Ausgaben ablehnen, weil sie in ihren Augen „verschwendet" würden für Programme, die nie funktionieren können.

Aus politischer Perspektive ist Armut ein soziales Übel, eine Krankheit des Staates, die wie jede andere Krankheit ausgemerzt werden müsse – irgendwie müsse eine „Behandlung" gefunden werden. Eine ähnliche Analogie aus politischer Perspektive nennt die Armut einen Feind, der zu besiegen sei, so im berühmten „War on Poverty" von US-Präsident Lyndon Johnson in den 1960er-Jahren. Viele politische Systeme und insbesondere „progressive" Regierungen wenden viel Zeit, Worte und Geld darauf, das Armutsproblem in Angriff zu nehmen.

Milton Friedman hat ein Argument vorgebracht, das dem von Sowells Konflikt der Visionen ähnlich ist; nur beschrieb Friedman den philosophischen

Unterschied zwischen Liberalismus und Egalitarismus (Gleichmacherei). Er gebrauchte die Begriffe „liberal" und „Liberalismus" im klassischen Sinne des Liberalismus Ende des 19. und Anfang des 20. Jahrhunderts; er nannte ihn „die Lehren von einem freien Menschen".[137] Heute werden diese Lehren im Allgemeinen eher dem Konservatismus zugeordnet, z. B. dem Glauben an die Würde jeder Einzelperson und an ihre Freiheit, aus ihren Fähigkeiten und Gelegenheiten das Beste zu machen, solange sie nicht andere daran hindert, das Gleiche zu tun. Das beinhaltet eine klare Unterscheidung zwischen „Rechts- und Chancengleichheit einerseits und materieller Gleichheit, also Gleichheit des Gewinns andererseits".[138] Zwar halten Liberale alter Schule die freie Marktwirtschaft und private Hilfswerke für Bedürftige für Beispiele des angemessenen Gebrauchs der Freiheit; doch räumt Friedman auch ein, zur Armutsbekämpfung im großen Stil könne ein Eingreifen des Staates mehr ausrichten.[139] Diese Philosophie stimmt im Allgemeinen überein mit Sowells eingeschränkter Vision und deren Suche nach Ausgleich.

Der Egalitarismus, so Friedman, gehe andererseits sogar noch weiter und verteidige die zwangsweise Umverteilung von Vermögen im Namen einer gerechten Gesellschaft. Für Friedman ist der Unterschied klar: „An diesem Punkt gerät die Gleichheit in scharfen Konflikt mit der Freiheit; man muss sich entscheiden. Man kann nicht beides sein, ein Verfechter des Egalitarismus in diesem Sinne sein und zugleich ein Liberaler."[140] Demnach passt also die egalitäre Ansicht, die die Philosophie von vielen im modernen Liberalismus widerspiegelt, gut zu Sowells uneingeschränkter Vision und deren Glauben an die Möglichkeit permanenter Lösungen, insbesondere wenn diese auf Betreiben des Staates zustande kämen.

Historisch gesehen sind konzertierte Anstrengungen zur Armutsbekämpfung außerordentlich erfolglos geblieben, insbesondere solche, die vom Staat finanziert und durchgeführt wurden – ganz unabhängig von welchem politischen System, ob Monarchie, Sozialismus, freier Demokratie oder was auch immer. Grund dieses Versagens? Fast ausnahmslos setzten diese Maßnahmen bei den *Symptomen* der Armut an und nicht bei den eigentlichen Ursachen: „Die Armen haben nicht genug Geld, also gebt ihnen Geld. Die Armen haben keine adäquate Unterkunft, also gebt ihnen eine ordentliche Wohnung." Natürlich bringen solche Maßnahmen kurzfristig einige Erleichterung; doch tragen sie letztlich gar nichts dazu bei, Armut ein für alle Mal aus der Welt zu schaffen. Im Gegenteil: Es gibt zahlreiche Belege, dass derartige Anstrengungen dem Armutsproblem nicht abhelfen, sondern es tatsächlich aufrechterhalten und oft sogar verschlimmern. Die Ironie besteht darin, dass trotz bester Wünsche und Absichten derjenigen, die solche Programme unterstützen, diese oft das genaue Gegenteil erzeugen von dem, was sie beabsichtigen.

In seinem Klassiker *Capitalism and Freedom* nennt Milton Friedman den sozialen Wohnungsbau und Mindestlohngesetze als zwei Beispiele von Regierungshandeln zur Linderung der Armut, die tatsächlich das Gegenteil bewirkten: Der Bau von Sozialwohnungen, so argumentieren einige, senke die Kosten für Feuerwehr und Polizei, die auf Slums und Elendswohnungen zurückgehen („Stadtteileffekt"). Andere wenden ein, dass dann die Steuern erhöht würden, was Menschen mit niedrigem Einkommen besonders hart träfe (vor allem bei einheitlichen Steuersätzen und niedrigen oder keinen Freibeträgen). Ein anderer Vorschlag lautet, Sozialwohnungen sollten nicht um des Stadtteileffekts willen gebaut werden, sondern um Menschen mit niedrigem Einkommen zu helfen. Friedman reagiert darauf mit der Frage, warum insbesondere Wohnungen subventioniert werden sollen; wenn das Ziel sei, Armen zu helfen, warum gibt man ihnen nicht einfach Bargeld, damit sie es so ausgeben können, wie es ihnen persönlich angemessen scheint? Wenn sie beschließen, es fürs Wohnen auszugeben, schön und gut; wenn ihnen anderes wichtiger ist, dann wäre ihnen mit Bargeld doch mehr gedient. Friedman sieht keinerlei Rechtfertigung für den Bau von Sozialwohnungen – außer dem dubiosen Grund des Paternalismus: Diejenigen, die die Hilfe bereitstellen, meinen, sie wüssten besser, was arme Familien brauchen, als diese Familien selber; und man könne ihnen ohnehin nicht zutrauen, dass sie mit dem Geld weise umgingen. In der Frage, ob der Bau von Sozialwohnungen den Armen tatsächlich hilft oder nicht, wird Friedman eindeutig:

> Der öffentliche Wohnungsbau ist weit entfernt davon, die Wohnverhältnisse der Armen zu verbessern; er hat das Gegenteil erreicht: Die Anzahl der Wohneinheiten, die für öffentliche Wohnbauprojekte zerstört worden sind,

> ist viel größer als die Anzahl der neu errichteten Wohneinheiten. Aber der öffentliche Wohnungsbau als solcher hat nichts unternommen, um die Anzahl der Personen zu reduzieren, die untergebracht werden müssen. Die Auswirkung des öffentlichen Wohnungsbaus bestand daher darin, die Anzahl der [bedürftigen] Personen pro Wohneinheit zu erhöhen.[141]

Friedman zeigt also, dass der Bau von Sozialwohnungen als „Lösung" für Armut nicht funktioniert; er verschlimmert das Problem nur noch. Dasselbe gilt ihm zufolge für Mindestlohngesetze. Die Absicht hinter diesen besteht darin, Armut zu reduzieren, indem sichergestellt wird, dass jeder Arbeiter zumindest einen Lohn bekommt, von dem man leben kann. Doch Friedman zeigt auf, dass das Gegenteil bewirkt wird:

> Wenn Mindestlohngesetze überhaupt einen Effekt haben, besteht dieser ganz klar darin, dass die Armut zunimmt. Der Staat kann einen Mindestlohn gesetzlich festlegen; aber wohl kaum kann er von Arbeitgebern verlangen, zu diesem Mindestlohn alle einzustellen, die vorher zu einem Lohn unterhalb dieses Mindestlohnes angestellt waren. Es ist eindeutig nicht im Interesse des Arbeitgebers, das zu tun. Der Mindestlohn wirkt sich also dahingehend aus, dass die Arbeitslosigkeit höher liegt als vorher. Zwar sind die Niedriglöhne tatsächlich ein Zeichen von Armut; aber arbeitslos werden gerade diejenigen, die es sich am wenigsten leisten können, ihr Einkommen zu verlieren – so klein es denen auch vorkommen mag, die für den Mindestlohn gestimmt haben.[142]

Das also sind die unbeabsichtigten Folgen von Maßnahmen der Regierung zur Linderung der Armut. Ja, die meisten vom Staat gelenkten Programme zur Hilfe für die Armen sind gewiss gut gemeint; doch müssen wir verstehen, dass hier der Bock zum Gärtner gemacht wird: Gerade die politischen Systeme haben doch zur Entwicklung und Existenz der Armut wesentlich beigetragen – in der Tat sind viele politische Systeme so strukturiert, dass sie den Reichen ermöglichen, immer reicher zu werden, meist auf Kosten der Armen: Eine kleine Gruppe positioniert sich so, dass sie alle Ressourcen eines Landes kontrolliert, und erlässt Gesetze, die dazu dienen sollen, ihre Selbstbereicherung abzusichern. Sie regulieren den gesamten

Handel, inklusive Import und Export, und streichen alle Profite ein, während den Menschen, die im Schweiße ihres Angesichts diese Ressourcen produzieren, kein Anteil gewährt wird an dem Wohlstand, den ihre Arbeit geschaffen hat.

Eines der größten Rätsel für Sozialwissenschaftler, Ökonomen und andere, die seit Jahrzehnten Bevölkerungsentwicklung und Verhaltensmuster untersuchen – eines ihrer größten Rätsel ist die Frage nach den Ursachen für die große Ungleichheit zwischen Armut und Wohlstand in unterschiedlichen Teilen der Welt: Warum blühten Westeuropa und Nordamerika so schnell und kontinuierlich auf, besonders seit dem 19. Jahrhundert, nicht aber der Großteil der restlichen Welt? In Anbetracht der gesamten Zunahme des Wohlstands in Nordamerika im 19. und 20. Jahrhundert stellt sich die Frage: Warum hat Südamerika nicht nachgezogen? Warum hinkt ein Großteil Schwarzafrikas, des Nahen Ostens und Südasiens dem Westen so weit hinterher, während der Großteil Ostasiens in Sachen Wirtschaftswachstum und Wohlstand in den letzten fünf, sechs Jahrzehnten explodiert ist und jetzt den Westen als wirtschaftliches Kraftzentrum zusehends ablöst und überholt? Wie erklären wir die Tatsache, dass einige Gesellschaften und Kulturen wachsen und gedeihen, andere nicht?

Niemand streitet ab, dass es in der Welt riesige Ungleichheit gibt; die Frage ist, *warum* solche großen Missverhältnisse existieren. Einer der entscheidenden Schlüssel zur effektiven Behandlung weltweiter Ungleichheit wie Armut und Hunger ist, zu erkennen, welche Ursachen diese Ungleichheit hervorriefen und welche Faktoren sie aufrechterhalten, und diese Ursachen und Faktoren zu verstehen. Die Autoren Daron Acemoğlu und James A. Robinson behandeln genau diese Fragen in ihrem meisterlichen und umfassenden Buch *Warum Nationen scheitern*. Sie diskutieren die drei verbreitetsten Hypothesen zur Erklärung der Existenz und Fortdauer weltweiter Ungleichheit – Geografie, Kultur und Unwissenheit – und zeigen, warum jede dieser Hypothesen zu kurz greift.

Die Geografie-Hypothese postuliert, dem Missverhältnis zwischen armen und reichen Ländern lägen geografische Unterschiede zugrunde: arme Länder liegen geografisch tendenziell in den heißen Tropen, die reicheren hingegen in gemäßigten Klimazonen. Der Irrtum dieser Hypothese liege darin, behaupten die Autoren, dass der Geschichtsbefund ihr widerspreche. Als Beleg verweisen sie auf die pulsierenden Volkswirtschaften des modernen Singapur, Malaysia und Botswana.[143] Ein weiteres Argument aus der Geschichte gegen die Geografie-Hypothese: Als Kolumbus Amerika entdeckte, florierten die Zivilisationen der Azteken und Inkas, und die befanden sich *in den Tropen*.[144]

Vertreter der Geografie-Hypothese behaupten auch, man müsse Tropenkrankheiten wie Malaria und die schlechte Bodenqualität in Betracht ziehen; aber Acemoğlu und Robinson widerlegen beides: Krankheit sei *nicht Ursache, sondern Folge* der Armut und des Versagens des Staates, der nichts unternehme, um die Krankheiten auszumerzen. Dem Boden-Argument gestehen sie eine gewisse Gültigkeit zu; doch bestehen sie darauf, der wahre Grund für die niedrige Produktivität der Landwirtschaft liege in der Besitzstruktur des Landes und in den Impulsen, welche die Regierung den Bauern gebe.[145]

Die zweite beliebte, aber irrige Theorie, die Kultur-Hypothese, besagt, der Wohlstand eines Landes hänge von seiner Kultur ab. Dieser Ansicht zufolge verdankt sich der Aufstieg der modernen Industriegesellschaft zumindest in seinen ältesten Formen, zunächst in Westeuropa und dann in Nordamerika, der Reformation und der protestantischen Arbeitsethik, die jener entsprang. Die modernere Version dieser Ansicht zieht zusätzlich zur Religion auch andere Überzeugungen und Werte sowie die Ethik in Betracht.[146]

Ein Großteil der Kultur-Hypothese basiert, offen gestanden, auf Rassenvorurteilen und Stereotypen; z. B. auf der Überzeugung, Afrikaner wären arm, weil sie faul und abergläubisch seien und sich der Moderne verweigerten. Dasselbe sagte man einst über die Chinesen, aber die jüngste Explosion in der Industrie und im Wirtschaftswachstum von China, Hongkong und Singapur straft diese Sicht Lügen.[147] Und was Afrika angeht: Viele Afrikaner sind außerordentlich fleißig; das Problem ist nicht so sehr Faulheit als der Mangel an adäquaten Ressourcen und Chancen. Das Christentum und der Islam waren beide erkennbar erfolgreich in der Konversion von Afrikanern aus dem traditionellen Animismus (Stammes- bzw. Naturreligionen), und beide Weltreligionen sind keine abergläubischen Glaubenssysteme. Schließlich: Es gibt keine historischen Belege, dass Afrikaner per se der modernen Technologie feindlich gegenüberständen. Acemoğlu und Robinson zeigen: Das Rad und den Pflug, den die Portugiesen einführten, übernahmen die Afrikaner zwar nur zögerlich; ganz schnell jedoch waren sie bei anderen Neuerungen wie der Pistole, der Alphabetisierung, bei Kleidungsstilen und im Baustil.[148]

Die dritte falsche Hypothese, die das Missverhältnis zwischen armen und reichen Ländern zu erklären versucht, ist die Ignoranz-Hypothese; sie führt die Ungleichheit in der Welt zurück auf die Unwissenheit der Herrscher der armen Länder – sie wüssten eben nicht, wie sie ihr Land reich machen könnten.[149] Dieser Ansicht zufolge hängt der Wohlstand eines Landes ab von der Anwesenheit einer aktiven Marktwirtschaft, in der jeder jedes Produkt oder jede Dienstleistung produzieren, kaufen und verkaufen kann, die er möchte. Andernfalls bestehe „Marktversagen", und „je öfter ein Marktversagen unbeachtet bleibt, desto ärmer wird ein Land aller Wahrscheinlichkeit nach".[150] Acemoğlu und Robinson erklären es so:

> Die Ignoranz-Hypothese besagt, dass arme Länder deshalb arm seien, weil es in ihnen häufig zu Marktversagen komme, ihre Ökonomen und politischen Entscheidungsträger jedoch nicht wüssten, wie dies zu beheben sei, und früher auf einen falschen Rat gehört hätten. Reiche Länder wiederum seien deshalb reich, weil man in ihnen bessere politische Strategien ausgearbeitet und Fälle von Marktversagen erfolgreich beseitigt habe.[151]

So vernünftig die Ignoranz-Hypothese auch klingen mag, sie kann nicht angemessen erklären, warum einige Länder reich sind und andere arm bleiben. Wenn so viel Wissen verfügbar ist, das Ländern helfen kann, Wohlstand zu fördern, warum ist dann nicht mittlerweile jedes Land wohlhabend? Wenn Unwissenheit das Problem wäre, dann würden Führungspersönlichkeiten mit guten Absichten sehr schnell lernen, welche Schritte man einleiten und welche Strategien man anwenden muss, um die Wirtschaftsbedingungen zu verbessern. Es muss eine andere Erklärung geben. Acemoğlu und Robinson zufolge ist es letzten Endes Gier und/oder Politik: Führungskräfte machen katastrophale Politik nicht deshalb, weil ihnen die Folgen unbekannt wären, sondern weil sie sich auf Kosten der Bevölkerung zu bereichern versuchen oder weil sie, um an der Macht zu bleiben, sich die Unterstützung mächtiger Verbündeter erkaufen.[152]

Die Prämisse von *Warum Nationen scheitern* lautet: Der wirtschaftliche Erfolg von Ländern hängt ab von den Institutionen, die sie einrichten, von den

Regeln, die ihre Ökonomie leiten, und von den Anreizen, die ihre Bevölkerung motivieren.[153] Acemoğlu und Robinson kennen zwei grundlegende Arten von Institutionen: inklusive und extraktive. Inklusive Institutionen fördern die wirtschaftliche Teilnahme von so vielen Menschen wie möglich und ermutigen sie, ihre Talente und Fähigkeiten zu gebrauchen, um zu erreichen, was auch immer sie im Leben erreichen möchten. Dazu müssen diese Institutionen das Privateigentum schützen und ein unparteiisches Justizsystem sowie öffentliche Dienste bereitstellen, um für alle die gleichen Rahmenbedingungen zu schaffen; sie müssen Geschäftsgründung fördern und Bürgern die Freiheit geben, ihren beruflichen Werdegang selber zu wählen – *das* fördert Wirtschaftshandeln, Produktionswachstum und wirtschaftlichen Wohlstand.[154]

Extraktive Institutionen dagegen konzentrieren die Macht in der Hand einiger weniger, und diese wenigen beuten die breite Bevölkerung aus zu ihrem eigenen Vorteil. Privatgrundeigentum gibt es nicht, Berufswahl und Werdegang werden vom Staat bestimmt und das wirtschaftliche Vorankommen des Einzelnen ist derart begrenzt, dass es ein solches praktisch nicht gibt.

Die Bedeutung der Institutionen als bestimmender Faktor für ein Land und seine Menschen wird bestätigt nicht nur vom Erfolg der westlichen Länder, sondern auch von den tragischen Konsequenzen des westlichen Kolonialismus für die Bevölkerung der kolonisierten Länder. Im Gegensatz zu dem, was viele im Westen glauben oder annehmen, ist die vorherrschende Armut vieler „Entwicklungsländer" (man nannte sie früher „Dritte Welt") etwas, das sich erst in der modernen Zeit entwickelt hat. Vor dem Kontakt mit westlichen Nationen waren viele Länder Schwarzafrikas und Südasiens grundlegend Selbstversorger und relativ wohlhabend; verbreitete Armut unter der Bevölkerung war praktisch unbekannt. Die Ankunft des europäischen Kolonialismus änderte jedoch alles: Die politischen Systeme und Institutionen, welche die Europäer – Briten, Niederländer und andere europäische Mächte – installierten (beruhend auf der Annahme rassischer und kultureller Überlegenheit), diese Systeme und Institutionen also führten zu großer Ungleichheit: Die reichen Ausländer wurden reicher, indem sie Arbeitskraft und Vermögen der Einheimischen nutzten und nur wenig zurückgaben. Rassismus und Diskriminierung wurden institutionalisiert; die Folge: Millionen von Einheimischen wurden Möglichkeiten und der Zugang zu den Motoren von Handel und Gewerbe verwehrt (denn die waren in der Hand der Kolonialherren); so gerieten sie in elende, zermürbende Armut, der sie nicht mehr entkommen konnten.

In den vielen Jahrzehnten der Herrschaft des Kolonialismus verwurzelten sich diese Ungleichheiten derart tief in den Köpfen dass viele Länder nach der Befreiung von der Kolonisierung vor großen, manchmal unüberwindbaren Hindernissen standen bei dem Bestreben, diese ererbte Denkweise von Diskriminierung und Minderwertigkeit abzuschütteln.

Wenn die Geschichte eines lehrt, dann das: Der westliche Kolonialismus und seine extraktiven wirtschaftlichen und politischen Institutionen sind direkt verantwortlich für einen Großteil der ungleichen Verteilung von Vermögen und Wohlstand und für die verbreitete Vorherrschaft der Armut in der heutigen Weltwirtschaft.

Mein eigener Lebensweg begann in Südafrika; er unterstützt diese These. Ich wurde in Armut hineingeboren und erinnere mich lebhaft, welch großen Schmerz, welch tiefe Verzweiflung unsere Familie ertragen musste, als ich aufwuchs – denselben Schmerz, die gleiche Verzweiflung, vor denen alle Armen Südafrikas standen und immer noch stehen. Für diese Millionen in Südafrika, die immer noch im Griff der Armut leben, schien die blendende Hoffnung auf Wohlstand, die so lange am fernen Horizont gelockt hatte, plötzlich erstmals erreichbar zu werden in der Reformpolitik der Befreiung: Am 17. Juni 1991 stimmte das südafrikanische Parlament ab und widerrief die Apartheid-Gesetzgebung. Drei Jahre später wurde Nelson Mandela zum Präsidenten gewählt. Tausende tanzten und sangen auf den Straßen. Man war sich sicher: Für alle waren bessere Tage angebrochen!

Eine Überprüfung der heutigen Lage offenbart allerdings äußerst betrübliche Tatsachen: Die Überlebensstrategie der weißen Wirtschaftsführer war, die neu entstehende Gruppe der schwarzen *Elite* einzubinden in die bestehenden Machtstrukturen, die auch Mitspracherechte und Wohlstandsverteilung kontrollierten – das zeigen Martin Plaut und Paul Holden in ihrem Buch *Who Rules South Africa?*[155]. Die überwältigende Mehrheit der schwarzen Bevölkerung jedoch musste sich begnügen mit den Brosamen, die vom Tisch fielen, und heute ist Südafrika eine Gesellschaft, die ungleicher ist als am Ende der Apartheid. Die Abkommen nach der Apartheid legten die politische Macht in schwarze Hände, aber in der Wirtschaft liegt die Kontrolle nach wie vor in den Händen der Weißen.[156]

Viele Sozialwissenschaftler argumentieren, nicht wenige der reicheren, entwickelten Länder praktizierten weiterhin eine Art Kolonialismus, bekannt als „Neokolonialismus". Diese reichen Länder haben mit den Entwicklungsländern meist Handelsabkommen geschlossen, von denen die reicheren Länder profitieren. Durch diese Abkommen sind sie in der Lage, von den ärmeren Ländern zu extrem niedrigen Preisen Öl, Gas und andere Rohstoffe zu bekommen wie auch Waren, die gefertigt werden von Arbeitern, die für einen Hungerlohn arbeiten, und in Fabriken, die größtenteils geführt werden von großen multinationalen Unternehmen. Daraus folgt, dass diese Handelsabkommen nur für die reichen Länder vorteilhaft sind, weil sie die armen Länder abhängig machen von ihren reicheren Partnern. Ja, diese Abkommen schaffen Arbeitsplätze und ermöglichen Arbeitseinkommen, und die werden sehr benötigt; doch tun sie nichts, was diesen armen Ländern helfen könnte, aus der Abhängigkeit herauszukommen und zu Selbstversorgung und Wohlstand zu gelangen. Aus dem Teufelskreis der Armut befreien sie jedenfalls nicht.

Ein Faktor, der den Fortbestand der Armut (sowie anderer Menschenrechtsfragen und Missstände) verkompliziert, hat mit dem Prinzip der *Wirtschaftsethik* zu tun: mit der Notwendigkeit, sich zu entscheiden zwischen Moral und Nützlichkeit, zwischen Prinzip und Profit, zwischen Integrität und Kompromiss. Die Wirtschaftsethik geht direkt an das Herz der Werte.

Werte sind mehr als Worte; sie sind die Kernüberzeugungen, die unser Leben und Verhalten antreiben. Das Leben und Verhalten enthält ein klares moralisches Element, bei Einzelpersonen wie bei Firmen. Unsere Werte offenbaren, wofür wir uns stark machen und wo wir nicht nachgeben wollen, wo wir einen Kompromiss ablehnen würden, für welche Überzeugungen und Prinzipien wir bereit sind zu kämpfen und notfalls auch zu sterben (sinnbildlich oder buchstäblich). Für Einzelpersonen bedeutet das, dass sie bereit sind, am Arbeitsplatz für Ethik, Moral und Integrität einzutreten, auch angesichts des Risikos, dafür gefeuert zu werden. Für Firmen bedeutet Wirtschaftsethik, dass man sich entscheidet, zum Wohle der Menschen das Richtige zu tun, auch wenn das eine Schmälerung des Ertrages bedeutet, z. B. wenn man davon absieht, Geschäfte zu machen mit einem Land, das die Menschenrechte mit Füßen tritt.

Keiner schafft das perfekt (davon spricht die Bibel, wenn sie sagt, wir seien alle Sünder). Auch keine Firma schafft das perfekt. Aber haben Firmen tatsächlich schon moralische Standhaftigkeit bewiesen, selbst wenn es sie Profit gekostet hat? Ja, viele haben das. Ein Beispiel aus den USA: Die Chick-fil-A-Restaurants sind sonntags geschlossen (für viele Restaurants ist der Sonntag der umsatzstärkste Tag der Woche!). Chick-fil-A steht für traditionelle biblische Werte wie die Familie und für Integrität auch angesichts herber Kritik.

Leider gibt es aber auch viele Firmen, die nicht auf ihren Prinzipien bestehen, wenn es um Gewinn geht, und dieses moralische Versagen stützt und erhält die Geißel der globalen Armut und anderer Menschenrechtsverletzungen. Armut ist mehr als ein Mangel an finanziellen Ressourcen und Grundversorgung; sie kann auch andere Formen annehmen: Mangel an Zugang zu Wissen und Informationen, die einem helfen könnten, seine Position zu verbessern. Ein Paradebeispiel dafür ist, was wir bei vielen westlichen Firmen in China sehen:

China ist eine Verlockung. Der potenziell riesige und lukrative Markt hat viele westliche Firmen dazu verleitet, Profit über Prinzipien zu stellen; so beschloss z. B. die amerikanische Pharmaindustrie, mittels China die kostspielige Einhaltung der amerikanischen Arzneimittelvorschriften zu umgehen. Denn höhere Sicherheitsbestimmungen, das heißt Kostensteigerung – und dazu sind viele US-Pharmahersteller nicht bereit.

Hier sind ein paar andere Beispiele:

- Ein chinesischer Journalist sitzt eine 10-jährige Freiheitsstrafe ab, weil Yahoo, sein E-Mail-Provider, den chinesischen Behörden seinen Namen mitgeteilt hat.
- Microsoft entfernte einen Blog, der für Demokratie in China eintritt – dabei steht der Host-Server des Blogs in den USA.
- Cisco verkaufte China die Technologie, die China braucht, um Informationen zu zensieren und seine Bürger auszuspionieren.

- Google startete eine zensierte chinesische Suchmaschine, die User in China daran hindert, Informationen zu finden, die der Staat ihnen vorenthalten will.

Die ursprüngliche Hoffnung, das Internet würde China Information, Transparenz und Freiheit bescheren, wurde enttäuscht durch die von Profit getriebenen pragmatischen Entscheidungen amerikanischer Technikkonzerne, mit der chinesischen Regierung zu kooperieren. Damit machen sie sich zu Helfershelfern eines Staates, der seine Bevölkerung unterdrückt und gängelt. Zugang zu Informationen ist ein Menschenrecht, und gegen dieses Recht verstoßen Internetfirmen, wenn sie mit der chinesischen Regierung kooperieren, indem sie den Zugang zu gewissen Informationen versperren. Das ist ein klassisches Beispiel dafür, Profit über Prinzipien zu stellen.

Ein Hoffnungsschimmer: Die 2008 gegründete „Global Network Initiative" brachte amerikanische und europäische Firmen zusammen, um einen Prinzipienkodex festzulegen für die Arbeit in Ländern, in denen das Menschenrecht auf Information verletzt wird. Mögen diese Firmen einander vor Vergeltungsmaßnahmen Chinas abfedern können durch ihre Zusammenarbeit und den Einbezug von Wissenschaft und NGOs, und mögen sie beginnen, dem Normalbürger mehr zu nützen denn zu schaden.[157]

Armut wurde schon vielfältig beschrieben und es gibt viele Erklärungen sowohl für ihre Ursachen als auch für die Abhilfe; doch müssen wir verstehen: Im Kern ist Armut eine geistliche Angelegenheit. Sowohl ihre Existenz als auch ihre Fortdauer kann letztlich zurückgeführt werden auf das sündige Herz des Menschen. Vieles trennt die Reichen von den Armen, aber eines haben sie gemeinsam: Wir alle sind Sünder. Im Kern der Sünde stehen Stolz und Selbstbezogenheit, welche die Reichen dazu führen, die Armen auszubeuten und zu unterdrücken, und das Duo „Stolz und Egoismus" bringt alle dazu, auf Kosten anderer das Ihre zu suchen. Armut existiert in der Welt, weil in der Welt Sünde existiert; also besteht der einzige Weg zur Lösung des Armutsproblems letztlich darin, dass wir mit dem Problem der Sünde fertigwerden.

Die Bibel nennt vier Hauptursachen von Armut:

1. Unterdrückung und Betrug: „Der Reiche herrscht über die Armen; und wer borgt, ist des Gläubigers Knecht“ (Sprüche 22,7).
2. Unglück, Verfolgung oder Gericht: „… weil er [der böse Mensch] so gar keine Barmherzigkeit übte, sondern verfolgte den Elenden und Armen und den Betrübten, ihn zu töten“ (Psalm 109,16).
3. Faulheit, Nachlässigkeit oder Maßlosigkeit: „Lässige Hand macht arm; aber der Fleißigen Hand macht reich“ (Sprüche 10,4).
4. Eine Kultur der Armut: „Die Habe des Reichen ist seine feste Stadt; aber das Verderben der Geringen ist ihre Armut“ (Sprüche 10,15).

Alle vier Ursachen haben Sünde zur Wurzel; auch Unglück wie Naturkatastrophen oder anderes Missgeschick kann dem Ungleichgewicht zugeschrieben werden, das die Sünde in die Welt gebracht hat. Was die anderen Ursachen betrifft, können wir sagen: Armut existiert aus allen oder einem der folgenden drei Gründe: die Handlungen anderer (absichtlich oder unabsichtlich), eigene sündige Entscheidungen, geistliche Blindheit; Beispiele für „Handlungen anderer“, die das Opfer verarmen lassen können, sind Unterdrückung, Betrug, Verfolgung, Ausbeutung und Sklaverei.

Eigene sündige Entscheidungen wie Drogen- oder Alkoholmissbrauch und sexuelle Freizügigkeit (Promiskuität) leisten einen großen Beitrag zur Armut: Sucht aufgrund der hohen Kosten für den Konsum, und weil sie früher oder später unfähig macht, beständig und zuverlässig zu funktionieren; Promiskuität führt zu außerehelichen Kindern und ist oft (zumindest für alleinerziehende Mütter) ein direkter Weg in die Armut. Wir alle sind für unsere Entscheidungen Gott Rechenschaft schuldig, aber wie Ronald A. Sider bemerkt, trifft niemand von uns Entscheidungen im luftleeren Raum: „Mangel an guter Bildung, Arbeitslosigkeit, Rassismus, Vernachlässigung in der Kindheit – diese und viele andere komplexe Faktoren fließen zusammen und bilden ein Umfeld, in dem sündige Entscheidungen leicht fallen und gute Entscheidungen schwer sind“; und dann betont er, dass geistliche Transformation entscheidende Zutat ist bei jeder Lösung des Armutsproblems, wenn eigene sündige Entscheidungen daran Anteil haben.[158]

Geistliche Blindheit ist wahrscheinlich der Hauptfaktor unter den geistlichen Ursachen der Armut. Der Apostel Paulus schrieb, dass das Evangelium von Jesus Christus „verdeckt [ist], so ist's denen verdeckt, die verloren werden, den Ungläubigen, denen der Gott dieser Welt den Sinn verblendet hat, dass sie nicht sehen das helle Licht des Evangeliums von der Herrlichkeit Christi, welcher ist das Ebenbild Gottes" (2. Korinther 4,3–4). Von Satan blind gemacht für die Wahrheit des Evangeliums von Christus, sind Milliarden von Menschen rund um die Welt betrogen durch irregeleitete kulturelle Werte und nicht-biblische Weltanschauungen, von denen viele Armut erzeugen und fortbestehen lassen. Dr. Sider nennt als Beispiel die komplexe Theologie und Praxis des Kastensystems des Hinduismus als Hauptursache der Armut in Indien. Aufgrund des hinduistischen Glaubens an Reinkarnation fügen sich über 200 Millionen „Unberührbare" in ihr Schicksal der zermürbenden Armut, weil sie glauben, dass sie damit böse Entscheidungen in einem früheren Leben sühnen, und wenn sie sich ihrem jetzigen Schicksal unterwürfen, könnten sie in der nächsten Inkarnation ein besseres Leben haben. Dabei sehen die in den höheren Kasten, die vermeintlich die Früchte guter Entscheidungen aus einem früheren Leben ernten, wenig Grund zu versuchen, den Status quo zu verändern. Sider sagt: „Diese Weltanschauung gibt dem Fatalismus der Armen Futter und verbreitet Selbstgefälligkeit unter den Mächtigen."[159]

Nur das Evangelium von Jesus Christus kann blinde geistliche Augen öffnen und den Kreis der Armut aufbrechen, der durch geistliche Blindheit und Täuschung aufrechterhalten wird.

Sünde stört Beziehungen auf jeder Ebene. Das ist wichtig für unsere Sicht auf die Armutsbekämpfung, denn Armut ist, wie Bryan L. Myers bemerkt, im Kern beziehungsbedingt:

> Armut ist ein Ergebnis von Beziehungen, die nicht funktionieren, die nicht gerecht sind, die nicht ein Leben lang halten, die nicht harmonisch oder erfreulich sind. Armut ist die Abwesenheit von Schalom in all seinen Bedeutungen. Es ist interessant zu bemerken, dass diese Sicht übereinstimmt mit der hebräischen Weltanschauung, in der Beziehungen das höchste Gut sind, während Entfremdung ganz unten steht.[160]

Myers argumentiert, die Armen wüssten nicht wirklich, wer sie sind, weil Sünde ihre Sicht auf ihre eigene Identität, ihre Berufung und ihren Platz in der Welt getrübt habe – und dieses verzerrte Selbstbild hindere sie daran, angemessene Beziehungen zu haben, zu anderen Menschen oder zu Gott.[161]

Wenn nun das Wesen der Armut im Kern ein Beziehungsproblem ist, dann ist es im Kern auch ein geistliches. Hier ist Myers unmissverständlich:

> Sünde ist die Wurzel von Verführung, Verzerrung und Machtmissbrauch. Wenn Gott am Rand steht oder aus unserer Story ganz 'rausgehalten wird, behandeln wir auch einander nicht gut. Warum umstrickt Armut so, wie sie es tut? Warum wird den Armen der Zugang zu gesellschaftlicher Macht verwehrt? ... Was ist die Wurzelursache des Lügennetzes und der daraus folgenden Ohnmacht? ... Es ist wegen der betrügerischen und unterdrückerischen Beziehungen; weil wir unfähig sind, Gott und den Nächsten zu lieben; wegen der Sünde. Wir arbeiten für das, wozu unseres Erachtens das Leben da ist. Wir versuchen, uns ein Leben im Überfluss zu ermöglichen. Ohne eine starke Theologie der Sünde ist an eine umfassende Erklärung von Armut schwer heranzukommen.[162]

Jesus hatte viel zu sagen über Reichtum und über Arm und Reich. Im Blick auf Reichtum und die Reichen hatte Jesus nichts Positives zu sagen, zumindest nicht laut den synoptischen Evangelien. Er verurteilt zwar nie den Reichtum, das Reichsein an sich, aber er warnt häufig vor der geistlichen Gefahr, dass Reichtum zum Götzen werden kann, zum Ersatz für Gott im Herzen und im Kopf der Leute. In Matthäus 19,16–26 ist der reiche Jüngling nicht bereit, seinen Reichtum loszulassen, um Jesus nachfolgen zu können. Das veranlasst Jesus zu der Aussage, dass es leichter ist für ein Kamel, durch ein Nadelöhr zu gehen, als für eine reiche Person, ins Reich Gottes zu kommen. Laut Jesus und dem Zeugnis der Bibel kann Reichtum eine gefährliche Falle sein mit dem Potenzial ewiger Konsequenzen.

Hingegen spielen die Armen im Leben und Wirken Jesu eine zentrale Rolle. Zu Jesu Lebzeiten standen die Juden und die Nachbarvölker vor Wirtschaftshürden, die fast unüberwindbar waren. Die Juden ertrugen ständige Unterdrückung von feindlichen Mächten. Ihre Lage war so verzweifelt, dass viele nicht einmal ihren *religiösen* finanziellen Verpflichtungen nachkommen konnten. Die Juden hatten zwar eine gut organisierte Armenfürsorge, doch fehlten nun die Mittel, sie aufrechtzuerhalten. Wer arm war oder krank, für den gab es bei den Reichen keinen Platz.

Jesus hatte eine andere Haltung. Er sagte: „Selig sind, die da geistlich arm sind; denn ihrer ist das Himmelreich" (Matthäus 5,3). Die Variante dieses Verses bei Lukas lautet: „Selig seid ihr Armen, denn das Reich Gottes ist euer" (Lukas 6,20). Das Konzept der Armut des Geistes oder der Armut der Seele existierte zu Jesu Zeiten noch nicht, es ist Produkt einer späteren Zeit; die lukanische Fassung passt genauer in die Lebenswelt der Leute, zu denen Jesus sprach. Armut ist sehr demütigend; sie beraubt die Armen jedes Gespürs für Selbstwert und jedes Fetzens eigener Würde. Als Jesus sagte: „Selig seid ihr Armen", berührte er die Frage ihrer Stigmatisierung in der Gesellschaft. Er sprach einen Zustand an, der sie ihrer Ehre und Würde entkleidete. Das griechische Wort für „selig" ist in beiden Fassungen *makarios*; hier steht es für jemanden, der sehr privilegiert ist, besonders mit Gottes Gunst bedacht. Die Welt, sagte Jesus den Armen, mag sie ignorieren und degradieren, aber ihr himmlischer Vater würde das niemals tun. Auch wenn die Reichtümer dieser Welt ihnen verwehrt sein mögen – der unendliche Reichtum des Reiches Gottes ist für sie aufbewahrt.

Das ist bis heute so: Die Armen und Unterdrückten haben keinen Platz bei der Elite der Welt; das gilt für alle Kulturen unserer Zeit. Aber wie ist das mit der Kirche? Hat die Kirche, der Leib Christi, die Niederlassung, die „Botschaft" des Himmelreiches in dieser Welt – hat diese Kirche in ihren Reihen Platz für die Armen? Leider ist ein Großteil der Lehre über finanziellen Erfolg in der heutigen Kirche geprägt vom säkularen Materialismus und damit weit entfernt von dem, was die Bibel lehrt. Wenn die Kirche sich mit Angelegenheiten wie Armut befassen will, dann muss sie ihre Theologie überprüfen und radikale Veränderungen vornehmen. Die Gurus und Vertreter des „Wohlstandsevangeliums" sind wie die, von denen der Prophet Amos sagte, dass sie „die Armen um Geld und die Geringen um ein Paar Schuhe in unsere Gewalt bringen und Spreu für Korn verkaufen" (Amos 8,6). Die Lehre dieser Wohlstandsprediger ist eine Mischung aus Weizen und Spreu.

Ein Großteil der modernen Kirche ist von Narzissmus befallen: Engstirnig, nach innen gerichtet und von Genusssucht ganz in Anspruch genommen, ist die heutige Kirche völlig von sich selbst besessen. Inmitten all der Konzentration auf Wohlstand, Selbsthilfe sowie dank Wohlfühlkonferenzen und -seminaren hat die Kirche ihr vom Herrn erhaltenes Mandat vollkommen aus dem Blick verloren: sich um die Armen und Bedürftigen zu kümmern, was ein Beleg wahren Glaubens ist. Jakobus erklärt es uns so: „Ein reiner und unbefleckter Gottesdienst vor Gott, dem Vater, ist der: die Waisen und Witwen in ihrer Trübsal besuchen und sich selbst von der Welt unbefleckt halten" (Jakobus 1,27). „Waisen und Witwen" – das ist in der Bibel der Inbegriff der Armen.

Armut hält sich also hauptsächlich noch wegen der Sündhaftigkeit des Menschen. Es kommt der Tag, an dem Christus die Herrschaft Gottes auf Erden in aller Fülle herbeiführt. Dann wird es keine Sünde mehr geben, kein Leid, keine Krankheit; keinen Hunger, keine Armut, keinen Mangel an irgendetwas, und dann wird auch kein vorzeitiger und zuletzt gar kein Tod mehr sein; doch bis dahin müssen wir in dieser Welt mit der Realität der Sünde leben und mit der Realität der Armut. Das heißt allerdings nicht, dass wir nicht versuchen sollten, Armut zu lindern, wann immer und wo immer wir das können. Jesus sagte: „Denn ihr habt allezeit Arme bei euch, und wenn ihr wollt, könnt ihr ihnen Gutes tun" (Markus 14,7). Den Armen Gutes zu tun ist sowohl unsere Christenpflicht als auch ein fantastisches Privileg. Aber jeder Ansatz, den wir vertreten, um den Armen zu helfen, muss die Wurzelursache „Sünde" angehen und in der Mitte muss die geistliche Umgestaltung gemäß dem Evangelium von Jesus Christus stehen – und diese Transformation ist der einzige sichere Weg heraus aus der Armut mit all ihren Facetten und hinein in den Wohlstand und Reichtum des Lebens im Reich Gottes.

Ein Aspekt der wahren Herrlichkeit der Kirche ist ihre Fähigkeit, sich wirksam um die Armen zu kümmern, die Notlage der Armen entschlossen anzugehen und ihnen Barmherzigkeit zu erweisen, wie Christus es tat, und so das Herz Gottes zu offenbaren, das Herz unseres himmlischen Vaters.

Das Video zu diesem Kapitel (Englisch):
http://youtu.be/451EFqeXBzc

Kapitel 7

Die Technokraten kommen – oder doch nicht?

Wir haben in diesem Jahr zwei sehr unterschiedliche Arten von Regimewechseln gesehen. Der Arabische Frühling wird befeuert vom Aufstand des Volkes; Europa hat dem Gegenteil den Weg bereitet: einem Aufstand einer nicht gewählten europäischen Elite, die demokratisch gewählte Regierungen entmachtet. In beiden Fällen scheinen Technokraten zu triumphieren.

The Spectator, 26. November 2011

Die globale Schuldenkultur, in der wir heute leben, ist das logische Ergebnis – ich würde sogar sagen: die unvermeidliche Folge – von Jahrhunderten der Herrschaft der Elite. Das Wort „Elite" selbst ist zwar viel jüngeren Ursprungs; aber Tatsache war schon immer: Seit Beginn der Menschheitsgeschichte werden Reiche und Völker mehr oder weniger beherrscht von einer bestimmten Gesellschaftsschicht, einer bestimmten Klasse von Menschen. Dem französischen Wort für „auswählen" bzw. „auserkoren" entlehnt,[163] verweist „Elite" im Englischen auf „den sozial überlegenen Teil der Gesellschaft" und spezifischer auf „eine Gruppe von Personen, die aufgrund ihrer Position oder Bildung viel Macht und Einfluss ausüben"[164].

In jeder Gesellschaft sind die Elite die Machtmenschen, die eigentlichen Macher, die Meinungsmacher, die Trendsetter, ja, sogar die *Schöpfer* von

Trends; sie prägen den Zeitgeist, die Stimmung und Richtung ihrer Kultur. Sie mögen Könige sein oder Königinnen, Politiker, Intellektuelle, Industriemagnaten, Banker oder was auch immer: Die Elite sind die Strippenzieher; sie lassen ihre Beziehungen spielen in der Politik, in der Geschäftswelt, in der Bildung, im Nachrichtenwesen, in der Wirtschaft und in jedem anderen Element der Gesellschaft, wo immer Meinungen gebildet und Werte geprägt werden. Egal, wie unterdrückerisch oder gütig ihre Hand dem Außenstehenden erscheinen mag: Oberstes Ziel der herrschenden Elite ist die Manipulation und Kontrolle des gemeinen Volkes.

Ganz egal, um wen es sich handelt: Menschen, die in den privilegierten Status der Elite aufsteigen, tun das, weil sie eine bestimmte Eigenschaft haben, die ihnen anderen gegenüber einen unverkennbaren Vorteil verschafft. Das kann Reichtum sein, Bildung, angeborene Begabung zur Politik, Insiderwissen; sie kennen die richtigen Leute, haben eine besonders gute Menschenkenntnis, d. h. Einsicht in Wesen und Motivation anderer Leute, oder sie sind einfach nur zur richtigen Zeit am richtigen Ort. Innerhalb welcher Art politisches System die einzelne Elite existiert, ist in dieser Hinsicht egal; es spielt keine Rolle, ob das System kommunistisch ist oder sozialistisch, faschistisch, kapitalistisch, eine traditionelle Monarchie oder eine demokratische Republik. Ungeachtet der Unterschiede, die es ansonsten zwischen diesen Systemen gibt, haben sie alle zweierlei gemein: Sie alle brauchen eine auf Preisen basierende Wirtschaft, und sie alle werden regiert von einer herrschenden Elite.

Das gilt genauso für die USA wie für jedes andere Land. Trotz Abraham Lincolns geflügeltem Wort „Eine Regierung des Volkes, durch das Volk und für das Volk" wurde auch die Regierung der USA von der damaligen Elite gebildet – George Washington, John Adams, Thomas Jefferson, James Madison und der Rest gehörten der Schicht der Landbesitzer an; die waren in der Regel die reichsten und angesehensten, geachtetsten Leute im Land. Andere Gründerväter waren Kleriker, und Geistliche gehörten damals zu den gebildetsten Menschen überhaupt. Einige waren Ärzte, andere Juristen, wieder andere wohlhabende Kaufleute. Alle diese visionären Gründerväter waren vollkommen überzeugt, dass die Freiheit des Einzelnen, die Bürgerrechte ein von Gott gegebenes Recht seien, und die meisten von ihnen stellten sich vor und erwarteten es auch, dass die neue Nation, die sie gebildet hatten, regiert würde von Leuten aus ihrer eigenen Gesellschaftsschicht, so angesehen, gebildet und wohlhabend wie sie selber. Das war kein Vorurteil und schon gar nicht Elitebewusstsein, wie wir es heute verstehen; vielmehr war es eine von der Aufklärung inspirierte Überzeugung, nur Menschen mit solchem Status seien angemessen ausgestattet, um ein Land zu regieren.

Für den Großteil der Menschheitsgeschichte konnte die überwältigende Mehrheit nicht lesen und schreiben. In den auf Landwirtschaft gegründeten Ökonomien der Frühzeit wurde die Alphabetisierung des gemeinen Volkes nicht für nötig erachtet: Bauern mussten nicht lesen und schreiben können, um ihre Felder zu bestellen. Bildung war auch deshalb rar, weil sie teuer war und damit für den Durchschnittsbürger unerschwinglich. Wer begünstigt war und deshalb gebildet, hatte einen Vorsprung, dem einfache Leute wie wir nichts entgegenzusetzen hatten. Kein Wunder, dass gut gebildete Menschen ganz leicht in die Reihen der herrschenden Elite aufstiegen – wenn nicht direkt zum Herrscher, dann doch zum vertrauten Ratgeber des Herrschenden, was oft auf dasselbe hinauslief.

Karl der Große, der Frankenkönig und „römische Kaiser", der über den Großteil Mittel- und Westeuropas herrschte, war in seiner Jugend Analphabet; erst als Erwachsener lernte er lesen. Das war schon eine ziemliche Leistung, denn zu seiner Zeit waren sogar Könige in der Regel Analphabeten. Und obwohl Karl nur sehr rudimentär schreiben lernte, legte er auf Gelehrsamkeit doch großen Wert und umgab sich mit gebildeten Menschen. Er förderte die Alphabetisierung in seinem gesamten Herrschaftsgebiet, hauptsächlich durch die Kloster- und Domschulen. Deshalb sieht man die Herrschaft Karls des Großen eng verknüpft mit der karolingischen Renaissance, einer Neubelebung von Kunst, Religion und Kultur.[165] In einer Zeit, in der selbst Könige kaum Zugang hatten zu formaler Bildung, bestand die eigentliche Elite aus den gut Gebildeten.

Jahrhundertelang galt Wissen als der Weg zu wahrer Macht. Die „Wissenden" waren klar im Vorteil gegenüber „den anderen". Menschen mit „Insiderwissen" werden oft von anderen Menschen gegeißelt und verachtet, von denen, die nicht so privilegiert sind; das geschieht nicht deshalb, weil die Kritiker gegen Insiderwissen wären, sondern weil sie selber nicht auf der Gästeliste stehen. Dieser Vorzug von Wissen und Bildung, wenn es darum geht, jemanden in eine

Machtposition zu bringen, wurde von den Anfängen der Zivilisation an stillschweigend akzeptiert, auch wenn er nicht formell in ein Gesetz gefasst wurde: Es gab die Schicht der Herrschenden mit ihrem Gefolge aus gebildeten Ratgebern – und dann kamen alle anderen. Die Geburt bestimmte, zu welcher Klasse man gehörte, und der Aufstieg in eine höhere Schicht (wie auch ein Abstieg) war zwar nicht völlig unbekannt, aber extrem selten. Diese Zweiteilung wurde im Großen und Ganzen allseits akzeptiert: Die herrschende Elite erachtete es als ihr „Recht", die Herrscher zu sein; sie sahen sich als „Herrscher von Gottes Gnaden"; die „anderen" hingegen glaubten, dass es ihnen von Gott beschieden war, die „Beherrschten" zu sein. Das war nach allgemeiner Auffassung schlicht und einfach die Gesellschaftsordnung, wie Gott sie bestimmt hatte.

Im Spätmittelalter begann diese allseits akzeptierte Ordnung sich zu verändern, und diese Veränderung beschleunigte sich mit der Explosion des Wissens, der Kunst und Kultur ab Ende des 13. bis ins 16. Jahrhundert hinein; diese Ära ist bekannt als „Renaissance". Wissen und Gelehrsamkeit verbreiteten sich und waren nicht mehr allein den Reichen und Mächtigen vorbehalten. Erstmals in der Geschichte entstand eine echte Mittelschicht, und obwohl die Alphabetisierung aller immer noch ein Traum am fernen Horizont war, bekamen doch immer mehr gewöhnliche Menschen Zugang zu Bildung. Wie in Kapitel 5 gezeigt, war die Reformation der Hauptfaktor und -antrieb, der dafür sorgte, dass ein größerer Teil der Bevölkerung Anteil bekam sowohl am Reichtum als auch an der Bildung.

Man könnte meinen, die breitere Verfügbarkeit von Bildung für das gemeine Volk hätte ihren großen Vorteil für die herrschende Elite abgeschwächt; doch das Gegenteil war der Fall: Die Flut des Wissens, die in der Renaissance über Europa schwappte, besonders die Wiederentdeckung der alten Sprachen und Schriften und der Weisheit der alten Griechen und Römer, diese Wissensflut weckte ein neues Interesse an den Leistungen der Menschheit und an den Errungenschaften der Kultur. Der neue Schwerpunkt auf dem Humanismus beförderte die Erhebung der menschlichen Vernunft und des rationalen Denkens; sie waren der Gipfel, das ultimative Mittel zum Erwerb von Wissen und zur Erkenntnis der Wahrheit. Dieser Ansicht zufolge war der Mensch (und nicht Gott) das Maß aller Dinge; dieses Axiom wurde zur treibenden Inspiration des Zeitalters der Vernunft, der Aufklärung, im 17., 18. und 19. Jahrhundert.

In dieser Periode kam die moderne Naturwissenschaft voll zur Geltung. Zwar waren unter den Pionieren der modernen Naturwissenschaft viele Christen und Theisten – deren naturwissenschaftliches Forschen war getrieben von dem Verlangen, die natürliche Welt, die Gott erschaffen hatte, besser zu verstehen; andere aber glaubten, naturwissenschaftliches Forschen könne und solle geschehen ohne Verweis auf irgendein übernatürliches Element. Diese humanistische, rationalistisch-naturalistische Perspektive wurde in der Naturwissenschaft zur dominanten Position, und das ist sie bis heute, auch wenn sie sich an vielen Fronten herausgefordert sieht durch ernst zu nehmende, zunehmend anspruchsvolle Angriffe, durch Einwände von denen, die nicht glauben, dass Naturwissenschaft und Gottesglaube einander ausschließen.

Der steile Aufstieg der Naturwissenschaft also *förderte* in der Elite das uralte Prinzip von Wissen und Gelehrsamkeit als Tor zu Macht und Einfluss. Um dieses Konzept der Herrschaft einer *gelehrten* Elite festzuschreiben und ihm ehrenwerte philosophische Fundamente zu verleihen, brauchte es allerdings die intellektuelle Kraft eines französischen Philosophen des 19. Jahrhunderts. Sein Name war Auguste Comte (1798–1857), er ist bekannt als der Vater der modernen Soziologie. In seinem bahnbrechenden Werk *Die positive Philosophie* verdeutlichte er sein entschieden pro-naturwissenschaftliches System; aus diesem Grund kennt man Comtes philosophischen Ansatz als *Positivismus*.

Comte zufolge sind Beobachtung und Erfahrung die einzigen Quellen menschlicher Erkenntnis.[166] Er bestand darauf, man könne nur das zuverlässig wissen, was durch die Naturwissenschaft messbar und verifizierbar sei unter strenger Anwendung der naturwissenschaftlichen Methode. Beobachten und messen könne man nur externe Phänomene und ihre Beziehungen; deshalb seien das innere Wesen, die Bedeutung des Menschen und des Universums unbekannt und das würde auch immer so bleiben.[167] Das sichtbare Universum und seine beobachtbaren Wirkweisen seien alles, was wir wissen könnten und müssten. Nach Comtes Ansicht kann „das Universum und der Platz des Menschen in ihm" nur erklärt und verstanden werden in Bezug auf das, „was der Mensch sehen und erfahren kann"[168]. Alles andere sei völlig unerkennbar und daher irrelevant.

Zu diesem Unerkennbaren und damit Belanglosen gehöre laut Comte auch Gott; seiner Ansicht nach kann Gott vom Menschen nicht auf irgendeine messbare, naturwissenschaftliche Weise gesehen oder erlebt werden. Die Vorstellung von einem Gott war für Comte derart unwichtig und sinnlos, dass er alle Anstrengungen, das „Wesen" der Dinge zu begreifen, abtat als Symptome eines unreifen Entwicklungsstadiums des menschlichen Denkens.[169] Außerdem „glaubte er, dass die Suche nach einer Seele und ein Glaube an die Unsterblichkeit Charakteristika eines früheren und kindlicheren Stadiums der menschlichen Entwicklung" wären.[170]

Comte war der Ansicht, die Entwicklung des menschlichen Denkens habe drei Stadien durchlaufen, jedes reifer und weiter entwickelt als das vorige: das *theologische* Stadium, das alle Dinge mithilfe des Willens und Handelns irgendeiner Gottheit erkläre und alle Phänomene dieser Gottheit zuschreibe; das *metaphysische* Stadium, das alle Dinge nicht einem konkreten Schöpfergott zuschreibe, sondern einer abstrakten Macht oder Kraft, die das Universum leite; und letztlich das *positive* Stadium, in dem Erklärungen und Verständnisweisen „auf die *positive* [Pseudo-]Wissenschaft reduziert werden, und zwar durch präzise Beobachtung, Hypothesen und Experimente; [ihre] Phänomene werden erklärt nach der Regel von Ursache und Wirkung"[171].

Der Positivismus, wie Comte ihn vertrat, ist also eine durch und durch atheistische, rationalistische und naturalistische Philosophie; in jeglichen übernatürlichen, theologischen oder metaphysischen Vorstellungen und Spekulationen sieht sie ausrangierte Relikte aus früheren Stadien der Menschheit, Stufen des Unwissens und der Unreife. Diese Philosophie erhob die empirischen Naturwissenschaften zum einzig akzeptablen Maßstab und zur Quelle der Erkenntnis und des Verstehens. Comtes Stärke war die Erklärung sozialen Handelns und sozialer Phänomene in wissenschaftlichen Begriffen (Soziologie); so sollte es uns nicht überraschen, dass diese positivistische Weltsicht dazu führte, dass er sich eine Gesellschaftsordnung vorstellte, in der alle Aspekte des Lebens von „Experten" kontrolliert werden würden. Der Autor S. E. Frost erläutert:

> Comte vertrat, dass die Gesellschaft beginnt als eine Möglichkeit, den sozialen Impuls des Menschen zu befriedigen, der für den Menschen grundlegend ist. In der Entwicklung des Menschen durchläuft sein sozi-

> ales Leben drei Stadien: den Militarismus, in dem Disziplin und Gewalt den höchsten Rang einnehmen; Revolution; und dann das positive Stadium, in dem die Betonung auf gesellschaftlichen, nicht auf politischen Problemen liegt. In diesem positiven Stadium leitet der Experte die wissenschaftliche Forschung und kontrolliert alle Phasen des Lebens. Dieser Experte darf nicht abhängig sein von den Ignoranten; eine Beteiligung des Volkes an der Regierung ist daher nicht erstrebenswert.
>
> Das Ideal des sozialen Lebens, der positive Zustand, ist für Comte das Stadium, das über das Stadium des Chaos hinausgewachsen ist, dem Stadium der Revolutionen, die auf den Einfluss von John Locke folgten. Im positiven Stadium ist der Experte zutage getreten; aufgrund der Stärke seiner Fähigkeiten ist er in der Lage, die Gesellschaft auf ein immer perfekteres Leben hinzuleiten. Er sieht die notwendigen Gesellschaftsreformen und ist in der Lage, diese herbeizuführen. Die Masse akzeptiert seine Führung, weil er ein Experte ist.[172]

Comte nannte sein philosophisches System „Positive Philosophie", aber für die Art von Gesellschaftsordnung, die das natürliche Ergebnis seines Systems wäre, hatte er offensichtlich keine Bezeichnung; erst 60 Jahre nach Comtes Tod prägte der amerikanische Ingenieur und Erfinder William H. Smyth das Wort „Technokratie", um das positivistische Konzept der Regierung durch Technik-Experten zu benennen.[173] 1933 griffen zwei junge Wissenschaftler, M. King Hubbert und Howard Scott, das Wort auf und gründeten „Technocracy Inc.". Dicsc Organisation und politischc Bcwcgung schlug cinc radikalc Lösung vor für die gesellschaftlichen und wirtschaftlichen Probleme der Weltwirtschaftskrise („Große Depression"). Der Geologe und Geophysiker Hubbert wurde in den 1950er-Jahren berühmt durch seine Peak-Oil-Theorie, laut der der Energieverbrauch letztlich sowohl die Entdeckung als auch die Produktion neuer Energiereserven übersteigen werde, was weltweit wirtschaftlichen und gesellschaftlichen Aufruhr verursachen würde.[174] Hubberts Peak-Oil-Theorie gilt als Lieferant der intellektuellen Basis für die „grünen" Umweltbewegungen.[175]

Radikal war in der Bewegung von Hubbert und Scott ihr Vorschlag, die auf Preisen gegründete Wirtschaft der USA (und letztlich der Welt) abzulösen durch eine auf Energiezuteilung basierende Wirtschaft, in der statt des traditionellen Geldes eine Währung aus Energiekrediten im Gebrauch wäre, die jedem Bürger zugeteilt und von der Regierung kontrolliert würden. Hubbert und Scott glaubten, das zunehmend technologische Wesen der Gesellschaft, das unumkehrbar schien, habe eine Lage gezeitigt, in der die einzige tatsächlich funktionierende Regierungsform wesenhaft technokratisch sein müsse, mit Wissenschaftlern, Ingenieuren und anderen hochausgebildeten Menschen, die zum Wohle aller das Sagen haben sollten – anders ausgedrückt: Comtes Herrschaft der Experten. Und ebenfalls in vollem Einklang mit Comtes Ansichten glaubten Hubbert und Scott, das hochtechnisierte Wesen eines solchen Systems würde eine Regierung mit Volksbeteiligung sowohl unpraktisch als auch undurchführbar und damit nicht erstrebenswert machen. Patrick Wood, Herausgeber des *The August Forecast and Review*, erläutert:

> [Technokratie] ist die Regierung durch fähige Ingenieure, Wissenschaftler und Techniker, im Gegensatz zu gewählten Amtsträgern. Sie steht allen anderen Regierungsformen entgegen, inklusive Kommunismus, Sozialismus und Faschismus – diese alle arbeiten mit einer auf Preisen beruhenden Wirtschaft ...
>
> Technokratie postulierte, nur Wissenschaftler und Ingenieure seien in der Lage, eine komplexe, auf Technologie basierende Gesellschaft zu führen. Sie argumentierten: Weil die Technologie das soziale Wesen der Gesellschaften verändere, seien frühere Regierungs- und Wirtschaftsmethoden hinfällig. Sie verachteten Politiker und Bürokraten, sahen sie als inkompetent an. Dank Nutzung der wissenschaftlichen Methode und wissenschaftlicher Managementtechniken hofften die Technokraten, die große Ineffektivität der Führung einer Gesellschaft auszumerzen; dadurch sollten für alle in der Gesellschaft mehr Vorteile bereitgestellt werden bei gleichzeitig sparsamerem Ressourcenverbrauch.
>
> Der andere integrale Bestandteil der Technokratie war die Einrichtung eines Wirtschaftssystems, das auf Energiezuteilung beruhe statt auf Preisen. Sie schlugen vor, traditionelles Geld durch Energieguthaben zu ersetzen.[176]

Unter einer Technokratie würden jedem Erwachsenen Energiezertifikate ausgestellt anstelle von Geld als Währung zum Kauf von Waren und Dienstleistungen, eine Art Energiekonto. Eine zentrale Zuteilungsstelle, die „Distribution Sequence“, würde alles übernehmen, von der Produktion und Verteilung aller Waren und Dienstleistungen bis zur Ausstellung und Überwachung der Energiezertifikate. Präzise und detaillierte Aufzeichnungen der Einnahmen und Ausgaben jedes Bürgers (ganz zu schweigen von jedem anderen Aspekt des Lebens) würden gespeichert und überwacht werden, um jederzeit den Kontostand feststellen zu können. Bei jedem Einkauf müssten die Konsumenten das passende Energiezertifikat vorlegen, mit Stempel und Unterschrift. Um die Gleichheit aller sowie die Chancengleichheit zu wahren, würden die Energiezertifikate nur gelten für genau das Individuum, auf das sie ausgestellt sind (im Unterschied zu Geld, das übertragbar ist). Die Zertifikate könnten also weder gestohlen noch übertragen oder verschenkt werden – die Individualisierung der Zertifikate mache sie für einen Dieb nutzlos. Ebenfalls im Unterschied zu Geld wären die Zertifikate nur eine bestimmte Zeitspanne gültig, danach würden sie verfallen. Man könnte sie also nicht sparen, sondern nur ausgeben, was verhindern würde, dass jemand Privatvermögen oder Grundbesitz anhäufen kann.[177]

Hubbert und Scott hatten mit Sicherheit ein Gespür für die öffentliche Meinung und die Radikalität ihres Vorschlags, und so verteidigten sie die Praktikabilität und sogar den Bedarf nach ihrem System auf Grundlage des naturwissenschaftlichen Entropiegesetzes, demzufolge alle Materie und Energie im Universum sich zubewege auf einen ultimativen Zustand der Gleichheit, in dem keine Veränderung irgendeiner Art mehr stattfinden könne. Übertragen auf natürliche Ressourcen bedeutet das: Hat die Menschheit alle Energiequellen und Reserven auf der Erde verbraucht – ist z. B. alles Öl der Erde aufgebraucht –, können sie nicht mehr ersetzt werden, sie sind für immer weg.

Die Technokratie soll dem vorbeugen und die Effizienz der Gesellschaft steigern, indem die gesamte vorhandene Energie sorgfältig zugeteilt und genauso sorgfältig der Energieverbrauch gemessen wird, um ein ausgeglichenes Konto zu erzielen, einen Gleichgewichtszustand.[178] Das Endresultat wäre eine Gesellschaft, in der jeder wahrhaft gleich wäre: Es gäbe weder Armut noch Reichtum, keine Ausbeutung irgendeiner Einzelperson oder Gruppe durch andere und keinen Klassenneid, weil es keine sozialen Schichten mehr gebe (mit Ausnahme der herrschenden Technokraten). Und weil die gesamte Produktion und Verteilung der Energie, der Energiezertifikate, der Waren und Dienstleistungen streng kontrolliert werden würde von den Technokraten, die die Zuteilungsstelle leiten, gäbe es für keinen weder die Mittel noch den Anreiz, anderen zu schaden oder sie zu übervorteilen. Krieg, Kriminalität und andere Gewalt würden der Vergangenheit angehören; in einer Gesellschaft, in der jeder das hat, was er braucht, und zwar im gleichen Maße wie alle anderen, würden Friede und Harmonie obsiegen. Das Leben würde geleitet und kontrolliert von den anerkannten „Experten", jenen wohlwollenden Wissenschaftlern, Organisatoren und Technologen, die für alle nur das Beste suchten und die als die Einzigen das Wissen hätten und fähig wären, eine hochtechnologisch entwickelte Menschheit effizient zu verwalten.

Klingt nach Utopia? Der Gipfel menschlicher Leistung und des Fortschritts? Die endgültige Bestimmung der Menschheit, auf die sie unweigerlich zusteuert? Die Menschen im Amerika der Weltwirtschaftskrise waren anderer Meinung: Sie lehnten das Konzept der Technokratie und ihre Ziele rundweg ab. Technokratie, wie Hubbert und Scott sie sich vorstellten und mit ihnen ihre Jünger und philosophischen Nachkommen (die es bis heute gibt), Technokratie also ist kein Utopia, sondern nichts anderes als eine weitere Formel für einen totalitären Polizeistaat. Aus Sicht einer gründlichen positivistischen, naturalistischen und technokratischen (und daher mechanistischen) Denkweise ist die menschliche Gesellschaft nichts anderes als eine Maschine – eine sehr große und sehr komplexe Maschine, aber nichtsdestotrotz eine Maschine –, die wie jede andere Maschine effizient, kostengünstig und energiefreundlich betrieben werden kann, wenn nur die richtigen wissenschaftlichen, organisatorischen und technologischen Prinzipien zur Anwendung kommen.

Doch wer wird diese Prinzipien umsetzen? Natürlich die Technokraten; niemand sonst hat das notwendige Wissen und Verständnis. Und wer wird die auswählen, die über alle anderen herrschen? Natürlich die Technokraten, weil niemand sonst qualifiziert ist, diese Auswahl zu treffen. Wer kann garantieren, dass diese herrschende Elite von Technokraten in ihrer Haltung und Motivation tatsächlich ohne Eigeninteresse wohlwollend ist und uneigennützig für das Wohl aller arbeiten wird? Niemand. Wir müssen ihrem Wort glauben und im Geiste von Auguste Comte den „Experten" vertrauen, dass sie das Richtige zu tun, schlicht und einfach deshalb, *weil sie die Experten sind*.

Wie alle anderen totalitären politischen Modelle, die die Bevölkerung kollektiv als Diener des Staates ansehen und nicht umgekehrt den Menschen als Individuum, dem der Staat zu dienen hat – wie alle anderen totalitären Modelle versagt auch die Technokratie als Konzept aufgrund ihrer eigenen Blindheit. Eine Gesellschaft, die von rücksichtsloser Effizienz bestimmt wird, mit einer aufgezwungenen Anpassung an von außen übergestülpte Maßstäbe, die für alle gleich streng gelten, eine solche Gesellschaft ist gut, vorausgesetzt, diese Gesellschaft bestände aus Robotern. Menschen aber sind keine Roboter, doch das technokratische System lässt keinen freien Willen zu, keine Entscheidungen, keine Persönlichkeit. Es wird unvermeidlich sein, dass die Menschen sich auflehnen gegen die zwangsjackenartigen Beschränkungen der übergestülpten Uniformität; sie werden die herrschende, „wohlwollende" technokratische Elite dazu „zwingen", sie umzuerziehen, zu erneuern – oder aber das fehlerhafte „Rädchen" im Getriebe, das das geschmeidige, effiziente Laufen der Räder der Gesellschaft verhindert, muss entfernt werden: Utopia entpuppt sich als Tyrannei, denn Totalitarismus, egal, wie man ihn nennen mag, kann keine Abweichler tolerieren. Das ist der unumgängliche Weg der Technokratie, ungeachtet gegenteiliger Behauptungen ihrer früheren oder jetzigen Verfechter. In der Zeit von Hubberts und Scotts Arbeit während der Weltwirtschaftskrise und im Zweiten Weltkrieg entstanden zwei Romane, die zum Klassiker geworden sind: George Orwells *1984* und Aldous Huxleys *Brave New World* (dt.: *Schöne neue Welt*). Beide präsentieren genau diese trübe Schreckensvision eines Lebens in einer wahrhaft technokratischen Gesellschaft.

Verteidiger der Technokratie behaupten: Wenn man die auf Preisen basierende Wirtschaft ablöste durch eine auf Energie basierende Wirtschaft; wenn man den unwissenden gewöhnlichen Menschen und den inkompetenten Politikern und Bürokraten die Macht entrisse und sie stattdessen den „Experten" aus Wissenschaft und Technologie anvertraute; und wenn man alle gleich machte, indem man Reichtum und Privatvermögen abschaffte: dann beseitigte man „95 %" der Gründe, aus denen Menschen einander Schaden zufügen.[179]

Diese naiv-optimistische Sicht ignoriert den schädlichen Einfluss der sündigen menschlichen Natur. Wenn es etwas gibt, das die Geschichte unzweifelhaft gezeigt hat, dann das: Die Menschen brauchen keinen *Grund*, um einander zu schaden, sich gegenseitig auszubeuten oder einander Böses anzutun. Keine noch so effiziente und ausgefeilte Kontrolle kann Stolz, Lust, Selbstsucht, Gier, Eifersucht oder Hass aus dem menschlichen Geist eliminieren. Wären in einer technokratischen Gesellschaft alle „Gründe", Schaden anzurichten, beseitigt – auch dann gäbe es immer noch Menschen, die lernen würden, das System zu umgehen; Menschen würden lernen, wie man andere ausbeuten und sich auf Kosten anderer bereichern kann; Menschen würden andere schädigen, wenn sie annehmen, sie würden davon profitieren (oder auch einfach nur, weil es ihnen Spaß macht). Traurig, aber wahr: Jedes soziale und politische System, das nicht auch die sündige, selbstsüchtige, stolze Natur des Menschen mit einkalkuliert: Jedes solche System muss scheitern.

Nichtsdestotrotz sind die Ideen und Prinzipien der Technokratie immer noch im Umlauf; in den letzten Jahren haben sie signifikante Fortschritte gemacht, und es scheint, als seien sie auf einem guten Wege, Hubberts und Scotts ursprüngliche Vision Wirklichkeit werden zu lassen. Ein Beispiel: Der Erfolg ihres Systems hängt ab von der Fähigkeit, die Zuteilung jeder Energieressource sowie deren Verbrauch durch den Bürger zu überwachen und zu messen. Konkret schrieben Hubbert und Scott, ihr System müsse sieben Ziele erreichen:

1. 24 Stunden am Tag kontinuierlich die gesamte Energieumwandlung erfassen, was dann zur Bestimmung folgender Faktoren führt: (a) die Verfügbarkeit von Energie für den Bau und die Erhaltung länderübergreifender gigantischer Kraftwerke; (b) in der Phase der ausgeglichenen Lastverteilung die Menge des verfügbaren natürlichen Vermögens (Verbrauchsgüter und Dienstleistungen) für den Verbrauch der Gesamtbevölkerung.
2. Durch die Erfassung der umgewandelten und verbrauchten Energie eine ausgeglichene Lastverteilung ermöglichen.
3. Ein fortlaufendes Inventar der Gesamtproduktion und des Gesamtverbrauchs erstellen.
4. Eine spezifische Erfassung des Typs, der Art etc. aller Waren und Dienstleistungen erstellen, einschließlich der Orte der Produktion und des Verbrauchs.

5. Den Verbrauch jeder Einzelperson spezifisch erfassen; dafür eine Akte und Beschreibung jeder Einzelperson anlegen.
6. Dem Bürger den größtmöglichen Spielraum an Auswahl gewähren beim Verbrauch seines individuellen Anteils am natürlichen Vermögen des Kontinents.
7. Die Waren und Dienstleistungen jedem Mitglied der Bevölkerung zuteilen.[180]

Anfang der 1930er-Jahre, als Hubbert und Scott Technology Inc. gründeten, hatte man noch nicht die technischen Möglichkeiten zur Einrichtung eines so umfangreichen und alles umfassenden Kontroll-, Überwachungs- und Verteilsystems. *Doch heute existiert diese Technik*. Sie ist bereits in vielen alltäglichen Anwendungen weithin in Gebrauch, und die Reichweite der Verwendung wächst jeden Tag. Immer, wenn wir an einem Geldautomaten Bankgeschäfte ausführen, mit einer Kreditkarte bezahlen, im Internet surfen, online etwas kaufen, ein Navigationsgerät benutzen, um an ein Ziel zu gelangen, und dergleichen: immer dann liefern wir dadurch ein kleines Stück Information über uns, das aufgezeichnet und gespeichert wird. In der Summe entsteht so ein äußerst detailliertes Profil von uns. Alles, unsere Gewohnheiten und Vorlieben beim Durchstöbern des Internets, unser religiöser und politischer Standpunkt, unsere persönlichen Daten – wirklich alles, was es über uns zu wissen gibt, ist irgendwo im Ethernet gespeichert, und jeder, der am Computer versiert genug ist, kann sich Zugang dazu verschaffen. So ist in der Realität bereits jetzt die Privatsphäre ein Ding der Vergangenheit.

Die Amerikaner der 1930er- und 1940er-Jahre lehnten die ursprünglichen technokratischen Pläne von Hubbert und Scott ab; doch die Organisation, die die beiden gegründet hatten, hat überlebt – und auch ihre Philosophie, Überzeugungen und Ziele. Patrick Woods merkt an: „Die Technokraten sind wieder zum Vorschein gekommen, und sie haben nicht vor, ein zweites Mal zu scheitern. Ob sie dieses Mal Erfolg haben oder nicht, wird abhängen von den auserkorenen Dienern der Technokratie, von den Bürgern der Welt."[181] In den USA, Kanada, Europa und im Großteil des Restes der Welt gibt es heute eine bewusste, zielgerichtete, konzertierte Anstrengung, ein Energie- und Informations-Überwachungssystem namens „Smart Grid" einzurichten.

> Allgemein gesprochen ist Smart Grid ein System zur Überwachung und Regulierung der Erzeugung, Verteilung und des Verbrauchs von elektrischer Energie, unter Einbeziehung von Gas und Wasser ... eine Initiative, die das Stromnetz vollkommen umzustrukturieren versucht und dabei hochentwickelte digitale Technologie verwendet, inklusive neuer, digitaler Messgeräte in jedem Privathaus und jeder Firma in den USA.
>
> Diese digitalen Messgeräte überwachen den Energieverbrauch eines Konsumenten rund um die Uhr und verwenden dabei eine Kommunikation in zwei Richtungen zwischen dem Versorger und der Immobilie des Konsumenten. Außerdem werden die Messgeräte in der Lage sein, mit elektrischen Vorrichtungen *innerhalb* der Wohnung oder des Hauses zu kommunizieren, um Verbrauchsdaten zu sammeln und bestimmte Vorrichtungen direkt zu kontrollieren, ohne dass der Konsument eingreift.[182]

Viele Stromversorger bieten ihren Kunden bereits an, ihre elektrischen Messgeräte gegen neue, „intelligente“ Messgeräte umzutauschen. Gegenwärtig sind solche Nachrüstungen freiwillig; das könnte sich jedoch in recht naher Zukunft ändern, angesichts des Strebens nach dieser Technik und der Notwendigkeit, veraltete elektrische Stromnetze zu modernisieren. In Neubauten sind „smarte“ Messgeräte bereits Standard. Zusätzlich wird an länderübergreifenden Vereinbarungen gearbeitet, um Stromnetze weltweit zu verbinden und zu koordinieren, damit Angebot und Nachfrage ausgeglichen werden können: Energie aus einer Region, die mehr hat, als sie braucht, soll umgelenkt werden in eine Region, die nicht genügend hat, und das ganz flexibel, denn der Energiebedarf einer Region kann sich ja weiterhin verändern.[183]

Hubbert und Scott erwogen auch eine „Energy Distribution Card“, eine Energie-Zuteilungskarte, die jedem Erwachsenen ausgestellt werden würde, „zur Buchführung [und] als Teil der von Technocracy vorgeschlagenen Kursänderung hinsichtlich der Frage, wie unser sozioökonomisches System organisiert werden kann“[184]. In den 1930er-Jahren wäre es sehr schwierig gewesen, eine solche Karte herzustellen und zu führen, aber heute ist das ganz einfach. Die Internetseite von Technocracy Inc. stellt eine Energie-Zuteilungskarte aus Plastik in etwa der Größe einer Kreditkarte vor mit einem Mikrochip für alle erforderlichen Informationen über die betreffende Einzelperson im Hinblick auf Energiezuteilung und -verbrauch.[185]

Mit Leichtigkeit könnte man auf diesem Mikrochip umfassende Informationen sammeln über jeden Aspekt des Privatlebens der Einzelperson, auf die diese Karte ausgestellt ist. Unter einer technokratischen Herrschaft würde genau das geschehen. Patrick Wood schreibt: „[Die Energie-Zuteilungskarte] dient als universaler Personalausweis und enthält einen Mikrochip. Das spiegelt die Philosophie der Technokratie wider, dass jede Person in der Gesellschaft minutiös überwacht werden und Nachweise liefern muss, um zu verfolgen, welche Energie jeder verbraucht und was jeder zur Herstellung beiträgt."[186] In seinem Klassiker *1984* fing George Orwell den Geist der umfassenden Beobachtung und Überwachung der Technokratie ein in dem Slogan *„Big Brother is watching you"* – „Der ‚Große Bruder' überwacht dich". Vor 50 Jahren war das ein Science-Fiction-Albtraum; heute wird das immer schneller Wirklichkeit.

Ob die Menschheit des Planeten Erde sich wirklich der Herrschaft der Technokraten unterwirft, wird die Zukunft zeigen. Der Gang der Dinge ist in einigen Bereichen bereits so weit fortgeschritten, dass manche glauben, es gebe kein Zurück. Doch was die Zukunft auch immer bringt, eines ist sicher: Trotz all ihrer hochtrabenden Ziele und Absichten zur Verbesserung der Menschheit ist die Technokratie schlicht und einfach ein weiteres falsches Königreich, das versucht, die Vorteile und Segnungen des Reiches Gottes auf der Erde zustande zu bringen *ohne* die Unannehmlichkeit, vor Gott Rechenschaft ablegen zu müssen. Und wie jedes andere falsche Königreich wird auch die Technokratie scheitern, sollte sie je aufgerichtet werden. Gottes Reich aber wird nie scheitern. Es besteht von Ewigkeit zu Ewigkeit.

Das Video zu diesem Kapitel (Englisch):
http://youtu.be/l3a15q7UbiM

Kapitel 8

Mangelhafte Auffassungen über die Kirche

Einfluss ist ein Ergebnis unserer Liebe zu Gott
und unseres Gehorsams ihm gegenüber –
und nicht ein Ziel, das es zu erreichen gilt.
Einfluss ist ein Ergebnis davon, dass man Menschen dient,
in allen Aspekten der Kultur.
Er ist die Frucht unseres Gehorsams.

Os Hillman

Im Denken der alten Israeliten waren die Verheißungen Gottes eng verknüpft mit dem Land. Sie verstanden Gottes Verheißungen – Segen bei Gehorsam, Fluch bei Ungehorsam – sehr konkret: als Faktoren für ihre Sicherheit und ihr Wohlergehen im Land Kanaan, das sie, das auserwählte Gottesvolk, zum Erbe bekommen hatten. Wenn sie Gott gehorchten, dann ging es ihnen gut; Ungehorsam gegen Gottes Gebote brachte Gericht und Katastrophe. Das „Königreich Israel" im Norden bestand aus den zehn Stämmen, die sich nach dem Tode König Salomos abgespaltet hatten; das Nordreich wurde Ende des 8. Jahrhunderts v. Chr. erobert und dem assyrischen Weltreich einverleibt. Das Königreich Juda im Süden mit den beiden Stämmen Juda und Benjamin, die dem Haus Davids die Treue hielten, überlebte ein gutes Jahrhundert; aber Anfang des 6. Jahrhunderts fiel auch Juda, nun an das babylonische Weltreich (die Babylonier hatten das assyrische Reich erobert und waren Nachfolger der Assyrer).

Siebzig Jahre später wurde Babylon von den Persern erobert. Kyrus I. von Persien erlaubte den exilierten Juden des ehemaligen Südreichs, in ihre Heimat zurückzukehren, die niedergebrannte und zerfallene Mauer Jerusalems zu reparieren und den Tempel wiederaufzubauen, den die Babylonier zerstört hatten. Abgesehen von einer kurzen Phase der Unabhängigkeit unter der Führung der Makkabäerfamilie im 2. Jahrhundert v. Chr. kamen die Juden erst 1948 wieder in den Besitz ihres Erblandes; erst seitdem sind sie wieder ein völlig freies Volk, ist Israel wieder ein unabhängiger Staat. Angesichts ihrer Geschichte, insbesondere weil sie jahrtausendelang keinen eigenen Staat hatten, überdachten die Juden sowohl ihr Verständnis der Verheißungen Gottes als auch ihre Erwartungen, wie diese Verheißungen erfüllt werden würden. Ihre Hoffnungen richteten sich immer mehr auf einen Messias, der erscheinen und sie politisch und militärisch von ihren Feinden befreien und den früheren Status und die Herrlichkeit Israels wiederherstellen würde. „Reich Gottes" verstanden sie sehr wörtlich, irdisch.

Die hebräischen Propheten – Jesaja, Jeremia, Hesekiel, Daniel, Maleachi und andere – prophezeiten alle den Messias, der kommen würde. Nach dem Tod Maleachis trat die biblische Geschichte ein in „das große Schweigen", wie Theologen die 400 Jahre nennen, während deren in Israel keine prophetische Stimme mehr vernommen wurde. Die politische Herrschaft über das Gebiet des alten Israel wechselte in dieser Zeit von den Persern zu den Griechen, dann kurz zur Unabhängigkeit der Juden unter den Makkabäern und fiel dann an Rom. Die römische Herrschaft sorgte mit ihrer militärischen Macht für politische Stabilität; aber dicht unter der Oberfläche brodelte weiterhin geistliche und politische Unruhe. Gelegentlich flammte diese Unzufriedenheit auf in lokalen Aufständen, die aber von den römischen Legionären brutal niedergeschlagen wurden. Im Verlaufe des „großen Schweigens", während dessen keine Propheten des Herrn auftraten, wurde die Hoffnung der Juden auf ihren kommenden Messias und ihre Begeisterung für ihn gedämpft; ihre geistlichen Sinne stumpften ab.

Um das Jahr 26 n. Chr. erscholl plötzlich erstmals seit 400 Jahren die Stimme eines Propheten in der Wüste. Tausende von Menschen strömten aufs Land, um diese Merkwürdigkeit mit eigenen Augen zu sehen:

Johannes der Täufer war in der Wüste und predigte die Taufe der Buße zur Vergebung der Sünden. Und es ging zu ihm hinaus das ganze jüdische Land und alle Leute von Jerusalem und ließen sich von ihm taufen im Jordan und bekannten ihre Sünden. Johannes aber trug ein Gewand aus Kamelhaaren und einen ledernen Gürtel um seine Lenden und aß Heuschrecken und wilden Honig und predigte und sprach: Es kommt einer nach mir, der ist stärker als ich; und ich bin nicht wert, dass ich mich vor ihm bücke und die Riemen seiner Schuhe löse. Ich taufe euch mit Wasser; aber er wird euch mit dem Heiligen Geist taufen.

Markus 1,4–8

Johannes der Täufer war der Wegbereiter, der Prophet, der das Kommen des Messias ankündigte, wie es Jesaja Jahrhunderte zuvor prophezeit hatte:

Wie geschrieben steht im Propheten Jesaja: „Siehe, ich sende meinen Boten vor dir her, der deinen Weg bereiten soll." „Es ist eine Stimme eines Predigers in der Wüste: Bereitet den Weg des Herrn, macht seine Steige eben!"

Markus 1,2–3

Die Botschaft von Johannes war einfach und klar: „Kehrt um! Denn das Himmelreich ist nahe" (Matthäus 3,2 NGÜ). Viele der Zuhörer von Johannes waren bewegt von der Wahrheit und Kraft seiner Worte und taten genau das: Sie bekannten ihre Sünden und wurden getauft als öffentliches Zeugnis ihrer Umkehr. Eines Tages sah Johannes in der Reihe derjenigen, die auf die Taufe warteten, genau den stehen, dessen Kommen er angekündigt hatte: Jesus von Nazareth. Johannes protestierte: Er sei es, der von Jesus getauft werden müsse, nicht umgekehrt. Nichtsdestotrotz entsprach Johannes der Bitte Jesu und taufte ihn.

Nach seiner Taufe verbrachte Jesus 40 Tage allein in der Wüste; die Bibel sagt, dass er dort vom Teufel versucht wurde. Diese beiden Ereignisse, seine Taufe und sein Rückzug in die Wüste, markieren den Beginn seines öffentlichen Wirkens; gleichzeitig markieren sie den Anfang vom Ende des Wirkens von Johannes. Er sagte selbst: „Er muss wachsen, ich aber muss abnehmen" (Johannes 3,30) – und kurz darauf wurde Johannes ins Gefängnis geworfen. Das war das Ende einer Mission und der Anfang einer neuen Mission.

Gleich zu Beginn seines Wirkens war die Botschaft Jesu der Botschaft von Johannes sehr ähnlich:

> *Nachdem aber Johannes gefangen gesetzt war, kam Jesus nach Galiläa und predigte das Evangelium Gottes und sprach: Die Zeit ist erfüllt und das Reich Gottes ist herbeigekommen. Tut Buße und glaubt an das Evangelium!*
>
> Markus 1,14-15

Sowohl Jesus als auch Johannes verkündigten, dass das Reich Gottes (oder das Himmelreich) nah war, und beide forderten die Leute auf, Buße zu tun, also umzukehren (sich von ihren Sünden ab- und Gott zuzuwenden). Jesus jedoch gebrauchte eine Wendung, die bei Johannes fehlt. Jesus sagte: „Die Zeit ist erfüllt." Welche Zeit war erfüllt? Der Kontext legt sehr stark nahe, dass Jesus von der Zeit sprach, in der das Reich Gottes nahe sein sollte. Die Zeit, auf die das ganze Gesetz und alle Propheten seit Jahrhunderten hingewiesen hatten, stand nun kurz bevor, ja, sie war erfüllt. Mit der Ankunft Jesu war das Reich Gottes auf sehr reale Weise bei den Menschen angekommen.

Das griechische Wort für „erfüllt" in Markus 1,15 lautet *pleroo*. Das Neue Testament gebraucht dieses Wort sowohl im räumlichen als auch im bildlichen Sinne, aber meistens verweist es metaphorisch auf die „Erfüllung der Schriften und die eschatologische Zeit" (Endzeit). In diesem speziellen Fall im Markusevangelium spricht *pleroo* „von Jesu Einläuten des eschatologischen Zeitalters der Reich-Gottes-Erwartung Israels".[187] Bei diesem und anderen Vorkommen von *pleroo* in einem eschatologischen Kontext ist dieses Wort zu verstehen als Verweis auf Jesus als „den, auf den das gesamte [Alte Testament] verweist und nach dem sich Israel sehnt".[188]

Jesus verbindet diese Erfüllung ganz klar mit der Ankunft des Reiches Gottes: „Die Zeit ist erfüllt *und* das Reich Gottes ist [nah]." Die gesamte Heilige Schrift und sogar die gesamte Menschheitsgeschichte haben auf dieses eine Ereignis hingewiesen: die Ankunft Jesu Christi, des Sohnes Gottes, auf Erden. Und als er ankam, brachte er das Reich Gottes mit sich.

*Doch welche **Art** von Reich?*

Über diese Frage wird im Volk Gottes seit Jahrhunderten debattiert: Welche Art von Reich hat Christus gebracht? Welche Charakteristika hat es? Wie ist es beschaffen? Wie können wir es erkennen, wenn es da ist? Ist das Reich Gottes ein geografischer Bereich auf Erden, ähnlich den Reichen der Menschen? Oder ist das Reich Gottes ein geistliches Reich, das mit den Augen nicht gesehen werden kann, auf der Landkarte nicht zu finden ist?

Die Juden zur Zeit Jesu erwarteten ein „greifbares" politisches Reich mit großer Macht wie in den herrlichen Tagen unter David und Salomo. Sie suchten nach einem militärischen Messias, einem General, der sie zum Sieg über die Römer führen und die Besatzer für immer verjagen würde. Sie träumten von dem Tag, an dem sie wieder im Land ihres Erbes wohnen würden, und zwar als ein freies Volk unter der gerechten und wohlwollenden Herrschaft des Gottes, der sie zu seinem Eigentumsvolk erwählt hatte.

Zunächst dachten viele Juden damals, Jesus von Nazareth wäre der Mann, der ihre Träume und Erwartungen Wirklichkeit werden lassen könnte. Immerhin war Jesus jung, dynamisch, beliebt und ein hervorragender Redner. Wo immer er hinkam, zog er die Leute an wie der Nektar die Bienen. Sie waren gefesselt von seinen Geschichten, begeistert über seine Lehre und erstaunt ob der Autorität, mit der er sprach.

Und dann seine Wunder: Er heilte die Kranken, gab den Blinden das Augenlicht, öffnete die Ohren der Tauben und den Mund der Stummen, und er weckte die Toten auf. Noch nie hatten sie jemanden wie ihn gesehen. Jesus war tatsächlich so beliebt, dass bei einer Gelegenheit Folgendes passierte: Er hatte mit fünf Broten und zwei Fischen fünftausend Menschen satt gemacht; danach wollten sie in der Begeisterung des Augenblicks ihn sofort zum König machen – doch bevor sie ihren Impuls in die Tat umsetzen konnten, zog sich Jesus von ihnen zurück und ging allein fort (Johannes 6,1–15).

Warum tat er das? Er hatte gepredigt, dass das Reich Gottes nah war und dass die gesamte Schrift, das ganze Gesetz und die Propheten auf ihn hinwiesen und in ihm erfüllt waren. Wenn er der König *war*, warum erlaubte er den Menschen dann nicht, ihn zum König zu erklären? Zum einen, weil das zur Katastrophe geführt hätte: Die Römer hätten so eine Handlung als Hochverrat betrachtet und wären mit brutaler Gewalt dagegen vorgegangen.

Doch es gab noch einen anderen, wichtigeren Grund, warum Jesus nicht zuließ, dass sie ihn zum König über sich setzten: *Sein Verständnis von Wesen und Zweck des Reiches Gottes unterschied sich von dem ihren*. Sie wollten, dass er ihnen *politische* Freiheit brachte; er war gekommen, um ihnen *geistliche* Freiheit zu bringen. Sie wollten, dass er sie befreite aus der Versklavung unter die Römer; er war gekommen, um sie zu befreien von der Versklavung an die Sünde und den Tod. Sie wollten einen militärischen Führer, der sie auf dem Schlachtfeld zum Sieg führen würde; er war gekommen als ein Diener, ein Knecht, der dazu bestimmt war, an einem Kreuz den Verbrechertod zu sterben. Jesus war tatsächlich ein König, und er hat den Sieg gebracht – aber ganz anders, als sie es erwarteten.

Gleich am Anfang seines öffentlichen Wirkens äußerte sich Jesus eindeutig über das Wesen des Reiches Gottes, dessen Ankunft er verkündigte. Die ersten aufgezeichneten öffentlichen Worte Jesu, die Lukas in seinem Evangelium berichtet, befassten sich genau damit:

> *Und Jesus kam in der Kraft des Geistes wieder nach Galiläa und die Kunde von ihm erscholl durch alle umliegenden Orte. Und er lehrte in ihren Synagogen und wurde von jedermann gepriesen. Und er kam nach Nazareth, wo er aufgewachsen war, und ging nach seiner Gewohnheit am Sabbat in die Synagoge und stand auf und wollte lesen. Da wurde ihm das Buch des Propheten Jesaja gereicht. Und als er das Buch auftat, fand er die Stelle, wo geschrieben steht (Jesaja 61,1–2): „Der Geist des Herrn ist auf mir, weil er mich gesalbt hat, zu verkündigen das Evangelium den Armen; er hat mich gesandt, zu predigen den Gefangenen, dass sie frei sein sollen, und den Blinden, dass sie sehen sollen, und den Zerschlagenen, dass sie frei und ledig sein sollen, zu verkündigen das Gnadenjahr des Herrn." Und als er das Buch zutat, gab er's dem Diener und setzte sich. Und aller Augen in der Synagoge sahen auf ihn. Und er fing an, zu ihnen zu reden: Heute ist dieses Wort der Schrift erfüllt vor euren Ohren.*
>
> Lukas 4,14–21

Im Gegensatz zu den Erwartungen der Menschen handelte es sich bei dem Gottesreich, von dem Jesus sprach, nicht um einen geografischen, politischen Bereich mit militärischer und politischer Macht, die den Unterdrücker stürzen würde, sondern um etwas radikal anderes – um etwas von noch größerer Macht und noch größerem Einfluss. Jesus beschrieb das Reich Gottes so: Den Armen wird das Evangelium verkündigt, Menschen mit zerbrochenem Herzen werden geheilt, die Gefangenen und Unterdrückten werden befreit, den Blinden wird das Augenlicht zurückgegeben und „das angenehme Jahr des Herrn" (SLT) wird ausgerufen. Hier findet sich nichts von militärischer Eroberung oder politischer Reform; es dreht sich alles um geistliche und moralische Erneuerung.

Diese Beschreibung des Reiches Gottes rundet Jesus ab mit den Worten: „Heute ist dieses Wort der Schrift erfüllt vor euren Ohren." Hier haben wir wieder unser griechisches Wort *pleroo*. – *Dieses* Reich, das Reich der geistlichen und moralischen Umgestaltung, hat sich „erfüllt" (*pleroo*) im Kommen Christi – und nicht ein geografisches, politisches Reich, das auf menschlicher Stärke und Macht beruhen würde.

Dem Evangelisten Johannes zufolge löste Jesu Wunder der Speisung der Fünftausend eine Diskussion aus, die seine Jünger an einen kritischen Punkt führte. Nachdem Jesus dem Impuls der Leute, ihn zum König zu machen, widerstanden und sich auf einen Berg zurückgezogen hatte, um allein zu sein, stiegen seine zwölf Jünger in ein Boot und machten sich auf den Weg über den See Genezareth nach Kapernaum. Mitten in der Nacht kam Jesus auf dem Wasser und stieg zu ihnen ins Boot. Am nächsten Tag erkannten viele aus der Menge, die die wundersame Speisung miterlebt hatten, dass Jesus und seine Jünger weg waren, und gingen ebenfalls nach Kapernaum, um ihn zu suchen. Kapernaum war die Ausgangsbasis für Jesu öffentliches Wirken, also war es für sie ganz logisch, dass er dort sein müsste. Als sie ihn fanden, fragten sie ihn, wie er dorthin gekommen war, da sie wussten, dass er nicht mit im Boot gewesen war, als seine Jünger ablegten.

Jesus beantwortet ihre Frage nicht direkt, sondern kommt zum Kern der Sache und redet über das Wesen des Reiches Gottes. Das Wort „Reich" nimmt er dabei allerdings nicht in den Mund, sondern führt die Lektion des ersten Wunders vom Vortag aus, das mit dem Fisch und Brot: Anhand des Brotes beschreibt er nicht nur, welcher Art das Reich seines Vaters sei, sondern auch seinen Auftrag auf Erden. Zunächst attackiert er die Oberflächlichkeit ihrer eigenen Motivation, ihm zu folgen:

> *Jesus antwortete ihnen und sprach: Wahrlich, wahrlich, ich sage euch: Ihr sucht mich nicht, weil ihr Zeichen gesehen habt, sondern weil ihr von dem Brot gegessen habt und satt geworden seid. Schafft euch Speise, die nicht vergänglich ist, sondern die bleibt zum ewigen Leben. Die wird euch der Menschensohn geben; denn auf dem ist das Siegel Gottes des Vaters. Da fragten sie ihn: Was sollen wir tun, dass wir Gottes Werke wirken? Jesus antwortete und sprach zu ihnen: Das ist Gottes Werk, dass ihr an den glaubt, den er gesandt hat.*
>
> Johannes 6,26–29

Jesus erkannte, dass die meisten, die ihm nach Kapernaum gefolgt waren, nicht wirklich daran interessiert waren, wer er war oder was er zu sagen hatte. Sie hatten ihren Bauch gefüllt mit dem Brot und Fisch, den Jesus einen Tag zuvor auf wundersame Weise vermehrt hatte, und waren nun hier in der Hoffnung, eine weitere kostenlose Mahlzeit zu ergattern. Doch statt ihnen entgegenzukommen, fordert Jesus sie auf, über ihren körperlichen Hunger hinauszusehen und sich ihrem geistlichen Hunger zu stellen: „Schafft euch Speise, die nicht vergänglich ist, sondern die bleibt zum ewigen Leben." Sie sollten verstehen: Er hatte sie mit natürlichem Essen versorgt, aber er konnte sie auch mit geistlicher Speise versorgen, und die würde ihre Seelen für immer sättigen. Und wenn er ewige, geistliche Nahrung bereitstellen würde für alle, die an ihn glauben, dann könnte und würde er sich gewiss auch um ihre leiblichen Bedürfnisse kümmern.

> *Darum sollt ihr nicht sorgen und sagen: Was werden wir essen? Was werden wir trinken? Womit werden wir uns kleiden? Nach dem allen trachten die Heiden. Denn euer himmlischer Vater weiß, dass ihr all dessen bedürft. Trachtet zuerst nach dem Reich Gottes und nach seiner Gerechtigkeit, so wird euch das alles zufallen.*
>
> Matthäus 6,31–33

In dieser Stelle aus der Bergpredigt weist Jesus deutlich darauf hin, dass der *primäre* Fokus des Reiches Gottes auf *geistlichen* Realitäten liegt, nicht auf natürlichen. Allen aber, die sich zuerst nach Gottes Reich und Gerechtigkeit sehnen, verspricht er, dass Gott sich auch um alles andere kümmert.

Die Menge, die zu Jesus nach Kapernaum kam am Tag, nachdem er sie auf wundersame Weise gespeist hatte, wollte mehr Brot und Fisch; sie dachten mehr an das Natürliche als an das Geistliche. Als sie verstanden hatten, dass es Jesus aber um mehr ging als um das irdische Brot und dass er wollte, dass sie über ihre Beziehung zu Gott nachdachten, fragten sie folgerichtig: „Was sollen wir tun, dass wir Gottes Werke wirken?"

In dieser Frage können wir sehen, dass Jesus und die Menschenmenge vom Reich Gottes zwei ganz unterschiedliche Sichtweisen hatten – Jesus hatte die geistliche, die Menge die natürliche Sicht: Sie wollten herausfinden, was sie *tun* mussten, um die Werke Gottes zu wirken (also vor ihm gut dazustehen); Jesus aber wollte ihnen das „Brot" des ewigen Lebens *geben*. Deshalb antwortete Jesus, das Werk Gottes, das sie tun müssten, bestehe darin, an ihn (Jesus) zu glauben, den Gott gesandt habe.

Das löste die nächste Frage aus, eine erstaunliche Frage: „Was tust du für ein Zeichen, damit wir sehen und dir glauben? Was für ein Werk tust du?" (Als ob die Speisung der Fünftausend mit fünf Broten und zwei Fischen nicht ausgereicht hätte!) Diese Frage zeigt, dass sie eine falsche Vorstellung vom Reich Gottes hatten. Vielleicht verehrten sie Jesus und waren sogar erstaunt über seine wundersamen Kräfte und autoritative Lehre, aber in ihren Augen war zu lehren, Hungrige zu speisen und Kranke zu heilen nicht das Werk des Messias. Der Messias musste ein politischer und militärischer Führer sein, und sie konnten es kaum erwarten: Wann endlich würde er zur Sache kommen und sich erklären? Sie wollten, dass er etwas *tat*, politisch oder militärisch – irgendetwas, und sie hätten sich geschlossen hinter ihn gestellt. Kurzum: Sie wollten einen wie Mose, der dem Pharao entgegentrat und ihn besiegte; das wird deutlich durch den Nachsatz, dass ihre Vorfahren in der Wüste nach dem Auszug aus Ägypten Manna gegessen hatten.

Jesus begriff, was sie damit sagen wollten: Wenn er der wahre Befreier wäre, wie Mose es war, dann sollte er in der Lage sein, wie Mose kontinuierlich Brot zu beschaffen. Jesus wies sie unverzüglich auf ihren Denkfehler hin:

> *Da sprach Jesus zu ihnen: Wahrlich, wahrlich, ich sage euch: Nicht Mose hat euch das Brot vom Himmel gegeben, sondern mein Vater gibt euch das wahre Brot vom Himmel. Denn Gottes Brot ist das, das vom Himmel kommt und gibt der Welt das Leben. Da sprachen sie zu*

> *ihm: Herr, gib uns allezeit solches Brot. Jesus aber sprach zu ihnen: Ich bin das Brot des Lebens. Wer zu mir kommt, den wird nicht hungern; und wer an mich glaubt, den wird nimmermehr dürsten.*
>
> Johannes 6,32-35

Es war nicht Mose, sondern Gott, der in der Wüste das Manna bereitstellte, damit die Israeliten zu essen hatten. Jesus versuchte immer noch, sie dazu zu bringen, dass sie nicht mehr mit ihrem Bauch dachten und irdisches Brot suchten, sondern begannen, geistlich zu denken und „das wahre Brot vom Himmel" zu verlangen. Auch gab er ihnen einen ziemlich offensichtlichen Hinweis im Blick auf das Wesen dieses Brotes vom Himmel: „Gottes Brot ist das, das vom Himmel kommt und gibt der Welt das Leben." Als sie das anscheinend immer noch nicht verstanden – ihre Bitte, er möge ihnen „immer" dieses Brot geben, zeigt, dass sie immer noch an natürliches Brot dachten –, sagt Jesus ausdrücklich: „*Ich* bin das Brot des Lebens." Endlich erklärt er sich; aber nicht so, wie sie es erwartet hatten.

Dann stellt Jesus klar:

> *Denn ich bin vom Himmel gekommen, nicht damit ich meinen Willen tue, sondern den Willen dessen, der mich gesandt hat. Das ist aber der Wille dessen, der mich gesandt hat, dass ich nichts verliere von allem, was er mir gegeben hat, sondern dass ich's auferwecke am Jüngsten Tage. Denn das ist der Wille meines Vaters, dass, wer den Sohn sieht und glaubt an ihn, das ewige Leben habe; und ich werde ihn auferwecken am Jüngsten Tage.*
>
> Johannes 6,38-40

Je mehr Jesus über sich als das „Brot des Lebens" sprach, umso enttäuschter waren seine Zuhörer. Ihr Denken war so sehr fixiert auf die Idee eines politischen, militärischen und nationalen Messias, dass sie den Paradigmenwechsel zu dem geistlichen Bezugsrahmen, aus dem Jesus sprach, nicht vollziehen konnten oder wollten. Hier ging es um zwei gegensätzliche Auffassungen vom Reich Gottes. Als Jesus die Analogie mit dem Brot einen Schritt weiterführte, begann die Situation sich zuzuspitzen:

> *Ich bin das Brot des Lebens. Eure Väter haben in der Wüste das Manna gegessen und sind gestorben. Dies ist das Brot, das vom Him-*

> *mel kommt, damit, wer davon isst, nicht sterbe. Ich bin das lebendige Brot, das vom Himmel gekommen ist. Wer von diesem Brot isst, der wird leben in Ewigkeit. Und dieses Brot ist mein Fleisch, das ich geben werde für das Leben der Welt. ...*
>
> *Jesus sprach zu ihnen: Wahrlich, wahrlich, ich sage euch: Wenn ihr nicht das Fleisch des Menschensohns esst und sein Blut trinkt, so habt ihr kein Leben in euch. Wer mein Fleisch isst und mein Blut trinkt, der hat das ewige Leben, und ich werde ihn am Jüngsten Tage auferwecken. Denn mein Fleisch ist die wahre Speise, und mein Blut ist der wahre Trank. ...*
>
> *Dies ist das Brot, das vom Himmel gekommen ist. Es ist nicht wie bei den Vätern, die gegessen haben und gestorben sind. Wer dies Brot isst, der wird leben in Ewigkeit.*
>
> Johannes 6,48–51.53–55.58

Mittlerweile waren viele der Zuhörer fast an ihre Grenze gekommen. Die kannibalistischen Obertöne seiner Metapher, dass sein Leib und sein Blut zu essen und zu trinken seien, konnten sie nicht gutheißen; eine derart grauenhafte Analogie beleidigte die frommen Gefühle selbstgerechter Juden. Daher beschwerten sie sich: „Das ist eine harte Rede; wer kann sie hören?" (Johannes 6,60).

Im Gegenzug schlug Jesus den letzten Nagel in den Sarg ihrer irregeleiteten messianischen Erwartungen im Hinblick auf ihn:

> *Da Jesus aber bei sich selbst merkte, dass seine Jünger darüber murrten, sprach er zu ihnen: Ärgert euch das? Wie, wenn ihr nun sehen werdet den Menschensohn auffahren dahin, wo er zuvor war? Der Geist ist's, der lebendig macht; das Fleisch ist nichts nütze. Die Worte, die ich zu euch geredet habe, die sind Geist und sind Leben. Aber es gibt einige unter euch, die glauben nicht. Denn Jesus wusste von Anfang an, wer die waren, die nicht glaubten, und wer ihn verraten würde. Und er sprach: Darum habe ich euch gesagt: Niemand kann zu mir kommen, es sei ihm denn vom Vater gegeben.*
>
> Johannes 6,61–65

Der Punkt der Krise war gekommen, und es war eine Krise des Glaubens. Alle falschen Illusionen im Blick darauf, wer er war und welcher Art das Reich war, das er auf Erden ins Dasein rufen wollte, hatte Jesus jetzt gründlich zertrümmert. Damit forderte er seine Nachfolger heraus, ihren Glauben anzugleichen an diese neue, wahre Vision vom Reich Gottes – an *seine* Vision. Viele von ihnen vermochten das nicht, der Unterschied war zu groß. Sie waren unfähig, ihre Lieblingsidee von einem politischen und nationalen Messias loszulassen, der sie befreien und Israel wiederherstellen würde, damit das Volk in alter Größe unter den Nationen der Erde seinen Platz einnehmen konnte; dass er ein ganz andersartiges Reich zu bringen gekommen war, diesen Gedankensprung konnten oder wollten sie schlicht und einfach nicht wagen. Entsprechend schreibt Johannes: „Von da an wandten sich viele seiner Jünger ab und gingen hinfort nicht mehr mit ihm" (Johannes 6,66).

Doch nicht alle verließen Jesus:

> *Da fragte Jesus die Zwölf: Wollt ihr auch weggehen? Da antwortete ihm Simon Petrus: Herr, wohin sollen wir gehen? Du hast Worte des ewigen Lebens; und wir haben geglaubt und erkannt: Du bist der Heilige Gottes.*
>
> Johannes 6,67–69

Wie so oft war Petrus das Sprachrohr der anderen Jünger und bestätigte Jesus, ihren Anführer, als den Sohn Gottes und Messias. Diese Einsicht in Jesu wahres Wesen war Petrus nicht durch eigene intellektuelle Überlegungen zugewachsen, sondern sie war eine Offenbarung von Gott (Matthäus 16,13–17). Trotz dieses geistlichen Urteilsvermögens hatten Petrus und die anderen Jünger immer noch Probleme, Jesu Lehre über das Reich Gottes zu verstehen. Sie klammerten sich an die verlockende Vorstellung, schon bald würde Jesus im Land ein neues jüdisches Reich errichten und die frühere Herrlichkeit des Volkes Israel wiederherstellen. Mit diesem Gedanken liebäugelten sie auch noch nach der Auferstehung Jesu, bis dieser ihn ablöste durch eine größere Vision:

> *Die nun zusammengekommen waren, fragten ihn und sprachen: Herr, wirst du in dieser Zeit wieder aufrichten das Reich für Israel? Er sprach aber zu ihnen: Es gebührt euch nicht, Zeit oder Stunde zu wissen, die der Vater in seiner Macht bestimmt hat; aber ihr werdet die Kraft des Heiligen Geistes empfangen, der auf euch kommen wird, und werdet*

> *meine Zeugen sein in Jerusalem und in ganz Judäa und Samarien und bis an das Ende der Erde. Und als er das gesagt hatte, wurde er zusehends aufgehoben, und eine Wolke nahm ihn auf vor ihren Augen weg.*
>
> Apostelgeschichte 1,6–9

Nach dieser ganzen Zeit, nachdem sie drei Jahre mit Jesus umhergezogen waren, nachdem sie ihn in Aktion erlebt und seiner Lehre zugehört hatten, nach all den Jahren konzipierten die Jünger das Reich Gottes immer noch nach den engen Begriffen des Volkes Israel. Jesus offenbarte hingegen, dass das Reich seines Vaters viel breiter angelegt war, dass es sich auf jede Volksgruppe und jedes Land auf Erden erstrecken sollte. Vermutlich dauerte es bis zur Himmelfahrt Jesu, bis die Jünger schließlich akzeptierten, dass es kein neues unabhängiges jüdisches Reich geben würde, zumindest nicht sofort.

Zehn Tage später, am Pfingsttag, kam der Heilige Geist auf die 120 Nachfolger Jesu, die in einem Obergemach zusammengekommen waren. Danach gingen sie auf die Straßen Jerusalems und predigten die Gute Nachricht von Jesus Christus und seinem Reich allen, die zuhörten. Und zwar predigten sie das ewige geistliche Reich, nicht den zeitlichen politischen Staat, auf den sie gehofft und den sie so lange erwartet hatten. Für den Rest ihres Lebens trugen die Jünger diese Botschaft treu bis in die entlegensten Gebiete des Römischen Reiches und manche, glaubt man der Tradition, noch darüber hinaus.[189]

Warum schreibe ich so ausführlich über die Auffassung Jesu vom Reich Gottes? Ich verfolge damit zwei Absichten. Erstens: Ich möchte ganz deutlich sagen, dass Jesus von Anfang an von einem geistlichen, ewigen und weltweiten Reich sprach und *nicht* von einem geografischen, politischen Reich, das auf eine ethnische oder religiöse Gruppe beschränkt gewesen wäre. Er predigte ein Reich *Gottes*, kein Reich der Menschen. Zweitens möchte ich darauf hinweisen: Die meisten Menschen, auch seine engsten Nachfolger (und die kannten ihn besser als alle anderen), hatten Mühe zu verstehen, was er meinte, und neigten dazu, es falsch zu verstehen – und das trotz der vielen Zeit und Kraft, die Jesus darauf gewandt hatte, über das Reich Gottes zu reden.

Das Verlangen nach Freiheit brannte im Herzen aller rechten Juden. Immerhin waren sie Gottes auserwähltes Volk; Gott selber hatte ihnen das Land gegeben, in dem sie wohnten. Sie schauten mit Stolz zurück auf Israels herrliche Zeiten unter den Königen David und Salomo, als ihr Land das mächtigste in der Region war, von niemandem übertroffen, und sie sehnten sich nach der Wiederherstellung der früheren Herrlichkeit. Seit über 400 Jahren waren sie ein unterworfenes Volk, Vasallen mehrerer fremder Mächte, und ihr Land war besetztes Gebiet. Wohin sie sich auch wandten, sahen sie die harte, drückende Hand Roms. Leute mit einer Ader für Geschichte sahen zweifellos eine Parallele zwischen den Umständen damals und den Umständen der alten Israeliten, die 400 Jahre lang unter dem erdrückenden Joch der Sklaverei in Ägypten gelitten hatten. Und wie ihre Vorfahren vor langer Zeit beteten auch die Juden im ersten Jahrhundert zu Gott um eine Wende ihres Schicksals und warteten auf einen Befreier. „Mose befreite unsere Vorfahren", sagten sie, „aber wer befreit uns?"

Diese Frage stellten sie seit Jahrhunderten, und nachdem ein stummes Jahrzehnt nach dem anderen verging ohne Antwort von Gott, begannen sie, die Hoffnung zu verlieren. Aber jetzt erschien Jesus auf der Bildfläche, aber enttäuschte ihre Erwartungen – oder besser gesagt: Er rückte ihre Erwartungen *zurecht*! Die ganze Schrift verweist auf Jesus Christus und findet in ihm ihre Erfüllung. Er erläuterte das wahre Wesen des Reiches Gottes, aber die meisten seiner Zuhörer waren unwillig oder unfähig, seine Definition zu akzeptieren. Sie suchten weiter nach einem irdischen Reich mit einem irdischen König, der all ihr irdisches Sehnen nach Freiheit, Frieden und Wohlstand im Lande ihrer Vorfahren stillen würde.

Seitdem hat sich wenig geändert. Seit zweitausend Jahren haben Menschen das Reich Gottes missverstanden, oft mit tragischen Folgen. Auch wenn es lange dauerte: Schließlich verstanden Jesu zwölf Apostel (inklusive Matthias, der laut Apostelgeschichte 1,15–26 die Stelle des Judas einnahm) die Botschaft und verkündigten das Evangelium von Christus und seinem Reich so, wie er es sie gelehrt hatte. Auch wenn der apostolische Glaube und die Lehre der Apostel fast sofort herausgefordert wurden, sogar in den eigenen Reihen, in der Kirche, predigte und pflegte die Kirche insgesamt in den ersten 300 Jahren ihrer Existenz doch ein solides Verständnis vom *geistlichen* Wesen des Reiches Gottes. Das ist ein Grund, warum die alte Kirche einen so großen Einfluss auf ihre Welt ausübte, viel größer und bedeutsamer, als es ihre numerische Größe nahelegen würde.

Meines Erachtens gab es mindestens zwei Gründe, warum die Kirche als Ganzes in der Lage war, in den ersten drei Jahrhunderten so wirksam bei der Botschaft zu bleiben. Ein Grund war die Führung des Heiligen Geistes, der sie an alles erinnerte, was Jesus sie gelehrt hatte; er führte sie zur Erkenntnis aller Wahrheit (Johannes 16,13) und gab ihnen die Kraft zur Evangelisation und zum Dienst (Apostelgeschichte 1,8). Der zweite Grund, warum die ersten Christen eine so klare Ausrichtung auf die Botschaft behielten und auf den Auftrag, den Christus ihnen erteilt hatte: Sie waren eine verfolgte Minderheit. Sie standen täglich im Überlebenskampf; sie konnten sich keine Ablenkung leisten. Offiziell gesetzwidrig in den Augen Roms, erduldete die Kirche immer wieder Verfolgung durch den Staat. Verfolgung hatte den doppelten Effekt der Reinigung von den Falschen und der „Beschneidung" der Treuen. Seichte oder falsche Gläubige fielen unter dem Druck der Verfolgung schnell ab, während wahre und gut verwurzelte Gläubige im Glauben wuchsen und stark wurden. Zwar gab es auch in dieser Zeit interne Fragen und theologisch-dogmatische Differenzen, inklusive unterschiedlicher Auffassungen von der Natur Christi und der des Reiches Gottes; doch rückten sie (angesichts der unmittelbaren Gefahr von außen) oft in den Hintergrund.

Wir sahen bereits, dass die Krönung Konstantins zum Kaiser im ersten Viertel des 4. Jahrhunderts n. Chr. das Schicksal und die Zukunft der Kirche tiefgreifend veränderte. Die Verfolgung durch den Staat endete, als Konstantin dem Christentum einen Rechtsstatus gewährte; gegen Ende des Jahrhunderts war das Christentum die offizielle Staatsreligion. Diese Entwicklung erwies sich als zweifelhafter Segen: Einerseits befreite das Ende der staatlichen Verfolgung die Kirche zu neuem Wachstum und dazu, ihrem Auftrag nachzukommen ohne Angst vor Repressionen durch den Staat. Andererseits hatte die Abwesenheit eben jener Repressionen zur Folge, dass nun die internen Angelegenheiten der Kirche in den Vordergrund rückten, und es dauerte nicht lange, bis verschiedene Gruppen und Sekten der Kirche sich gegenseitig bekämpften.

Einer der größten Streitpunkte betraf die Natur Christi. Die orthodoxe trinitarische Auffassung, wie sie von den Aposteln überliefert war, vertrat die Ansicht, Jesus sei ganz Gott und ganz Mensch und habe gemeinsam mit Gott, dem Vater, von Ewigkeit her existiert (Johannes 1,1–14). Arius, Bischof in Alexandria in Ägypten und Zeitgenosse Konstantins, brachte die abweichende Ansicht vor, Christus, der Sohn Gottes, hätte nicht von Ewigkeit her gemeinsam mit Gott, dem Vater, existiert, sondern sei später von Gott erschaffen worden und daher von Gott, dem Vater, unterschieden und ihm untergeordnet. Dieser Glaube gewann schnell an Beliebtheit; viele Bischöfe und Gemeinden übernahmen die „arianische" Auffassung, so dass der Arianismus bald zur echten Bedrohung der orthodoxen apostolischen Lehre wurde. Rivalisierende Bischöfe wetterten gegeneinander und exkommunizierten einander sogar; oft kam es zu Gewalt zwischen Mitgliedern der beiden Lager. Schließlich wurde der Arianismus als Irrlehre verdammt, zunächst vom ersten Konzil zu Nicäa (325 n. Chr); diese Entscheidung wurde 56 Jahre später bestätigt (1. Konzil zu Konstantinopel 381 n. Chr.). Aber der Kampf setzte sich noch lange fort.

Eine weitere Folge der Legalisierung des Christentums durch Konstantin war die Veränderung im Verhältnis von Staat und Kirche; und diese Veränderung war noch bedeutsamer, jedenfalls für unsere Untersuchung: Vor Konstantin war die Kirche eine Gegenkultur, eine prophetische Stimme, die oft gegen den Staat stand, aber immer zumindest in Spannung zu ihm. Unter Konstantin begann die Kirche, eine neue Rolle einzunehmen, die eines Verbündeten des Staates. Nun wurden die Handlungen und politischen Entscheidungen des Staates immer häufiger legitimiert dadurch, dass die Kirche sie offiziell guthieß. Mit der Zeit wurde diese angenehme Beziehung zwischen Kirche und Staat angesehen als Gottes Plan, durch den er sein Reich auf Erden entstehen lassen wollte. Das war das erste der vielen falschen Reich-Gottes-Konzepte, welche die Kirche im Verlaufe der Jahrhunderte von ihrem eigentlichen Auftrag abgebracht haben.

Nachdem die Kirche sich mit dem Staat verbündet hatte, war es nur noch ein kleiner philosophischer und funktionaler Schritt, bis Kirche und Staat *gleichgesetzt* wurden. Im gesamten Mittelalter, angefangen mit dem Fall Roms und des Westteils des Römischen Reiches Ende des 5. Jahrhunderts bis zum Anbruch der Renaissance tausend Jahre später, sahen die meisten zwischen Staat und Kirche kaum einen Unterschied, zumindest nicht im Blick auf den Alltag und auf die Forderungen, die beide stellten. Im Gegensatz zu Jesu Worten über die Unmöglichkeit, zwei Herren zu dienen,[190] erlebte das gemeine Volk sich im Grunde genau so: Es musste zwei Herren dienen – zwar nicht Gott und dem Mammon, aber der Kirche und der Krone, dem Staat. Die Krone hatte Macht über Leben und Tod der Untertanen; die Kirche genoss noch mehr Respekt, verbreitete noch mehr Angst, denn durch die Androhung der Exkommunikation beanspruchte sie die Autorität, Leib *und* Seele in die Hölle zu verdammen. Damit maßte sie sich eine Macht an, die allein Gott zukommt[191]; und so wurde die Kirche zu einem Machtwerkzeug statt zu einem Hort der Freiheit.

Noch vor Ende des ersten Jahrtausends war das ursprüngliche Verständnis vom Reich Gottes als einem geistlichen Bereich, geprägt von der Herrschaft Christi im Herzen und Leben der Gläubigen, verblasst und im Wesentlichen einem Konzept von „Christenheit“ gewichen, einem irdischen Reich, dem „christlichen Abendland“, dem „Teil der Welt, der von Christen beherrscht wird“.[192] Diese Vorstellung von einem christlichen Reich auf Erden lieferte viel Brennstoff für den militanten Eifer, der die institutionelle Kirche als Ganzes kennzeichnete, vor allem im Hochmittelalter. Diese Militanz wurde besonders sichtbar in den Kreuzzügen, als christliche Heere das Heilige Land von den Moslems zurückerobern wollten, um es für christliche Pilger und Siedler offenzuhalten und diese zu beschützen.

Die Verbindung von Staat und Kirche erzeugte ihre eigenen Spannungen: Mitunter wetteiferten Herrscher und kirchliche Amtsträger um die letztgültige Macht über Staatsangelegenheiten und das Leben der Menschen. Die Kirche wollte bestimmen über das ewige Los der Seelen, und das war ein mächtiger Anreiz selbst für die stärksten und ehrgeizigsten Herrscher, sich der Autorität der Kirche zu unterwerfen, zumindest äußerlich. Eine höchst bedeutsame Demonstration dieser Unterwerfung zeigt sich in der damals üblichen Praxis, dass die Krönungszeremonie in einer Kirche stattfand. Die Leitung hatte der Erzbischof; eigenhändig setzte er die Krone auf das Haupt des neuen Monarchen, der da vor ihm kniete – als sichtbares Zeichen, dass der Monarch anerkannte: Die geistliche Autorität „Kirche“ als Stellvertreter Christi auf Erden war ihm übergeordnet. Für viele Monarchen war dies eine aufrichtige Geste der Demut gegenüber Christus als dem Herrn aller Menschen (personifiziert in der Kirche und ihrer Leitung); für andere war es schlicht eine Sache der politischen

Zweckdienlichkeit. Waren die Monarchen einmal gekrönt und hatten sie den Segen der Kirche, dann konnten sie mehr oder weniger tun, was sie wollten, solange sie damit der Kirche nicht offen die Stirn boten oder die Autorität der Kirche untergruben.

Welch schädliche Folgen es hatte, wenn die Kirche (oder sonst eine religiöse Körperschaft) das Amt des Staatsoberhauptes bekleidete, als oberste moralische Autorität sich zum Staatsdiener machte – über die traurigen Folgen dieser Verkehrung wurde schon viel geschrieben. Die Auswirkungen einer derartigen Falschausrichtung der Macht der Kirche und eines solchen irrigen Verständnisses vom Wesen und Zweck des Reiches Gottes sind bekannt: Tragödien wie die Kreuzzüge, Zwangstaufen mit Massakern an Bekehrungsverweigerern, judenfeindliche Pogrome und in der Inquisition die brutale Bekämpfung von Ketzern („Irrlehrer") und anderen, die mit der Kirche und ihren Regeln in Konflikt geraten waren. Außerdem geschah Ausbeutung des gemeinen Volkes durch den Ablasshandel, bei dem man angeblich seine Angehörigen aus der Hölle freikaufen konnte; und das ist nur ein Beispiel für den vielfältigen Machtmissbrauch seitens der mittelalterlichen und frühneuzeitlichen Kirche, die Martin Luther so empörten und die dazu beitrugen, die Reformation anzustoßen.

Es fehlt der Raum, alle möglichen Beispiele von einem „falschen Gottesreich" auch nur kurz zu erwähnen, die im Laufe der Jahrhunderte in den Reihen der Christen aufgetaucht sind (ganz zu schweigen von denen außerhalb der Kirche). Doch möchte ich einige Beispiele unserer Tage betrachten, zum Teil wegen ihrer historischen Bedeutung, zum Teil, weil sie heute in der Kirche Beachtung finden.

Das erste Beispiel ist die Bewegung des „Sozialen Evangeliums", die besonders Ende des 19. und im ersten Viertel des 20. Jahrhunderts aufblühte. Einer der hauptsächlichen Auslöser der europäischen Renaissance seit dem 14. Jahrhundert war die Wiederentdeckung der „alten Griechen und Römer", ihrer Sprachen und Schriften; sie löste in Italien und überall, wo diese kulturelle Revolution wahrgenommen wurde, eine Explosion der Gelehrsamkeit aus. Das neue Interesse an den Klassikern und am Wissen allgemein zeitigte die Kultur- und Bildungs-Reformbewegung des „Renaissance-Humanismus", die versuchte, einen viel größeren Teil der Bevölkerung der Bildung zuzuführen als je zuvor; die Betonung lag dabei auf den *studia humanitatis*, den Humanwissenschaften inklusive Grammatik, Rhetorik, Geschichte, Poesie und Moralphilosophie.[193]

Anfangs hatte der Renaissance-Humanismus eine starke geistliche und theologische Komponente (viele der ersten Humanisten waren Kleriker), doch – wie der Name schon sagt – legte der Humanismus die Betonung auf die Wiederentdeckung und das Lob der Leistung des Menschen im Laufe der Menschheitsgeschichte. Das zog auch solche an, die die Leistung des Menschen hervorheben wollten, aber wenig oder keine religiöse Motivation hatten. Dieser humanistische Geist der Renaissance wurde zum philosophischen Herzstück der Aufklärung, auch „Zeitalter der Vernunft" genannt. Diese Bewegung unter Intellektuellen begann in Europa Ende des 17. Jahrhunderts und blühte das ganze 18. Jahrhundert hindurch nicht nur in Europa, sondern auch in den britischen Kolonien Nordamerikas. Vertreter der Aufklärung hoben die Naturwissenschaft und den menschlichen Intellekt aufs Podest und traten dem Aberglauben in jeder Form entgegen, auch dem religiösen. Ihrer Ansicht nach war der Verstand des Menschen das Maß aller Dinge, und real oder von irgendeinem Wert war nur, was man mit den menschlichen Sinnen wahrnehmen, mit wissenschaftlichen Mitteln messen oder allein durch den Intellekt verstehen kann. Dieses Denken ermöglichte Intellektuellen der Aufklärung wie Baruch Spinoza, John Locke, Benjamin Franklin und Thomas Jefferson, die Moral- und Ethik-Lehren der Bibel zu akzeptieren, insbesondere die von Jesus und die des Neuen Testaments, und gleichzeitig die übernatürlichen Elemente der Bibel zu verwerfen – Engel, Satan, Wunder, die Jungfrauengeburt und die Auferstehung der Toten.

Die Veröffentlichung von Charles Darwins Buch *On the Origin of Species* im Jahre 1859 (dt.: *Über die Entstehung der Arten*, 1860) kam dieser naturalistischen, anti-übernatürlichen Tendenz des aufklärerischen Denkens sehr entgegen. Darwins Hypothese der Evolution durch natürliche Selektion machte es intellektuell salonfähig, Ursprung und Verästelung des Lebens in all dem enormen Reichtum und der großen Vielfalt zu erklären ohne den Glauben an einen Schöpfergott.

Der Skeptizismus der Aufklärung im Blick auf die übernatürlichen Aussagen der Bibel kam ursprünglich zwar von Intellektuellen, die außerhalb oder am Rande der etablierten Kirche standen; doch war es nur eine Frage der Zeit, bis diese Philosophie auch in manchen Kreisen der Kirche Wurzeln schlug, unter anderem bei bestimmten deutschen Theologen des 19. Jahrhunderts. Diese führten einen neuen Ansatz zur Auslegung und zum Verständnis der Bibel ein: die „Entmythologisierung". Dieser neue Ansatz, bekannt als „historisch-kritische Methode", erfreute sich bald weiter Beliebtheit, besonders in den größeren Denominationen. Die historisch-kritische Methode, beeinflusst von der säkularen (gottesleugnerischen) Philosophie der Aufklärung, verwarf im Lichte des gegenwärtigen menschlichen Wissens, Verstehens und der Vernunft den übernatürlichen Inhalt der Bibel als unhaltbar. Nachdem man damit der Bibel den Status des göttlichen Ursprungs genommen hatte, sahen die Vertreter der historisch-kritischen Methode in der Bibel strikt ein menschengemachtes, nicht von Gott kommendes Buch, wenn auch eines von immenser kultureller und historischer Bedeutung. Entsprechend unterzogen sie die Bibel derselben Textanalyse wie andere antike literarische Dokumente und hinterfragten alles Übernatürliche, angefangen von Wundern über die Gottheit Christi, seinen Sühnetod am Kreuz für die Sünde der Menschheit und seine leibliche Auferstehung bis hin zur wörtlichen Wahrheit und historischen Genauigkeit der biblischen Berichte.

Der Darwinismus und die historisch-kritische Methode waren nie dagewesene Herausforderungen für das traditionelle Verständnis sowohl der Bibel als auch des christlichen Glaubens insgesamt. Viele Christen, darunter auch viele evangelikal-konservativ Gläubige, lehnten diese „höhere Kritik" (auch: interne Literarkritik) als unakzeptabel ab, fanden aber Wege, Darwins Evolutionsdenken in ihre traditionelle Theologie und Lehre einzupassen. Bei vielen anderen allerdings hinterließ dieser Doppelschlag aus Darwinismus und Bibelkritik einen stark erschütterten Glauben: Wenn Darwin recht hat, was bedeutet das dann für den Schöpfungsbericht und den Ursprung des Menschen in 1. Mose 1–2? Wenn die historisch-kritische Methode recht hat und die Bibel bloß Menschenwort ist, was sollen Christen dann glauben?

Zusätzlich zu diesen Umwälzungen in Naturwissenschaft und Religion gab es im 18. und 19. Jahrhundert auch bedeutsame Veränderungen in der Gesellschaftsstruktur und in der Beziehung der Menschen zum Staat: Die Vorstellung von

Bürgerrechten (Freiheitsrechten) speiste sich sowohl aus der Philosophie der Aufklärung als auch aus den Lehren der Bibel; ihren klarsten Ausdruck fanden die Bürgerrechte wohl in der Unabhängigkeitserklärung der USA und in der amerikanischen Revolution. Im gesamten britischen Weltreich wurde die Sklaverei abgeschafft, später auch in den USA. Kämpfer für soziale Gerechtigkeit stellten das Elend der Armen und Hungernden, wie es z. B. Charles Dickens geschildert hat, immer deutlicher ins Licht.

Die Bewegung des Sozialen Evangeliums entstand in Kirchen und Freikirchen, die Sozialarbeit mit Evangelisation verbanden. Gleichzeitig führten das Denken der Aufklärung und der Bibelkritik diese Gruppen vom traditionellen biblischen Glauben weg in den theologischen Liberalismus. Mit dem Verlust ihrer eindeutig geistlichen Komponente wandte die „Heilsbotschaft" dieser Kirchen den Blick von Christus weg und hin auf den Menschen. Aus der Perspektive des Sozialen Evangeliums ist Errettung nicht mehr eine Sache der Rettung des Menschen von seiner Sünde durch den Glauben an den gekreuzigten und auferstandenen Retter, sondern er braucht Befreiung von Armut, Elend und Unterdrückung, was geschieht durch Sozialreformen und Gerechtigkeit in der Gesellschaft. Das geistliche Reich Gottes, das Jesus gepredigt und im Herzen jedes Gläubigen ins Leben gerufen hat, wurde im Sozialen Evangelium zu einem irdischen Gottesreich, das durch menschliches Bemühen und Fleiß zum Wohle der Menschheit ins Leben gerufen werden müsse.

Wenngleich an vielen Fronten im Kampf für Sozialreformen und Gerechtigkeit bedeutsame Fortschritte erzielt worden waren, ein bestimmtes Problem schien stur unlösbar zu bleiben: der Krieg zwischen Ländern. Gegen Ende des 19. und zu Beginn des 20. Jahrhunderts gab es eine wachsende Zahl Intellektueller, liberaler Kirchenführer und anderer sozial eingestellter Leute, die leidenschaftlich nach einer Lösung des Kriegsproblems suchten. Viele von ihnen gelangten zu der Überzeugung, das größte einzelne Hindernis für den Weltfrieden sei die tief verwurzelte Idee des Nationalismus, der nationalen Souveränität, der Nationalstaaten. Nur durch die Aufhebung der Ländergrenzen, so glaubten sie, könne in aller Welt die Rivalität zwischen Staaten beendet werden und damit der Krieg. Auf dieses Ziel begannen sie hinzuarbeiten. In ihren Schriften und Reden verwiesen sie oft auf eine „neue Weltordnung", in der Krieg geächtet wäre und alle Völker unter einer „Regierung der einen Welt“ leben würden.

Das war in erster Linie die Idee säkularer Idealisten und Philosophen; doch wurde sie im liberalen Protestantismus bereitwillig aufgenommen, besonders in den USA und in Großbritannien. In den Jahren zwischen den beiden Weltkriegen bestand ein großer Teil ihrer Anhänger aus liberalen Protestanten, sowohl Klerikern als auch Laien. Sie taten viel für die Verbreitung dieses internationalistischen Konzeptes in weiten Teilen der englischsprachigen Welt. Das entsprach ihrer im Allgemeinen ent-spiritualisierten und humanisierten Sicht vom Evangelium: „Die liberale christliche Vision des Reiches Gottes auf Erden [war für sie] eine Welt, in der das Konzept der Nation ersetzt wurde durch das Konzept einer internationalen Gemeinschaft.“[194] Die Umsetzung dieses Ansatzes verlangte „die Umstrukturierung der internationalen Ordnung anhand der Ideale des christlichen Glaubens“ und eine Neudefinition des Auftrags der Kirche: „Bau des Gottesreiches auf Erden, einer Gemeinschaft von Nationen, die in Frieden und Wohlstand leben“.[195] Konkreter: Das Establishment der liberalen Kirchen in Amerika, wie es vom Federal Council of Churches repräsentiert wird, glaubte ausdrücklich, das Reich Gottes auf Erden würde in Amerika anbrechen, und zwar als kollektivistische Gesellschaft.[196] Dem Sozialen Evangelium fehlte zwar jeglicher wahre geistliche Sinn, aber es gebrauchte trotzdem einen geistlichen Wortschatz:

> In biblischer Terminologie formuliert, beruhten die sozialen Appelle des Council auf einer Neuinterpretation biblischer Konzepte: Einer neuen Gesellschaftsordnung mit Betonung auf Klassenkampf wurde eine viel größere Relevanz für die wirtschaftlich unterdrückten Amerikaner beigemessen als der Botschaft vom Kreuz, die kaum erwähnt wurde – oder gar nicht.[197]

Der Anstoß, die Kirchen einzubeziehen in das Eintreten für Weltfrieden und das Errichten einer neuen Weltordnung, nahm hauptsächlich Gestalt an nach dem Scheitern des Völkerbunds. Als 1919 die Pariser Friedenskonferenz tagte („Versailles“), kam die Welt gerade aus dem bis dahin wohl teuersten und blutigsten Konflikt der Geschichte, der ungeheuren Schaden angerichtet hatte, und die Sehnsucht nach dauerhaftem Frieden war weit verbreitet. Viele der Visionäre, die seit Jahrzehnten für den Weltfrieden gearbeitet hatten, glaubten, dass ihre

Anstrengungen mit der Gründung des Völkerbundes 1920 endlich von Erfolg gekrönt wurden. Martin Erdmann merkt dazu an:

> Der immerwährende Traum vieler Philosophen, der Traum von der Einrichtung einer internationalen Gemeinschaft, schien 1919 endlich politische Wirklichkeit geworden zu sein. Woodrow Wilson, der an der Spitze der siegreichen alliierten Mächte stand, schlug auf der Friedenskonferenz als Eckstein seiner Politik die Gründung eines Völkerbunds vor. Er war im Dezember 1918 nach Frankreich gekommen und triumphal als „Friedensengel" empfangen worden. Am 25. Januar 1919 gründete diese Konferenz ein spezielles Komitee, das die Charta des Völkerbundes entwerfen sollte. Präsident Wilson übernahm den Vorsitz dieses Komitees; am 29. April 1919 legte dieses der Friedenskonferenz seine Ergebnisse zur internationalen Kooperation vor. Die tatsächliche Gründung des Völkerbunds erfolgte am 10. Januar 1920.[198]

Getragen von der optimistischen Hoffnung, der „Große Krieg" wäre „das Ende aller Kriege", sahen die Visionäre der neuen Weltordnung im Völkerbund die Vorhut eines neuen Zeitalters des Friedens und der Kooperation: Die Nationen würden ihre provinziellen Eigeninteressen zurückstellen zugunsten des Wohlergehens der gesamten Menschheit. Krieg würde der Vergangenheit angehören, denn alle Nationen würden ihre Souveränität der regierenden Aufsicht des Völkerbundes unterstellen und zusammenarbeiten, um die gesamte Menschheit zu erheben, Armut und Hunger zu beseitigen und die ungleiche Verteilung des Wohlstands zu korrigieren.

Der Traum war bestechend, aber es sollte nicht sein – schon bald erlitt der noch junge Völkerbund einen lähmenden Schlag: Der US-Senat beschloss, den Vertrag nicht zu ratifizieren – d. h., die USA wurden nicht Mitglied des Völkerbunds. Ein schwerer Schlag auch für Präsident Wilsons Hoffnungen und Träume: Ohne die Beteiligung und Unterstützung der USA hatte der Völkerbund wenig Chancen auf langfristigen Erfolg. Es gab auch andere Schwächen, nicht zuletzt die, dass der Bund keine eigenen Militär- oder Polizeikräfte hatte und davon abhängig war, dass im Bedarfsfall die Mitgliedsstaaten Truppen bereitstellten, um die Resolutionen und Sanktionen des Bundes durchzusetzen. Die Mitgliedsstaaten aber waren unfähig oder unwillig, ihre Eigeninteressen beiseite zu stellen, und daher oft nicht bereit, sich den Resolutionen und Sanktionen zu fügen – insbesondere, wenn das nachteilig war für ihr eigenes wirtschaftliches Wohlergehen oder ihre nationalen Ziele.

Der primäre Zweck des Völkerbundes war die Vermeidung von Kriegen durch internationale Kooperation einschließlich kollektiver Sicherheit, Abrüstung und Schlichtung zur Beilegung von Auseinandersetzungen. Der Ausbruch des Zweiten Weltkriegs im September 1939 demonstrierte die Unfähigkeit des Völkerbunds, seinen Zweck zu erfüllen, und nach dem Krieg wurde er abgelöst von den Vereinten Nationen (UNO). Obwohl die UNO insgesamt viel erfolgreicher war als der Völkerbund, was die Förderung der Kooperation zwischen den Nationen angeht, scheinen doch Weltfriede und eine neue Weltordnung unter einer Weltregierung weit entfernt.

Die Bewegung des Sozialen Evangeliums, inklusive der ökumenischen Bewegung und der Zusammenarbeit politischer und religiöser Humanisten in der ersten Hälfte des 20. Jahrhunderts zur Errichtung einer neuen Weltordnung – diese Bewegung des „Sozialen Evangeliums“ also ist nur eines von vielen Beispielen für falsche Gottesreiche, für gescheitertes Menschenmühen, ein irdisches Gottesreich aufzurichten. Martin Erdmann beschreibt diese Anstrengungen als „vergebliche Pläne, die Nationen zu regieren, ohne dass dabei der in Jesus Christus offenbarte Plan Gottes Beachtung findet … Man folgt der verstiegenen Vision, das Reich Gottes auf Erden zu bauen, und zwar im Namen und zu Ehren der Menschheit.“[199]

Das Soziale Evangelium und seine Vision von einem prinzipiell säkularen Reich Gottes auf Erden gedieh hauptsächlich in theologisch liberalen Kirchen und Freikirchen und fand dort weite Beachtung (die Auswirkungen sind immer noch spürbar); doch hat sich inzwischen unter vielen konservativ-evangelikalen Christen in Amerika ein anderes falsches Konzept vom Reich Gottes festgesetzt, eine deutlich stärker geistlich geprägte Vision als die Bewegung des Sozialen Evangeliums. Diese konservativen Evangelikalen, von den Medien „religiöse Rechte“ oder „christliche Rechte“ genannt, wollen Amerika durch politischen Aktivismus zurückführen zu seinen ursprünglichen, seinen geistlichen, christlichen Wurzeln. Getrieben von einer tiefen Sorge ob des moralischen und geistlichen Verfalls der Nation, versuchen sie eine Wende durch konservative politische Mehrheiten auf Staaten- und Bundesebene, zum Beispiel dadurch, Konservative in die Ämter zu wählen, seien es Christen oder einfach Leute, die nach konservativen und christlichen Werten regieren.

Mit der Überzeugung, dass die USA als christliches Land gegründet wurde von Männern, die großenteils bekennende Christen waren, und von anderen wie Thomas Jefferson und Benjamin Franklin, die stark beeinflusst waren von christlichen Prinzipien und Werten, sprechen diese modernen konservativen Evangelikalen von „unser Land zurückerobern" und „die Kultur für Christus einnehmen". Ihr Ziel: Sie wollen Amerika erlösen durch politischen Aktivismus, indem die Regierung reformiert wird, so dass sie Gesetze erlässt, die biblischen Prinzipien entsprechen; zumindest sollen politische Führer gewählt werden, deren Amtsausübung nicht mit diesen Prinzipien im Widerstreit steht.

Einige Journalisten und andere Autoren nennen dieses Konzept „Dominionismus"; dieser Begriff ist umstritten und wird meist nur von Außenstehenden gebraucht, doch ist er zumindest bis zu einem bestimmten Grad angemessen, denn er erinnert an die Idee von einem religiösen Staat, einer „Domäne", einem Herrschaftsgebiet Gottes auf Erden.

Eine eigenständige, wenngleich nur kleine Minderheit von Evangelikalen vertritt eine extreme Sicht des Dominionismus. Sie nennen sich „christliche Rekonstruktionisten" und glauben eine post-millennialistische Sicht vom Reich Gottes auf Erden – die Wiederkunft Christi erst *nach* dem Tausendjährigen Reich; man könnte auch sagen, sie glauben, dass die Welt Jesus sprichwörtlich den roten Teppich ausrollt, wenn er auf die Erde zurückkommt. Anhänger der Theologie des Dominionismus also glauben letztlich an ein Gottesreich auf Erden, in dem einzig die Christen das Sagen haben und in dem alle, Gläubige wie Ungläubige, einem Regierungssystem unterworfen sind, in dem strenge Gesetze gelten, die wörtlich aus der Bibel stammen, inklusive der Todesstrafe auf Vergehen wie Ehebruch, Homosexualität und Nichtachtung der Eltern(!).

Konkret beruht die Theologie des Dominionismus auf drei Überzeugungen:

1. Satan hat im Garten Eden die Herrschaft an sich gerissen, als er Adam und Eva zur Sünde verführte. Das geschah widerrechtlich.

2. Die Kirche ist Gottes Instrument, um Satan die Herrschaft wieder wegzunehmen.
3. Jesus kann, will, wird erst wiederkommen, wenn die Kirche wieder die Herrschaft hat, wenn sie also auf der ganzen Erde in allen Ländern und Völkern das Sagen hat. – Das ist post-millennialistische Eschatologie in aller Kürze.

Die Übernahme der Herrschaft auf Erden bedeutet, dass das alttestamentliche Gesetz wörtliche Geltung erhält als das universale Gesetz des Lebens, zur Heiligung der Gläubigen und zur Regierung über alle. Ein weiterer Grundsatz der Theologie des Dominionismus ist die „Bundestheologie", auch „Ersatztheologie" genannt (oder „Enterbungslehre" – *Replacement Theology*): An die Stelle des Volkes Israel sei im Heilsplan Gottes die Kirche getreten, *sie* sei das „geistliche Israel"; Land und Volk Israel, die Juden, seien allen anderen Ländern und Völkern gleich, Gott habe mit ihnen nichts Besonderes mehr vor.

Aufgrund seiner Überzeugung, dass die Kirche die Welt dominieren und die Gesellschaft regieren solle, verteidigt der Dominionismus einen hohen Grad an sozialem und politischem Aktivismus, er fördert und strebt nach der Wahl von christlichen Führern und dem Erlass eines bürgerlichen Rechts auf Grundlage des Gesetzes der Bibel. Und weil seine Anhänger glauben, dass die Kirche vor der Wiederkunft Christi einen Großteil der Welt christianisiert haben wird, erwarten sie eine große Endzeit-Erweckung, in der sich Millionen von Menschen rund um die Welt zu Christus bekehren.

Aus dieser Beschreibung sollte klar hervorgehen, dass Elemente des Dominionismus eingedrungen sind in das Denken vieler Christen, auch wenn sie dieses Wort noch nie gehört haben oder abstreiten, so etwas zu glauben. Die Idee von einer triumphierenden Kirche, die die Welt für Christus gewinnt und ein großartiges Reich des Friedens und Wohlstands herbeiführt, ist sicher attraktiv. Allerdings haben wir in diesem Kapitel gesehen, dass das nicht das Reich ist, das Gott geplant hat oder das Jesus auf die Erde gebracht hat.

Der fundamentale und vielleicht verhängnisvolle Fehler des Dominionismus: Die Reichweite des ursprünglichen Auftrags der Kirche, den Christus ihr gab, nämlich alle Nationen zu Jüngern zu machen, erweitert er und fügt ihm den

Auftrag hinzu, die Gesellschaft zu verändern, indem „die Kultur wieder eingenommen wird“. Trotz alles Guten, das diese Theologie hat, z. B. den Nachdruck auf Evangelisation und den Glauben an den schlussendlichen Triumph der Kirche, ist sie letztlich eine zutiefst fehlerhafte Auffassung vom Reich Gottes, denn sie sieht in diesem Reich ein irdisches Reich, das durch die Bemühung des Menschen zustande kommt; das Gottesreich des Dominionismus ist also nicht das geistliche Reich, das es laut Christus ist und das sich von Mensch zu Mensch ausbreitet durch die Veränderung des Herzens.

An diesem Punkt muss ich klarstellen: Nur eine kleine Minderheit von Christen vertritt eine so extreme Theologie des Dominionismus, doch hat sie viel mehr Einfluss, als ihre Anzahl nahelegt. Die große Mehrheit der konservativen Christen in Amerika hat keinerlei Bedürfnis, das Land zur Theokratie zu machen, auch wenn viele Kritiker das behaupten. Die meisten konservativen Evangelikalen wünschen sich ganz einfach die Rückkehr zum Verfassungsrecht im strengen Sinne mit einer begrenzten, viel kleineren Bundesregierung, einem ausgeglichenen Haushalt und Ausgabenbeschränkung, vollständiger Religionsfreiheit für alle und einer echten Trennung von Kirche und Staat, bei der sich der Staat in religiösen Fragen neutral verhält. Es gibt allerdings einige, die ein wenig weiter gehen und mit politischen Mitteln eine geistliche und moralische Erneuerung zustande bringen wollen. Es mag ihnen bewusst sein oder nicht: Mit dieser Position versuchen diese „Soft-Dominionisten“ zumindest eine modifizierte Form des irdischen Gottesreiches aufzurichten.

Ein weiterer Reich-Gottes-Ansatz, der sich in den letzten Jahren einiger Beliebtheit erfreut hat, ist eine Lehre, bekannt unter „*Reclaiming the Seven Mountains*“ („Sieben Berge“). Die Anhänger dieser Auffassung lehnen den extremen Dominionismus ab und damit das Ziel, den Staat und die Gesellschaft in den Griff zu bekommen; dennoch sagen sie, die Hauptaufgabe eines Christen sei, sich in der Kultur zu engagieren, sich einzumischen. Sie unterteilen die Kultur in sieben Kategorien („Berge“), die die Christen im Namen Christi zurückerobern sollten: Wirtschaft, Medien, Kunst, Unterhaltung, Bildung, Familie und Religion. Die Philosophie hinter der Theologie der „Sieben Berge“ lautet: Um die Nationen für Christus zu erreichen, müssen wir Christen unseren Einfluss auf alle sieben Berge, auf die Säulen der Gesellschaft, erheblich vergrößern.

Auch diese Theologie klingt sehr verlockend, vielleicht noch verlockender als die des Dominionismus. Die Zurückeroberung der „sieben Berge" verlangt, dass Christen Christus in jedem Lebensbereich aktiv dienen sollen, im Beruf und auf jedem Betätigungsfeld. So weit, so gut: Als Christen sind wir tatsächlich berufen, der Welt ein stimmiges, heiliges und gottgefälliges Leben vorzuleben, in allem, was wir tun, und überall, wo wir sind. Das Problem mit der Lehre der Sieben Berge liegt allerdings ähnlich wie beim Dominionismus: Sie legt immer noch einen unzulässigen Schwerpunkt – das Reich Gottes solle durch Menschenmühen in der Gesellschaft aufgerichtet werden, indem die jetzige Gesellschaft zu einer geistlichen umgestaltet werden soll, zu einer Art irdischem Gottesreich.

Trotz bester Absichten sind solche Anstrengungen zum Scheitern verurteilt – aus dem schlichten Grund, dass keine Regierung je zulassen wird, dass sie von irgendeiner religiösen Institution verändert würde. Das hat es noch nie gegeben und es gibt keinen Grund zu glauben, dass sich das jemals ändern wird. Die meisten Regierungen werden den Christen entgegenkommen, wenn und solange das aus politischen oder sozialen Gründen zweckdienlich erscheint, aber weiter wird man nicht gehen. Wenn es hart auf hart kommt, wird jeder Staat eine christliche Gruppe unterdrücken, wenn diese zu aggressiv geworden ist; er wird sie niemals ans Steuer lassen.

Das religiöse Denken vieler Christen sieht „Reich Gottes" in der Zusammenarbeit der Kirche mit dem Staat; sie machen gemeinsame Sache im Kampf gegen Schandflecken wie Armut, Hunger, Gewaltverbrechen, Drogenmissbrauch etc. In Wirklichkeit sieht es im Kern allerdings so aus, dass der Staat die Kirche *benutzt*, um seine eigenen Anliegen und Aufgaben voranzubringen, und er kommt der Kirche so lange entgegen, solange dieser Zustand anhält. Wenn sich der Status quo allerdings ändert und der Staat spürt, dass die Kirche droht, die Beziehung zu dominieren, dann wird der Staat mit aller Macht zurückschlagen. Diejenigen, die von einer „Christianisierung" ihrer Kultur träumen, besonders durch politische Reformen, haben sich einem falschen Konzept vom Reich Gottes verschrieben, einem Konzept, das niemals Wirklichkeit wird.

Ein bedeutsames und vielleicht überraschendes Merkmal der postmodernen Kultur im Westen ist die Wiederbelebung des Interesses an Spiritualität im allgemeinen Sinne in den Herzen und Köpfen vieler Menschen. Der postmoderne Mensch ist skeptisch gegenüber traditioneller Autorität und lässt Vorsicht walten bei Institutionen und absolutem Wahrheitsanspruch; aber an privater Spiritualität haben viele sehr wohl Interesse. Ein Großteil dieses Interesses verdankt sich dem Einfluss von New-Age-Philosophien, die im Westen im vergangenen Jahrhundert weite Verbreitung gefunden haben. Dieser Anstieg des Interesses verdankt sich höchstwahrscheinlich der fortschreitenden psychologischen, kulturellen und spirituellen Dürre im letzten Jahrhundert, einer Folge des Rationalismus der Aufklärung, des naturalistischen Atheismus und des Sozialen Evangeliums, dem jede übernatürliche, herzensverändernde Kraft fehlt. Angesichts eines sinnlosen Lebens, gefüllt mit (letztlich sinnlosen) Wahlmöglichkeiten und einem beispiellosen Niveau materiellen Wohlstands, der jedoch nicht befriedigt – angesichts einer solchen Sinnleere brennt in immer mehr Menschen ein verzweifelter, ungestillter Durst nach dem Sinn des Lebens, und viele wenden sich der Spiritualität generell zu und hoffen, dort Antwort zu finden.

In der Überzeugung, dass das Leben als solches sinnlos ist, haben viele postmoderne Menschen das Gefühl, ihre einzige Option bestehe in dem Versuch, ihren eigenen Sinn zu kreieren. Nachdem Genießen und Zügellosigkeit sich als unbefriedigend erwiesen haben, wollen sie ihr spirituelles Interesse auf den Arbeitsplatz ausdehnen und auf andere Bereiche des Zusammenlebens. Ähnlich hat auch die allgemeine Wiederbelebung des Christentums eine ganz neue Generation von Gläubigen hervorgebracht, besonders unter jungen Leuten im Westen – eine Generation von Christen, die sich ihres Glaubens nicht schämen und ihn sowohl im Alltag leben wollen als auch im Blick auf die ganze Welt: Sie möchten in der Welt etwas für Christus bewirken. Der Anstieg des Interesses an Spiritualität speist sich aus beiden Quellen, der Sinnsuche der Postmoderne und dem neuen Eifer der Christen.

Die Grundstimmung unserer Zeit ist Pessimismus: Viele halten sich für hilflos; sie meinen, am Zustand der Welt könnten sie doch nichts ändern. Deshalb ziehen sie sich schlicht und einfach zurück und leben ihr kleines, nettes Leben, und das dreht sich nur um sie selbst, ihre Angehörigen und die engsten Freunde. Das ist tragisch, denn letzten Endes können nur Einzelpersonen, die sich einbringen und beteiligen, etwas bewirken. Wir sahen in Kapitel 5, dass die Reformation die Kultur in Europa verändert hat; aber es brauchte mehrere Generationen von Gläubigen, die opferbereit lebten und wirkten, um diese Veränderung zustande zu bringen. Das galt für die Gläubigen aller Zeiten, und es gilt auch für uns: Jeder von uns ist vor Gott verantwortlich dafür, wie er sein Leben verbringt. Weil Gott uns viel gegeben hat, wird er auch viel von uns fordern.

Hier liegt die Gefahr, und an dieser Stelle sind viele Fehler gemacht worden. So wichtig es für uns ist, als Christen mit der Kultur im Austausch zu stehen und unseren spirituell hungrigen Nachbarn und Arbeitskollegen zu helfen, dass sie das Brot des Lebens finden, das ihren Hunger stillt, so wichtig ist es, dass wir das auf die richtige Weise tun – so, dass unsere Botschaft nicht leidet und unsere geistliche Kraft nicht verpufft.

Besonders in den USA war in den letzten Jahrzehnten die Bewegung „Mega-Church" groß im Kommen. Für den Bau des wahren Reiches Gottes war das im besten Fall ein zweifelhafter Segen. Viele dieser „Supergemeinden" werden geleitet von „Superstar"-Pastoren und Führungspersönlichkeiten, die unterhaltsame Veranstaltungen bieten, Marketing im Stil der Madison-Avenue betreiben und Geschäftspraktiken der Wall-Street anwenden. Zwar präsentieren sie viele Aspekte des Evangeliums, aber sie haben seiner Botschaft die Spitze abgebrochen und sie verwässert mit Ideen aus der New-Age-Philosophie, mit einer Theologie der „extremen Gnade" und mit einer Metaphysik, in der jeder sich seine eigene Wirklichkeit zurechtlegt.

Einige bestaunen den „Erfolg" der Mega-Gemeinden – jede Woche kommen Tausende zum Gottesdienst, man hat Gebäude im Wert von zig Millionen und ebenso hohe Budgets, man hält sich immer auf Trab mit Konferenzen, Workshops, „gefragten" Lehrern und Rednern sowie mit einer Menge „Hype", erzeugt von kirchenfernen Stars und den Medien –, und sagen dann: „*Irgendwas* machen sie offensichtlich richtig; seht nur, wie Gott sie segnet!" Aber tut er das wirklich? Wie viel von diesem „Erfolg" ist dem Segen Gottes zuzuschreiben und wie viel verdankt sich den Angeboten, die die Leute anziehen, weil sie ihnen Spaß und Genuss verheißen? Der wahre Indikator des Erfolgs einer Gemeinde ist das Maß an Lebensveränderung: Wie viele Nachfolger Jesu werden gewonnen? Und zwar nicht nur Gläubige, sondern Jünger, also Menschen, die sich Christus verpflichtet haben und einem Leben in Heiligkeit, Gerechtigkeit und opferstarker Liebe? Wie viele Menschenleben werden von Christus verändert? Wie viele Kirchgänger wachsen heran zu reifen Nachfolgern Jesu, die wieder andere Jesusjünger hervorbringen?

Kürzlich wurde einer großen amerikanischen Mega-Gemeinde eine „welterschütternde" Offenbarung zuteil – zu genau diesem Thema: Sie zeigt, welche Gefahr droht, wenn die Kirche versucht, sich auf die falsche Weise in der Welt zu engagieren. Jahrzehntelang sind viele evangelikale Christen, besonders Pastoren und andere Leiter, stark beeinflusst worden von dem Modell und den Diensttechniken der „Willow Creek Community Church" in Chicago. Diese Gemeinde und ihr Gründer Bill Hybels waren Pioniere des „Sucher-orientierten" Ansatzes im Gemeindeaufbau mit dem Schwerpunkt auf Angeboten, die auf „wahrgenommene Bedürfnisse" abzielen. Die Gemeinde betrieb hochmodernes Marketing und bot unterhaltsame Gottesdienste; weitere wichtige Werte waren Relevanz, Innovation und in Sachen Kultur die Nase vorn zu haben. „Herkömmliche" kirchliche Anliegen wie die Lehre, die biblische Predigt und dass jeder Gläubige selber die Bibel liest, betet und bestrebt ist, in der Nachfolge zu wachsen und zu reifen – diese „traditionellen" Anliegen also gerieten ins Hintertreffen.

2004 begann die Willow Creek Community Church eine mehrere Jahre andauernde Prüfung ihres Ansatzes und Dienstes in all seinen Facetten. Man maß, wie effektiv sie darin war, reife Nachfolger Christi hervorzubringen – und die Ergebnisse waren, gelinde gesagt, schockierend und ernüchternd. Einige Zahlen waren ermutigend, so die 50 % der Gemeinde, die darauf hinwiesen, dass sie Gott über alles liebten und diese Liebe zeigten durch regelmäßigen Einsatz für Arme und Kirchenferne. Andere Ergebnisse hingegen offenbarten Schwachstellen, z. B. die Tatsache, dass fast ein Viertel geistlich feststeckte, statt zu wachsen, oder mit der Gemeinde unzufrieden war; viele erwogen, sie zu verlassen.[200]

Den Kern der Studie bildeten sechs Entdeckungen, die alles, worauf die Gemeinde aufgebaut hatte, in den Grundfesten erschütterten; diese Entdeckungen gaben den Verantwortlichen aber auch die gute Richtung vor, die sie nun einschlagen wollten:

1. Christlicher Aktivismus ist keine Garantie für geistliches Wachstum und treibt dieses auch nicht voran.
2. Geistliches Wachstum geschieht nur durch eine enge Beziehung zu Jesus Christus.
3. Am Anfang des geistlichen Wachstums braucht man die Gemeinde unbedingt; später ändert sich ihre Rolle, für das geistliche Wachstum wird sie zweitrangig.
4. Hauptfaktor für ein christuszentriertes Leben ist der geistliche Lebensstil des Einzelnen.
5. Die aktivsten Evangelisten, Helfer und Spender einer Gemeinde kommen aus den Reihen derer, die geistlich am weitesten sind.
6. Über 25 % der Befragten halten sich für geistlich „festgefahren“; sie sind „unzufrieden“ mit dem Beitrag der Gemeinde zu ihrem geistlichen Wachstum.[201]

Die schlechte Nachricht bei all dem: Willow Creek entdeckte, dass das meiste von dem, was sie in den vergangenen 30 Jahren getan hatten, falsch war, denn es hatte keine starken, reifen Nachfolger Christi hervorgebracht. Die gute Nachricht: Die Ergebnisse der Studie wurden ihnen zum Weckruf; die Erhebung lieferte ihnen alle Information, die sie brauchten, um den Kurs zu ändern und den Blick auf die wesentlichen Aspekte von Glauben und Leben zu richten, damit reife, engagierte und wirksame Gläubige hervorgebracht werden und nicht bloß die Zahlen steigen.

Dieses Beispiel aus der Willow Creek Community Church zeigt, was passieren kann, wenn die Kirche zu sehr versucht, „relevant“ zu sein und so stark mit der Umgebungskultur „im Kontakt“ zu stehen, dass sie ihren eigentlichen Auftrag aus den Augen verliert: Christus zu predigen, die Ankunft seines Reiches zu verkündigen und alle Völker zu Jüngern zu machen. *Das* ist der Auftrag der Kirche – und nicht die Reform der Kultur, nicht politischer und sozialer Aktivismus und auch nicht das Errichten einer Theokratie.

Das heißt nun aber nicht, dass wir als Christen keine Verantwortung hätten, uns zum Wohle der Menschheit zu engagieren. Es ist gut, Armut zu bekämpfen, Hungrige zu speisen, Nackte zu kleiden und nach Gerechtigkeit für alle zu trachten – Jesus selbst sagte, dass wir das alles tun sollen. Aber nirgends hat Jesus gesagt oder auch nur angedeutet oder impliziert, dass wir, um all das zu erreichen, die Gesellschaft mittels Politik und Gesetzen „christianisieren" sollten. Das Reich Gottes wird niemals mithilfe solcher Mittel aufgerichtet werden. Das Reich Gottes wird aufgerichtet durch eine Person nach der anderen und ein Herz nach dem anderen; Einzelpersonen erleben die Veränderung ihres Charakters und Denkens durch den Glauben an Christus und in der Kraft des Heiligen Geistes. Wahre Veränderung von Kultur und Gesellschaft kommt von innen, durch das Herz und durch ein Leben, das von der Gnade Gottes umgestaltet wird, und nicht von außen durch politische und soziale Reform und staatliche Erlasse.

In seinem Brief an die Christen in Rom erklärte der Apostel Paulus: „Denn ich schäme mich des Evangeliums nicht; denn es ist eine Kraft Gottes, die selig macht alle, die daran glauben, die Juden zuerst und ebenso die Griechen" (Römer 1,16). Diese Verse erinnern uns daran, dass das Evangelium von Christus die Kraft zur Errettung hat (und nicht menschliche Institutionen). Nur das Evangelium hat die Kraft, Gesellschaften und Kulturen zu verändern durch die geistliche Umgestaltung einzelner Menschenherzen. Und statt nach der Kontrolle über Regierungssysteme und Strukturen zu streben zum Zwecke der Gesellschaftsveränderung, sagt Paulus, sollen wir uns ihnen *unterordnen*:

> *Jedermann sei untertan der Obrigkeit, die Gewalt über ihn hat. Denn es ist keine Obrigkeit außer von Gott; wo aber Obrigkeit ist, die ist von Gott angeordnet. Wer sich nun der Obrigkeit widersetzt, der widerstrebt der Anordnung Gottes; die ihr aber widerstreben, ziehen sich selbst das Urteil zu. Denn vor denen, die Gewalt haben, muss man sich nicht fürchten wegen guter, sondern wegen böser Werke. Willst du dich aber nicht fürchten vor der Obrigkeit, so tue Gutes; so wirst du Lob von ihr erhalten. Denn sie ist Gottes Dienerin, dir zugut. Tust du aber Böses, so fürchte dich; denn sie trägt das Schwert nicht umsonst: Sie ist Gottes Dienerin und vollzieht das Strafgericht an dem, der Böses tut.*
>
> *Darum ist es notwendig, sich unterzuordnen, nicht allein um der Strafe, sondern auch um des Gewissens willen. Deshalb zahlt ihr ja auch Steuer; denn sie sind Gottes Diener, auf diesen Dienst*

beständig bedacht. So gebt nun jedem, was ihr schuldig seid: Steuer, dem die Steuer gebührt; Zoll, dem der Zoll gebührt; Furcht, dem die Furcht gebührt; Ehre, dem die Ehre gebührt. Seid niemandem etwas schuldig, außer dass ihr euch untereinander liebt; denn wer den andern liebt, der hat das Gesetz erfüllt.

Römer 13,1–8

Eines der größten Probleme, vor denen Christen stehen, besonders im Westen, besteht darin, dass viele Christen sich im Grunde des Evangeliums Christi schämen. Unter dem Druck der Kräfte der säkularen Kultur, die jeden prinzipiellen Widerstand gegen Perversion und Zügellosigkeit als „intolerant" und „Hass" brandmarken, und eingeschränkt durch ein Denken, das durch zu große Anpassung an weltliche Werte verunsichert ist und nicht mehr klar zur Wahrheit steht – diesem Druck geben viele Christen schlicht und einfach nach. Statt für das Richtige einzustehen, bejahen sie entweder die falschen Werte im Wunsch, mit dem Strom zu schwimmen, um voranzukommen, oder sie schweigen einfach.

Wie ehrenwert ihre Absicht auch sein mag: Es dient keinem, wenn Christen ein falsches Konzept vom Reich Gottes ergreifen und fördern, und sei es mit dem Wunsch, Menschen zu helfen, Leiden zu lindern und die Welt zu verändern. Schon immer haben – gute und schlechte – Menschen versucht, mithilfe ihrer eigenen Reiche die Welt zu verbessern, und oft genug ist auch die Kirche in diese Falle getappt. Wohl ist sie gegründet auf dem „festen Felsen" der Person Jesus Christus; doch hat ein Großteil der Kirche den „Goldstandard" der Gegenwart Gottes und Christi aufgegeben zugunsten der wertlosen Fiatwährung menschlicher Konzepte, Werte und Institutionen. Und dann wundern wir uns, warum die Kirche geistlich kraftlos und kulturell irrelevant geworden ist und in der Gesellschaft nur wenig dauerhaften Einfluss hat!? Wir müssen bekennen und davon umkehren, dass wir den falschen Reichen Gefolgschaft geleistet haben, und wieder neu den „Goldstandard" des Evangeliums Christi ergreifen, das eine „Kraft Gottes [ist], die selig macht alle, die daran glauben, die Juden zuerst und ebenso die Griechen".

Das Video zu diesem Kapitel (Englisch):
http://youtu.be/Yu-yclgicVA

Kapitel 9

Das alte Israel: Eine Kultur ohne Schulden

In dem Maße, in dem eine moderne Gesellschaft dem biblischen Ideal auf irgendeinem Gebiet nahekommt (sagen wir: auf dem Gebiet der Wirtschaftsgerechtigkeit), in dem Maße wird sie Ganzheit erleben.

Dr. Ronald J. Sider[202]

Mit diesem Buch waren wir gemeinsam unterwegs; und ich bete zu Gott darum, dass dieser Weg für Sie erhellend war, was Wesen und Ausmaß der geistlichen, moralischen und wirtschaftlichen Krise angeht, in der wir als Weltgemeinschaft uns heute befinden, und dass Sie die Ursachen des Problems jetzt besser verstehen. Wir haben gesehen: Die moderne globale Gesellschaft hat das lang erprobte Prinzip eines Geldstandards aufgegeben, eines Geldstandards, der abgesichert war von einer materiellen Reserve von realem und greifbarem Wert – zugunsten einer gefährlich inflationären, durch nichts abgesicherten Fiatwährung aus Papiergeld. Das hat zu einer enormen globalen Schuldenkultur geführt, in der statt greifbarer Vermögenswerte Schulden die Volkswirtschaften antreiben.

In einer parallelen Entwicklung haben wir gesehen, dass die Kirche Jesu Christi im Allgemeinen schon Anfang des 4. Jahrhunderts begann, ihren „Goldstandard" aufzugeben – die aktive und dynamische Gegenwart Christi in ihrer

Mitte –, und stattdessen eine institutionalisierte Struktur aus Form, Ritual und Prunk aufbaute. Außerdem wurde sie zu einem Verbündeten des Staates und gab damit viel von der Kraft ihrer prophetischen Stimme auf zugunsten des Gewinns politischer Macht.

Wir haben die Grundprinzipien des Wirtschaftslebens besprochen sowie Ursprung und Entwicklung des Geldes und seines Gebrauchs über Jahrtausende hinweg. Wir haben die Hartnäckigkeit der Armut in der Welt analysiert und entdeckt: Im gegenwärtigen Weltwirtschaftssystem, in der jetzigen Schuldenkultur ist Armut unumgänglich; von diesem System werden die Ärmsten und Bedürftigsten der Gesellschaft marginalisiert, ausgebeutet, unterdrückt und oft vernachlässigt und ignoriert.

Wir haben verschiedene Konzepte untersucht, säkulare und religiöse Ideen, wie der Mensch das „Gottesreich auf Erden" aufrichten will – z. B. Technokratie und Dominionismus, auch die Kreuzzüge waren ein solcher Versuch –, und gezeigt, dass sie alle mangelhaft und höchst bedenklich sind.

Und jetzt? Es ist ganz klar: Die Welt und im Großen und Ganzen auch die Kirche steuern in die falsche Richtung und sind bedrohlich ins Schlingern geraten. Was können wir tun, um das Blatt zu wenden? Wo suchen wir? Gibt es einen Ausweg, oder ist es schon zu spät und uns steht ein großer globaler Zusammenbruch ins Haus?

Es gibt einen Ausweg, davon bin ich überzeugt; aber solange wir nur weitermachen wie bisher oder unser Heil in der Politik suchen, werden wir ihn nicht finden. Wir brauchen eine radikale Veränderung des Denkens. Schon immer hat es eine Schuldenkultur gegeben, und deshalb ächzt unser Planet immer noch unter Armut, Ungleichheit und Krankheit. Aber *eine* Gesellschaft in der Geschichte gab es, die anders war. Diese Kultur funktionierte ohne eine von Schulden angetriebene Wirtschaft – zumindest in der Theorie, wenn in der Praxis auch nur unvollkommen. In dieser Gesellschaft wurde keiner, auch nicht der Ärmste, im Stich gelassen:

Das alte Israel!

Das Volk Israel entstand aus einer Gruppe von Menschen, die nach 400 Jahren Sklaverei in Ägypten gerade befreit worden war. Sie waren die „Hebräer", die

Nachkommen Abrahams, Isaaks und Jakobs, der auch Israel hieß. Gott hatte dem kinderlosen Abraham verheißen, ihm Nachkommen zu geben, so zahlreich wie der Sand am Meer, und sie dann zu einer großen Nation zu machen. Jahrhunderte später sandte Gott Mose, um die Hebräer aus der Sklaverei zu befreien und aus Ägypten herauszuführen.

Nach der wundersamen Durchquerung des Roten Meers führte Mose das Volk tief in die arabische Wüste hinein, zum Berg Sinai, dem „Berg Gottes", wo Gott sie berief und sie aussonderte, um sein besonderes Eigentumsvolk zu sein, regiert von seinen eigenen speziellen Gesetzen. Damit erschuf er eine Gesellschaft, eine Kultur, die in der gesamten Menschheitsgeschichte einzigartig ist.

Von der Zeit der Gründung in der Sinai-Wüste über 1000 Jahre v. Chr. bis zur Auflösung bei der Eroberung Jerusalems 70 n. Chr. unterschied sich das alte Israel deutlich von seinen heidnischen Nachbarn – durch seine Kultur und Gebräuche, die Gesetze sowie die religiösen Überzeugungen und Praktiken. Diese Unterschiede waren allgegenwärtig und setzten die Israeliten von den Nachbarvölkern ab – auch wenn diese Unterschiede von Israel als Ganzem nicht immer und vollständig eingehalten wurden; der wiederholte Ungehorsam des Volkes führte letztlich zur Vertreibung aus dem Land und zur Zerstreuung unter alle Völker.

Zur Zeit Jesu war ein Großteil des jüdischen Gottesdienstes und der religiösen Tradition zu einer leeren Formalität verkommen, zu einem Ritual – ohne echte Hingabe an Gott und reichlich verdreht. Doch selbst in diesem Zustand konnte man in vielem immer noch erkennen, dass die Juden das auserwählte Gottesvolk waren. Auch wenn für sie galt: „Sie haben den Schein der Frömmigkeit, aber deren Kraft verleugnen sie" (2. Timotheus 3,5), sahen sie sich weiterhin als Menschen, die anders, besser waren als die anderen. Das zeigte sich u. a. ganz klar in dem, was im Tempel zu Jerusalem vor sich ging:

Der herodianische Tempel war damals, im ersten Jahrhundert, zweifellos das prächtigste Gebäude der Stadt. Sein äußerer Vorhof, der „Vorhof der Heiden", war eine quadratische Einfriedung von rund 230 Metern Seitenlänge und, wie der Name nahelegt, den Heiden zugänglich – „Gottesfürchtige", also Nichtjuden, die den Gott Israels anerkannten und anbeteten, aber nicht formell zum Judentum übergetreten waren, konnten in diesem Bereich des Tempelkomplexes beten und Gott anbeten; weiter hinein durften sie nicht. Die Höfe, die näher am eigentlichen Tempel lagen, waren ausschließlich Juden vorbehalten.

Jerusalem war ein wichtiger Knotenpunkt für den internationalen Handel; dazu kam, dass es Zentrum der jüdischen Religion war. Das machte Jerusalem zur Weltstadt, besucht von Weitgereisten, ganz besonders während der großen Feste wie dem Passafest. Juden wie Nichtjuden aus dem gesamten Mittelmeerraum und darüber hinaus kamen nach Jerusalem und brachten allerlei Münzen mit. Dieser Teil der Welt wurde von Rom regiert, und Rom regelte praktisch alles; doch viele Provinzen prägten zusätzlich immer noch ihre eigenen Münzen, und die waren neben den römischen Münzen ebenso im Umlauf. Die bunte Mischung heidnischer Münzen war auch in Jerusalem akzeptiert, dem Dreh- und Angelpunkt des Judentums – nur nicht zur Bezahlung der Tempelsteuer oder für Opfergaben. Das „unreine" heidnische Geld galt als dafür inakzeptabel und musste umgetauscht werden in die Silbermünzen, die für den Gebrauch im Tempel als geeignet galten. Ob zur Entrichtung der Tempelsteuer, für eine Gabe an die Armen oder zum Kauf von Opfertieren: Die „heidnischen" Münzen mussten umgetauscht werden in die akzeptierten Silbermünzen. Dafür gab es im Vorhof der Heiden Geldwechsler, und gleich daneben wurden Opfertiere zum Verkauf angeboten (oft zu maßlos überhöhten Preisen); sie waren von den Priestern geprüft und zertifiziert, also zum Opfer zugelassen. Diese Geschäfte fanden statt mit der Zustimmung der Sadduzäer, der Klasse derjenigen Priester, die eher politisch als religiös waren; die Sadduzäer hatten das Monopol auf das Amt des Hohenpriesters.

Es braucht wohl kaum erwähnt zu werden, dass dieses Arrangement Gier und Korruption förderte. Nicht nur störte der Lärm meckernder Schafe und Ziegen, das Gurren von Tauben und das Klimpern von Metallmünzen, die den Besitzer wechselten, die, die zum Beten in den Vorhof der Heiden gekommen waren (weiter hinein durften die „Gottesfürchtigen" ja nicht), und machte ihnen dieses Beten praktisch unmöglich; die Geldwechsler und Viehhändler hingegen „verdienten" sich damit eine goldene Nase: Sie erhoben beim Geldumtausch Wucherzinsen, und die Priester erklärten die mitgebrachten Opfertiere der Pilger für untauglich; man erklärte, sie seien als Opfer nicht zulässig (auch wenn sie das eigentlich waren), und die Leute mussten wohl oder übel eines der überteuerten zertifizierten Tiere kaufen. Diese Atmosphäre aus Gier, Betrug und Verhöhnung all dessen, wofür der Tempel – und damit scheinbar auch sein Gott – stand, brachte Jesus eines Tages in Rage:

> *Und Jesus ging in den Tempel hinein und trieb heraus alle Verkäufer und Käufer im Tempel und stieß die Tische der Geldwechsler um und die Stände der Taubenhändler und sprach zu ihnen: Es steht geschrieben (Jesaja 56,7): „Mein Haus soll ein Bethaus heißen"; ihr aber macht eine Räuberhöhle daraus.*
>
> Matthäus 21,12-13

Die Ehre Gottes stand auf dem Spiel: Gerade die, die Vertreter Gottes sein sollten und den Auftrag hatten, alle Menschen fair zu behandeln – insbesondere die Armen –, übervorteilten sie und füllten sich so ihre Taschen (und die der Priesterklasse) mit unrechtem Gewinn. Was Gott sich als einen Ort des Gebets und der Anbetung ausgesondert (geheiligt) hatte, das hatten Menschen zu einer Räuberhöhle unehrlichen Handels gemacht. Trotzdem, als wäre alles in bester Ordnung, wurden weiterhin all die „rechten" religiösen Bräuche und Rituale ausgeübt, und das in peniblem Gehorsam gegenüber dem Buchstaben des mosaischen Gesetzes. Genau diese Einstellung hatte Gott schon Generationen zuvor verurteilt: „Dies Volk naht sich mir mit seinem Munde und ehrt mich mit seinen Lippen, aber ihr Herz ist fern von mir" (Matthäus 15,8; nach Jesaja 29,13). Diese Heuchelei schrie zum Himmel; kein Wunder, dass Jesus zornig war!

Doch auch noch in ihrer Verderbtheit zeigt die Tätigkeit, ja, die schiere Existenz der Geldwechsler, dass die Juden sich und ihre Religion als etwas Besonderes empfanden im Vergleich zu dem Rest der Welt: Gott war etwas Besonderes, und er hatte die Juden auserwählt, sein Volk zu sein; das machte sie ebenfalls zu etwas Besonderem. Gottes Tempel war etwas Besonderes, und nichts Gewöhnliches oder Profanes war würdig, im Tempel als Opfer eines wahren Gottesdienstes dargebracht zu werden. Diese Haltung des Besonders-Seins hatte sich durch viele Generationen hindurch tief ins Denken der Juden eingebrannt, seit dem Tag vor langer Zeit in der Wüste Sinai, als Gott diese einzigartige Nation gegründet hatte.

Mit unseren heutigen globalen Wirtschaftspraktiken ist es wie mit den alten heidnischen Praktiken: Sie stehen im deutlichen Gegensatz zu der Wirtschaft, die Gott für die Menschheit vorgesehen hat im Hinblick auf die Bedürfnisse der Armen und Mittellosen. Diese Bedürfnisse stehen in Gottes Wirtschaftsmodell im Zentrum – das sehen wir in den Gesetzen, die Gott dem alten Israel gab zu Fragen des Landbesitzes und des Erbrechts, des Geldes, des Schuldenwesens und ganz allgemein des Geschäftemachens.

Dieses Wirtschaftsmodell hatte seine Anfänge schon Jahrhunderte bevor Israel zum Volk wurde, und zwar bei der Berufung Abrahams:

> *Und der HERR sprach zu Abram: Geh aus deinem Vaterland und von deiner Verwandtschaft und aus deines Vaters Hause in ein Land, das ich dir zeigen will. Und ich will dich zum großen Volk machen und will dich segnen und dir einen großen Namen machen, und du sollst ein Segen sein. Ich will segnen, die dich segnen, und verfluchen, die dich verfluchen; und in dir sollen gesegnet werden alle Geschlechter auf Erden. Da zog Abram aus, wie der HERR zu ihm gesagt hatte …*
>
> 1. Mose 12,1–4

Gott rief Abraham aus Ur in Chaldäa heraus, damals einer der fortschrittlichsten Zivilisationen der Welt, und führte ihn in das Land Kanaan; dort lebte Abraham viele Jahre als Nomade. Während jener Wanderjahre kam Gott immer wieder zu ihm und erneuerte seine Verheißung der vielen Nachkommen, und er gab ihm eine spezifische Landverheißung:

> *Als nun Lot sich von Abram getrennt hatte, sprach der HERR zu Abram: Hebe deine Augen auf und sieh von der Stätte aus, wo du wohnst, nach Norden, nach Süden, nach Osten und nach Westen. Denn all das Land, das du siehst, will ich dir und deinen Nachkommen geben für alle Zeit und will deine Nachkommen machen wie den Staub auf Erden. Kann ein Mensch den Staub auf Erden zählen, der wird auch deine Nachkommen zählen.*
>
> *Darum mach dich auf und durchzieh das Land in die Länge und Breite, denn dir will ich's geben. Und Abram zog weiter mit seinem Zelt und kam und wohnte im Hain Mamre, der bei Hebron ist, und baute dort dem HERRN einen Altar.*
>
> 1. Mose 13,14–18

Anders als Ur in Chaldäa, einem Gipfel der antiken Zivilisation, war Hebron eine kleine und unbedeutende Ansiedlung. Warum führte Gott Abraham aus einer

Hochkultur wie Ur nach Hebron ins kulturelle Hinterland? Und warum führte er Abrahams Nachkommen einige Jahrhunderte später aus einer weiteren Hochkultur, aus Ägypten, in die Wüste, um sie dort zum Volk zu machen? Warum wählte Gott solche abgelegenen und anscheinend unproduktiven Orte, um dort sein Volk zu gründen? Hätte er das nicht in diesen Hochkulturen tun können?

Ein Grund: Hochkulturen wie Ur und Ägypten (und unsere Weltwirtschaft im 21. Jahrhundert) sind anfällig für Schulden – und für den Fluch von Armut, Ungleichheit und Krankheit, den Schulden mit sich bringen. Folgte man Gottes Plan, würde eine Gesellschaft entstehen, in der es all das praktisch nicht gäbe.

Aus ökonomischer Sicht scheint Gottes Hauptgrund dafür, die Hebräer aus Ägypten herauszuführen, der gewesen zu sein: Er wollte für sein Volk *beständiges Wachstum*, keinen Höchststand.[203] Eine Wirtschaft, deren Struktur auf stetiges Wachstum angelegt ist, bietet ein ebenes, ausgeglicheneres Spielfeld für alle, denn sie ermöglicht einem breiten Spektrum der Bevölkerung, sich auf einigermaßen gleicher Grundlage am Wirtschaftsleben zu beteiligen, ohne dass eine bestimmte Gruppe begünstigt würde. Hochkulturen mögen viel für die Armen tun, aber im Allgemeinen mit wenig Erfolg, denn strukturell sind sie nun einmal darauf ausgerichtet, die Reichen zu begünstigen gegenüber den Armen, die Wohlhabenden gegenüber den Mittellosen. In einer Hochkultur muss man Geld *haben*, um Geld zu *machen*, wie man so sagt. Und kreditwürdig ist nur der, der nachweisen kann, dass er bereits die Mittel hat, um den Kredit zurückzuzahlen. Die Armen, die *per definitionem* weder Geld noch Vermögen haben, haben keine Chance. Im Gegensatz dazu bevorzugt eine Struktur des beständigen Wachstums nicht nur nicht die Reichen zugunsten der Armen; sie bevorzugt auch nicht die Armen zugunsten der Reichen – sie behandelt alle gleich. Das mosaische Gesetz ist an diesem Punkt ganz klar:

> *Du sollst den Geringen nicht begünstigen in seiner Sache.*
>
> 2. Mose 23,3

> *Du sollst nicht unrecht handeln im Gericht: Du sollst den Geringen nicht vorziehen, aber auch den Großen nicht begünstigen, sondern du sollst deinen Nächsten recht richten.*
>
> 3. Mose 19,15

> *Beim Richten sollt ihr die Person nicht ansehen, sondern sollt den Kleinen hören wie den Großen und vor niemand euch scheuen; denn das Gericht ist Gottes.*
>
> 5. Mose 1,17

Die Struktur des stetigen Wachstums, die Gott für das Volk Israel eingerichtet hatte, verbot also einerseits, vor Gericht und in Rechtssachen den Armen zu bevorzugen; andererseits hatte sie spezifische Vorschriften, wie den Armen geholfen werden sollte (mehr dazu in Kürze).

Ein weiterer Grund für die Einrichtung einer Kultur des stetigen Wachstums in Israel: Gott wollte ihnen von Anfang an zeigen, dass sie als Volk nur überleben konnten, weil er selber ihr Schutz war (und nicht aufgrund ihrer Stärke und ihres Vermögens). Gottes beständigen Schutz aber würden sie nur genießen können, wenn sie beständig seinen Geboten gehorchten. Die aggressiven Hochkulturen der Nachbarvölker begehrten Israels Land und hassten das Volk, denn mit Gottes Hilfe hatte Israel die früheren Bewohner des Landes vertrieben und umgebracht. Materiell gesehen waren die Israeliten ärmer als ihre Nachbarn; ihr größter Vermögenswert war das Land selber, das Land, das Gott ihnen gemäß seiner Verheißung an Abraham gegeben hatte.

Gottes Rechtssystem für die Israeliten bezweckte, dass sie ärmer blieben als die umliegenden Völker. Der Grundgedanke war, dass keiner verarmen und keiner übermäßig reich werden sollte; jeder sollte in einem guten Maße wohlhabend sein. Dafür gab es in das System eingebaute Schutzmaßnahmen; die sollten dafür sorgen, dass die Armen und Bedürftigen nicht im Stich gelassen wurden und dass jeder, der schwere Zeiten durchmachte, immer die Möglichkeit hatte, sich wieder zu erholen. Wir könnten viele Vorschriften im Gesetz des alten Israel zitieren, um diese Behauptung zu untermauern – Gesetze zum Zehnten und zur Nachlese, und alle drei Jahre sollten die Leute ein Zehntel ihrer Erträge bringen speziell für die Armen und Bedürftigen:

> *Alle drei Jahre sollst du aussondern den ganzen Zehnten vom Ertrag dieses Jahres und sollst ihn hinterlegen in deiner Stadt. Dann soll kommen der Levit, der weder Anteil noch Erbe mit dir hat, und der Fremdling und die Waise und die Witwe, die in deiner Stadt leben,*

und sollen essen und sich sättigen, auf dass dich der HERR, dein Gott, segne in allen Werken deiner Hand, die du tust.

5. Mose 14,28–29

Die Leviten – das war der Stamm, der beauftragt war mit der Besorgung von allem rund um den Gottesdienst in der Stiftshütte und später im Tempel. Die direkten Nachkommen Aarons, des Bruders von Mose, waren Priester; die übrigen Leviten hatten sich um die Stiftshütte zu kümmern, später um den Tempel, und die Geräte; in der Wüste trugen sie Gerüst und Zeltdecken, den Altar, den Räuchertisch, die Bundeslade u. a., und einmal im Land Israel, sollten sie das Volk lehren und deshalb überall im Lande wohnen. Von allen zwölf Stämmen hatten nur die Leviten kein Land als Erbe zugeteilt bekommen, denn der Herr selber war ihr Erbteil (5. Mose 18,1–2); daher wurden sie zu den Fremden gerechnet, den Vaterlosen und den Witwen. Sie gehörten also zu denen, für die der Zehnte des dritten Jahres bestimmt war.

Zusätzlich zu diesem dreijährlichen Sonderzehnten und aus demselben Grund verlangte das Gesetz von den Leuten, jedes Jahr einen Teil der Ernte *nicht* einzubringen, damit die Armen Nachlese halten und von den Feldern holen konnten, was sie zum Überleben brauchten:

Wenn du dein Land aberntest, sollst du nicht alles bis an die Ecken deines Feldes abschneiden, auch nicht Nachlese halten. Auch sollst du in deinem Weinberg nicht Nachlese halten noch die abgefallenen Beeren auflesen, sondern dem Armen und Fremdling sollst du es lassen; ich bin der HERR, euer Gott.

3. Mose 19,9–10

In der Ernte sollten die Bauern absichtlich den Rand ihrer Felder nicht abernten und sie sollten nicht zurückgehen und irgendetwas von dem einsammeln, das zufällig zu Boden gefallen war; dasselbe galt für die Weinberge und Olivenhaine: Alle Weintrauben und Oliven, die beim Ernten hinunter fielen, sollten den Armen überlassen werden.

Zusätzlich gab es im Gesetz des Mose zwei wichtige Vorschriften, die typisch waren für die Radikalität und Einzigartigkeit des alten Israel: das Sabbatjahr und das Halljahr (auch: Jubeljahr). Diese an sich sind schon bedeutsam, aber sie beinhalten auch weitere Vorschriften betreffs der Armen: Schuldenerlass und Landrückgabe sowie Status und Behandlung israelitischer Sklaven.

Das Sabbatjahr war im Wesentlichen eine Weiterführung und Folge des Sabbattages. In den Zehn Geboten hieß es: „Gedenke des Sabbattages, dass du ihn heiligest" (2. Mose 20,8). An jedem siebten Tag hielten die Israeliten einen Tag völliger Ruhe; an diesem Tag durfte keinerlei Arbeit verrichtet werden, gleich welcher Art. Diese Verfügung galt nicht nur für Familienangehörige, sondern auch für Diener und Sklaven sowie alle Arbeitstiere wie Ochsen, Esel und andere Lasttiere. Der wöchentliche Ruhetag bedeutete, dass die Israeliten an nur sechs von sieben Tagen arbeiteten; das war ein großer Gegensatz zu den Nachbarvölkern, die sieben Tagen in der Woche arbeiteten und Handel trieben.

Was war Gottes Begründung dafür, jeden siebten Tag als Ruhetag festzulegen? Nun, zunächst dient dieser Ruhetag der körperlichen, geistigen und emotionalen Gesundheit; ein fester Lebensrhythmus mit dem Wechsel von Arbeit und Ruhe begünstigt die „Work-Life-Balance", wie man das gerne nennt. Der umfassendere Grund: Gott hat den Sabbat auch angeordnet zur Erinnerung an den Präzedenzfall der Schöpfungswoche – diesen Zyklus aus Arbeit und Ruhe hat Gott selber praktiziert:

> *Sechs Tage sollst du arbeiten und alle deine Werke tun. Aber am siebenten Tage ist der Sabbat des HERRN, deines Gottes. Da sollst du keine Arbeit tun, auch nicht dein Sohn, deine Tochter, dein Knecht, deine Magd, dein Vieh, auch nicht dein Fremdling, der in deiner Stadt lebt. Denn in sechs Tagen hat der HERR Himmel und Erde gemacht und das Meer und alles, was darinnen ist, und ruhte am siebenten Tage. Darum segnete der HERR den Sabbattag und heiligte ihn.*
>
> 2. Mose 20,9–11

Wie jeder siebte *Tag* für die Israeliten ein Ruhetag war, so war jedes siebte *Jahr*, der Abschluss einer Jahrwoche, ein Ruhejahr. Das mosaische Gesetz im Pentateuch, in den ersten fünf Büchern des Alten Testaments, spricht mehrfach vom Sabbatjahr, zum Beispiel im Buch Levitikus (3. Mose):

> *Und der HERR sprach zu Mose auf dem Berge Sinai: Rede mit den Israeliten und sprich zu ihnen: Wenn ihr in das Land kommt, das ich euch geben werde, so soll das Land dem HERRN einen Sabbat feiern. Sechs Jahre sollst du dein Feld besäen und sechs Jahre deinen Weinberg beschneiden und die Früchte einsammeln, aber im siebenten Jahr soll das Land dem HERRN einen feierlichen Sabbat halten; da sollst du dein Feld nicht besäen noch deinen Weinberg beschneiden.*
>
> 3. Mose 25,1–4

Das Hauptmerkmal des Sabbatjahres bestand darin, dass das Land ein Jahr lang brachliegen sollte: Kein Feld sollte besät, kein Weinberg beschnitten, kein Olivenhain gepflegt werden. Im Sabbatjahr sollten die Israeliten keinerlei Landarbeit verrichten. Ein Grund für dieses Gebot: Es sollte Israel daran erinnern, dass das Land eine Gabe Gottes war und dass es ab und zu Sabbatruhe brauchte, so wie sie selber jede Woche einen Ruhetag brauchten. Auch der fruchtbarste Boden ist nach mehreren Zyklen von Saat und Ernte erschöpft und braucht eine Pause, um sich zu erholen.

Die Erhaltung der Bodenfruchtbarkeit des Landes war allerdings nicht der einzige Grund für das Sabbatjahr; es sollte das Volk lehren, Gott zu vertrauen, dass er sie tagtäglich versorgen würde. Das Land alle sieben Jahre brachliegen zu lassen heißt, dass die Leute Gott vertrauen mussten, dass er sie im sechsten Jahr mit einer Ernte versorgt, die reich genug ist für zwei Jahre: von der Ernte im sechsten Jahr bis zur Ernte im achten Jahr; nur für den Tagesbedarf durften sie sich in Acker und Weinberg bedienen, auch das war im Gesetz festgelegt:

> *Was von selber nach deiner Ernte wächst, sollst du nicht ernten, und die Trauben, die ohne deine Arbeit wachsen, sollst du nicht lesen; ein Sabbatjahr des Landes soll es sein. Was das Land während seines Sabbats trägt, davon sollt ihr essen, du und dein Knecht und deine Magd, dein Tagelöhner und dein Beisasse, die bei dir weilen, dein Vieh und das Wild in deinem Lande; all sein Ertrag soll zur Nahrung dienen.*
>
> 3. Mose 25,5–7

Überlegen Sie mal, was das für eine Herausforderung gewesen sein muss in einer Volkswirtschaft, die auf Landwirtschaft beruhte, wenn man das Land tatsächlich alle sieben Jahre ein Jahr lang komplett unbebaut beließ und es auch nicht systematisch aberntete! Damit kam das Land 14 % der Zeit zur Ruhe, blieb ohne jede Kultivierung. Das praktische Ergebnis war ein Nivellierungseffekt: Ohne Rücksicht auf den Besitzstand aß jeder das Gleiche – also das, was in diesem Jahr von allein wuchs, was auch immer das war. Damit erinnert das Sabbatjahr

> … an die Situation von Genesis 1, in der alles Lebendige Anteil hatte an denselben von Gott bereitgestellten Geschenken. Das Sabbatjahr ist daher kein Hungerjahr, sondern ein Jahr der Rückkehr ins Paradies, dank der treuen Fürsorge Gottes für die Bedürfnisse aller.[204]

Bei der Vorschrift des Sabbatjahres, das Land ein Jahr brachliegen zu lassen, ging es um noch mehr als nur um „Nachhaltigkeit", sie bezweckte mehr als die dauerhafte Fruchtbarkeit und Produktivität des Bodens. Gott dachte auch an Gesundheit, Wohlfahrt und Wohlergehen seines Volkes als Ganzem. Im alten Israel war das Ideal eine dezentralisierte Struktur, in der jede Familie ihr eigenes Land besaß; dieses Besitzen war zu verstehen als *Haushalterschaft*; der *Eigentümer* war Gott selber. In einer Agrarwirtschaft ist Land und Boden das wichtigste Kapital; das Sabbatjahr half dazu, dass jede Großfamilie alles hatte, was sie haben musste, um alles zu produzieren, was sie zum Leben brauchte.[205]

Das stand in Einklang mit Gottes ursprünglicher Absicht für Israel als einer egalitären Gesellschaft, in der alle einigermaßen gleich waren: Nachdem die Israeliten sich im Land Kanaan niedergelassen hatten, wurde das Land mehr oder weniger gleichmäßig unter den Sippen und Stämmen aufgeteilt – größere Stämme mit mehr Familien bekamen ein größeres Gesamtstück Land zugeteilt, aber die Zuteilung an die einzelnen Sippen war ziemlich gleich. Damit genossen in der ersten Zeit der Besiedlung die meisten Israeliten einen ähnlichen Lebensstandard. Ausgrabungsfunde legen nahe, dass die Häuser der Israeliten bis ins 10. Jahrhundert v. Chr. hinein (also bis zur Zeit von Salomo) alle ungefähr die gleiche Größe hatten.[206]

Andere Stellen im Alten Testament zeigen weitere Dimensionen des Gesetzes zum Sabbatjahr, und auch sie offenbaren, dass das Sabbatjahr motiviert ist von der Barmherzigkeit und Menschenfreundlichkeit Gottes:

Sechs Jahre sollst du dein Land besäen und seine Früchte einsammeln. Aber im siebenten Jahr sollst du es ruhen und liegen lassen, ***dass die Armen unter deinem Volk davon essen****; und was übrig bleibt,* ***mag das Wild auf dem Felde fressen****. Ebenso sollst du es halten mit deinem Weinberg und deinen Ölbäumen.*

2. Mose 23,10–11

Alle sieben Jahre sollst du ein Erlassjahr halten*. So aber soll's zugehen mit dem Erlassjahr: Wenn einer seinem Nächsten etwas geborgt hat, der soll's ihm erlassen und soll's nicht eintreiben von seinem Nächsten oder von seinem Bruder; denn man hat ein Erlassjahr ausgerufen dem* HERRN.

5. Mose 15,1–2

Die Vorkehrungen für die Armen und zum Schuldenerlass zeigen das praktische Wesen des Sabbatjahres und der mit ihm verbundenen Verordnungen, die das richtige Verhältnis suchten zwischen dem Ideal und der Realität. Das Ideal lautete: Keine Armen in Israel. Der Realismus erkannte an: Es würde immer Arme geben. In 5. Mose 15,1–11 sehen wir das als Hinführung:

Dem, der dein Bruder ist, sollst du [das Geborgte] erlassen. ***Es sollte überhaupt kein Armer unter euch sein****; denn der* HERR *wird dich segnen in dem Lande, das dir der* HERR*, dein Gott, zum Erbe geben wird, wenn du nur der Stimme des* HERRN*, deines Gottes, gehorchst.*

5. Mose 15,3 5

Wenn einer deiner Brüder arm ist *in irgendeiner Stadt in deinem Lande, das der* HERR*, dein Gott, dir geben wird, so sollst du dein Herz nicht verhärten und deine Hand nicht zuhalten gegenüber deinem armen Bruder, sondern sollst sie ihm auftun und ihm leihen, soviel er Mangel hat.*

5. Mose 15,7–8

Es werden allezeit Arme sein im Lande*; darum gebiete ich dir und sage, dass du deine Hand auftust deinem Bruder, der bedrängt und arm ist in deinem Lande.*

5. Mose 15,11

Gottes Ideal für Israel war, dass es im Land keine Armen geben sollte; so würde es sein, wenn die Menschen ihm beständig vertrauten und gehorchten. Wenn es allerdings Arme *gab*, dann hatten diejenigen, die nicht arm waren, sich um die Armen zu kümmern und ihnen zu helfen. Abschließend wird anerkannt, dass das Ideal in der Realität niemals erreicht wird: Es werde im Land immer auch Arme geben; aber diejenigen, die nicht arm sind, haben die dauerhafte Verpflichtung, den Armen gegenüber freigebig und großzügig zu sein.

Im Lichte der Tatsache, dass Land und Boden im alten Israel das hauptsächliche ökonomische Kapital war, ist es wichtig zu verstehen, dass „Arme" im Sinne dieser Anordnungen die Landlosen sind, und dazu gehörten u. a. Sklaven, Tagelöhner und zugezogene Nicht-Israeliten.[207] Hier ist bemerkenswert, dass die Vorschriften zum Sabbatjahr nur den Hebräern galten, nicht aber den Fremden, die im Land lebten; und das galt auch in umgekehrter Richtung: Von Kreditgebern wurde in jedem siebten Jahr verlangt, ihren hebräischen Volksgenossen die Schulden zu erlassen – zu vergeben –; das galt aber nicht für die Schulden zugezogener Ausländer. Die Israeliten wurden auch davor gewarnt, gegen Ende der Jahrwoche, in den Jahren vor dem nächsten Sabbatjahr, einer armen Person den Kredit zu verweigern, weil das Sabbatjahr nahte und sie ihr Geld oder Getreide dann vielleicht nicht mehr zurückbekamen (5. Mose 15,9–10). Wie bei allen anderen Vorkehrungen des Sabbatjahres war auch der Hauptzweck des Gebots zum Schuldenerlass die Begrenzung der Armut im Land.[208] Gott war so sehr darauf aus, in seinem Volk die Armut zu bekämpfen, dass er dieses Anliegen in einem Gesetz verankerte, statt das allein dem Großmut und der Wohltätigkeit seines Volkes zu überlassen. Sider merkt dazu an: „Das Erlassen von Schulden im Sabbatjahr war ein institutionalisierter Mechanismus zur Vermeidung der Art wirtschaftlicher Spaltung, bei der sehr wenige Menschen alles Kapital besitzen, während andere keine produktiven Ressourcen haben."[209]

Zusätzlich zur Anweisung der einjährigen Brache und des Schuldenerlasses gab es eine dritte Vorschrift für das Sabbatjahr: Freilassung der Sklaven; und wie der Schuldenerlass galt auch diese Vorschrift nur für hebräische Sklaven, nicht für Angehörige anderer Volksgruppen. Im Zentrum dieser Vorschrift stand die

Erinnerung an die 400 Jahre, in denen die Hebräer Sklaven in Ägypten gewesen waren; das sollte ihr Mitgefühl wecken für alle, die versklavt waren, und es sollte sie zur Großzügigkeit anregen:

> *Wenn sich dein Bruder, ein Hebräer oder eine Hebräerin, dir verkauft, so soll er dir sechs Jahre dienen; im siebenten Jahr sollst du ihn als frei entlassen. Und wenn du ihn freigibst, sollst du ihn nicht mit leeren Händen von dir gehen lassen, sondern du sollst ihm aufladen von deinen Schafen, von deiner Tenne, von deiner Kelter, sodass du gibst von dem, womit dich der HERR, dein Gott, gesegnet hat, und sollst daran denken, dass du auch Knecht warst in Ägyptenland und der HERR, dein Gott, dich erlöst hat; darum gebiete ich dir solches heute.*
>
> 5. Mose 15,12-15

Sklaverei war in Israel natürlich nicht die Norm. Gott hatte sie nicht aus Ägypten befreit, nur damit sie nun in ihrem eigenen Land versklavt wurden. Aber es gab zwei Gründe, warum einzelne Israeliten sich doch als Sklaven wiederfinden konnten: Diebstahl und Bankrott. Zur Wiedergutmachung konnte ein des Diebstahls überführter Israelit dem Bestohlenen zum Sklaven gegeben werden. Ein Ernteausfall oder irgendein anderer schwerer Schlag konnte einen Israeliten in bittere Armut versetzen und ihn zwingen, sich selbst an einen anderen zu verkaufen, um zu überleben (oder um seine Schulden zu begleichen). In beiden Situationen sorgte das Gesetz des Sabbatjahrs dafür, dass niemand länger als sechs Jahre in diesem Status der Knechtschaft verblieb (die Länge der Knechtschaft war bestimmt von der Anzahl der Jahre, die bis zum nächsten Sabbatjahr verblieben). Zumindest im Falle eines Israeliten, der schwere Zeiten durchmachen musste, konnte das Dienstverhältnis abgekürzt werden, wenn seine Lage sich so weit verbessert hatte, dass er sich seine Freiheit wieder erkaufen konnte; das war jederzeit möglich. Jedenfalls wurden im Sabbatjahr alle hebräischen Sklaven freigelassen, unabhängig davon, wann in der Jahrwoche sie zum Sklaven geworden waren.

Dieses Gesetz, das die Freilassung der Sklaven nach spätestens sechs Jahren verlangte, sollte garantieren, dass kein Israelit dauerhaft in der Armut festsaß ohne Hoffnung auf Besserung – ob seine Lage nun auf seine eigenen

Handlungen zurückzuführen war oder auf „höhere Macht", auf externe Kräfte, die außerhalb seiner Kontrolle lagen.

Eine vierte wichtige Regelung zum Sabbatjahr war das laute Verlesen des Gesetzes (insbesondere des 5. Buches Mose) beim Laubhüttenfest – jeder Mann, jede Frau und jedes Kind in Israel sollte es hören. Dieses Vorlesen sollte dafür sorgen, dass auch Kinder und Kindeskinder das Gesetz und seine Vorschriften kannten und verstanden:

> *Und Mose gebot ihnen und sprach: Jeweils nach sieben Jahren, zur Zeit des Erlassjahrs, am Laubhüttenfest, wenn ganz Israel kommt, zu erscheinen vor dem Angesicht des HERRN, deines Gottes, an der Stätte, die er erwählen wird, sollst du dies Gesetz vor ganz Israel ausrufen lassen vor ihren Ohren. Versammle das Volk, die Männer, Frauen und Kinder und den Fremdling, der in deinen Städten lebt, damit sie es hören und lernen und den HERRN, euren Gott, fürchten und alle Worte dieses Gesetzes halten und tun und dass ihre Kinder, die es nicht kennen, es auch hören und lernen, den HERRN, euren Gott, zu fürchten alle Tage, die ihr in dem Lande lebt, in das ihr zieht über den Jordan, um es einzunehmen.*
>
> 5. Mose 31,10-13

Das Sabbatjahr war eine Erweiterung des Sabbats, und genauso war das Halljahr – Jobéljahr, Jubeljahr, ebenfalls Erlassjahr genannt – eine Erweiterung des Sabbatjahrs. Es sollte alle 50 Jahre gefeiert werden, und zwar nicht *anstelle* des Sabbatjahrs, sondern zusätzlich zu ihm. Zwischen zwei Halljahren lagen sieben volle Jahrwochen und damit sieben Sabbatjahre: die Jahre 7, 14, 21, 28, 35, 42 und 49. Das 50. Jahr war das Halljahr; erst danach begann die neue Jahrwoche. Die spezifischen Vorschriften für das Halljahr ähnelten denen für das Sabbatjahr in vielerlei Hinsicht. So gab es den Schuldenerlass, die Freilassung der hebräischen Sklaven und nochmals ein einjähriges Brachliegen des Landes.

Diese letzte Vorschrift war für die Israeliten eine noch größere Glaubensprüfung als das Sabbatjahr der ersten sechs Jahrwochen, denn nun mussten sie das Land zwei Jahre hintereinander brachliegen lassen, im Sabbatjahr (dem 49. Jahr) und im Halljahr (dem 50. Jahr). Anders ausgedrückt: Die Israeliten mussten Gott vertrauen, dass er ihnen im 48. Jahr genügend bereitstellen würde, so dass sie gut durch zwei Brachjahre kamen (Jahr 49 und 50), im 51. Jahr Saatgut ausbringen konnten und immer noch zu essen hatten bis zur Ernte im Jahr nach dem Halljahr – insgesamt drei Jahre lang. Da das Halljahr das erste Jahr nach dem Sabbatjahr war, hatten die Israeliten anschließend nur fünf (nicht sechs) Jahre, um für das nächste Sabbatjahr Vorrat anzulegen. Aber auch dafür würde Gott sorgen, wenn sie ihm nur gehorchten:

> *Darum tut nach meinen Satzungen und haltet meine Rechte, dass ihr danach tut, auf dass ihr im Lande sicher wohnen könnt. Denn das Land soll euch seine Früchte geben, dass ihr genug zu essen habt und sicher darin wohnt. Und wenn ihr sagt: Was sollen wir essen im siebenten Jahr? Denn wenn wir nicht säen, so sammeln wir auch kein Getreide ein –, so will ich meinem Segen über euch im sechsten Jahr gebieten, dass er Getreide schaffen soll für drei Jahre, dass ihr sät im achten Jahr und von dem alten Getreide esst bis in das neunte Jahr, sodass ihr vom alten esst, bis wieder neues Getreide kommt.*
>
> 3. Mose 25,18-22

Bei aller Ähnlichkeit mit dem Sabbatjahr hatte das Halljahr eine besondere Vorschrift, die es eindeutig vom Sabbatjahr unterschied: die Rückgabe allen angestammten Landes an den ursprünglichen Besitzer. Ich erwähnte bereits, dass in Kanaan jeder israelitische Stamm Land zugeteilt bekam im Verhältnis zur Anzahl seiner Sippen; dieses Land wurde dann unter den Familien aufgeteilt je nach Bedarf. Diese Zuteilungen an die Stämme und Familien sollten den Empfängern dauerhaft gehören, weil das Land letztlich Gott gehörte und die Menschen bloß Haushalter waren. Auch das wird im Gesetz zum Jubeljahr ganz klar:

> *Darum sollt ihr das Land nicht verkaufen für immer; denn das Land ist mein, und ihr seid Fremdlinge und Beisassen bei mir. Und bei all eurem Grundbesitz sollt ihr für das Land die Einlösung gewähren.*
>
> 3. Mose 25,23-24

Abgesehen von dem theologischen Element – der Mensch ist nur Haushalter des Landes, der Eigentümer ist Gott – enthielt die Landrückgabe-Vorschrift im 50. Jahr, dem Erlassjahr (Halljahr), auch den Aspekt der Barmherzigkeit und Menschenfreundlichkeit: Sie diente der Armutsbekämpfung. Laut der Regelung der Landrückgabe im Gesetz zum Jubeljahr musste jeder Landbesitz, den ein Israelit irgendwann in den vorherigen 49 Jahren verkauft hatte, ihm bzw. seiner Familie unentgeltlich zurückgegeben werden. Es kam vor, dass unerfreuliche Umstände einen Israeliten dazu zwangen, sein Land (oder einen Teil davon) an einen anderen Israeliten zu „verkaufen" (in Wirklichkeit verkaufte er nicht das *Land*, sondern eine bestimmte Anzahl von Ernten, ähnlich wie heute in der Erbpacht). Der Verkaufspreis wurde berechnet aus der Anzahl der bis zum Halljahr verbleibenden Jahre: je mehr Jahre vor dem Halljahr, umso höher der Verkaufspreis, weil der Käufer mehr Ernten erwarb, und umgekehrt: Weniger Jahre vor dem Halljahr erzielte das Feld einen niedrigeren Preis, weil weniger Ernten erworben wurden.

Ohne Rücksicht auf das Verkaufsdatum musste das Land im Halljahr dem ursprünglichen Besitzer unentgeltlich zurückgegeben werden. Doch war auch eine frühere Rücknahme (Auslösung) möglich, das sehen wir in 3. Mose 25,24: Wenn der Israelit, der das Land verkauft hatte (oder seine Familie), später die Mittel hatte, es zurückzukaufen, dann konnte das jederzeit geschehen, egal, wie lange es bis zum nächsten Halljahr noch dauerte. Der Käufer des Landes war verpflichtet, dem ursprünglichen Besitzer die Auslösung seines Landbesitzes zu ermöglichen; und auch wenn der ursprüngliche Besitzer in dieser Zeit nicht imstande war, sein Land auszulösen, konnte immer noch ein Verwandter es in seinem Namen „zurückkaufen". In beiden Fällen wurde wie beim ursprünglichen Verkauf der Preis berechnet anhand der Jahre, die bis zum nächsten Halljahr verblieben. Wenn es aber niemanden gab, der das Land auslösen konnte, ging die Eignerschaft im Erlassjahr, im Halljahr automatisch wieder auf den ursprünglichen Besitzer über, und zwar ohne jede weitere Kompensation für den Käufer.

Die beständige Einhaltung der Gesetze zum Sabbatjahr und zum Halljahr hätte für das Leben des Volkes mindestens zwei starke Auswirkungen gehabt: Die ungehemmte Anhäufung von Kapital bei den einen zum Nachteil anderer wäre verhindert worden; und sie hätte alle davor geschützt, dauerhaft und ausweglos in der Armut gefangen zu sein ohne die Chance auf einen Neubeginn.

All diese speziellen Vorschriften im mosaischen Gesetz – zinsfreie Kredite, Schuldenerlass, Freilassung von Sklaven und Rückgabe des angestammten Landes an den ursprünglichen Besitzer – alle diese Vorschriften zeigen, dass das alte Israel nach dem Plan Gottes im Wesentlichen als schuldenfreie Gesellschaft angelegt war. Kein Israelit sollte jemals eines anderen Israeliten Herr werden, und kein Israelit sollte jemals unentrinnbar in Armut gefangen sein. Denn in einem Reich, gegründet und regiert von einem Gott der unendlichen Liebe und des Erbarmens, der unendlich vermögend ist: In einem solchen Reich ist die bloße Existenz von Armut in seinem Volk ein Hohn, denn Armut ist das genaue Gegenteil von Gottes Wesen und Charakter.

Wenn überhaupt, was könnten wir übernehmen von dem Modell des alten Israel, was könnte uns helfen in der globalen wirtschaftlichen, kulturellen und geistlichen Krise unserer Tage? Was könnte eine dreitausend Jahre alte Kultur uns heutigen Menschen möglicherweise sagen? Sicher wäre es unpraktisch, wenn nicht unmöglich, in unserer heutigen Welt die spezifische hebräische Kultur zu reproduzieren, die wir in diesem Kapitel untersucht haben, mit ihren spezifischen und einzigartigen Regelungen zum Sabbatjahr und zum Halljahr. Immerhin waren die spezifischen Gesetze und Vorschriften der ersten fünf Bücher des Alten Testaments zugeschnitten auf eine bäuerliche Gesellschaft, in der die Menschen ihren Lebensunterhalt fast ausschließlich von ihrem Land und seinen Erzeugnissen bestritten. Die heutige Weltwirtschaft basiert im Allgemeinen viel weniger auf der Landwirtschaft, als es im alten Israel der Fall war, zumindest in der industrialisierten Welt. Die Vorschriften, die damals galten, können also nicht pauschal in die heutige Welt hinein übernommen werden.

Ein anderer Grund, warum das Modell des alten Israel heute nicht tauglich ist, zumindest nicht in unveränderter Form: Auch die alten Israeliten schafften es nicht, auf Dauer diese Vorschriften einzuhalten. Jedenfalls gibt es keinen klaren Beleg dafür, dass das Halljahr überhaupt je gehalten, gefeiert wurde;[210] Belege für die Einhaltung des Sabbatjahres sind bestenfalls nur punktuell vorhanden. Über ihre anfängliche Einrichtung hinaus, wie sie in den Büchern 2., 3. und 5. Mose vorgezeichnet ist, werden beide im Rest des Alten Testaments überhaupt nicht mehr erwähnt. Das Buch Ruth liefert Belege, dass die Gesetze zur Nachlese verstanden und eingehalten wurden, zumindest von manchen; allerdings muss ich auch darauf hinweisen: Wenn die Bibel sich über die tatsächliche Einhaltung dieser Vorschriften ausschweigt, ist das noch kein schlüssiger Beleg dafür, dass sie nicht praktiziert worden wären. Bibelwissenschaftler sind sich einig: Wir wissen es einfach nicht, in welchem Maße sie eingehalten wurden.[211]

Auch wenn die Bibel keine direkten Aussagen dazu macht: Aus den Botschaften der hebräischen Propheten des Alten Testaments kann abgeleitet werden, dass die Israeliten die Vorschriften für Sabbat- und Halljahr nicht oder nur lückenhaft umgesetzt haben. Die Propheten verkünden dem Volk das Gericht Gottes, und sie sagen ihm auch, womit sie sich dieses Gericht zuziehen; Amos zum Beispiel nennt als Hauptgrund für Gottes Gericht die Vernachlässigung, Unterdrückung und den Missbrauch der Armen durch die Reichen in Israel:

> *So spricht der HERR: Um drei, ja um vier Frevel willen derer von Israel will ich sie nicht schonen, weil sie die Unschuldigen für Geld und die Armen für ein Paar Schuhe verkaufen. Sie treten den Kopf der Armen in den Staub und drängen die Elenden vom Wege.*
>
> Amos 2,6-7

> *Darum, weil ihr die Armen unterdrückt und nehmt von ihnen hohe Abgaben an Korn, so sollt ihr in den Häusern nicht wohnen, die ihr von Quadersteinen gebaut habt, und den Wein nicht trinken, den ihr in den feinen Weinbergen gepflanzt habt. Denn ich kenne eure Freveltaten, die so viel sind, und eure Sünden, die so groß sind, wie ihr die Gerechten bedrängt und Bestechungsgeld nehmt und die Armen im Tor unterdrückt.*
>
> Amos 5,11-12

Jeremia verkündigte, das Südreich Juda müsse 70 Jahre im Exil in Babylon verbringen – unter anderem mit der Begründung, das Land solle die entgangenen, ihm verweigerten Sabbatjahre nachholen können:

> *Da führte er gegen sie heran den König der Chaldäer und ließ ihre junge Mannschaft mit dem Schwert erschlagen im Hause ihres Heiligtums ... Und er führte weg nach Babel alle, die das Schwert übrig gelassen hatte, und sie wurden seine und seiner Söhne Knechte, bis das Königtum der Perser zur Herrschaft kam, damit erfüllt würde*

> *das Wort des Herrn durch den Mund Jeremias.* ***Das Land hatte die ganze Zeit über, da es wüste lag, Sabbat, bis es an seinen Sabbaten genug hatte, auf dass siebzig Jahre voll wurden****.*
>
> 2. Chronik 36,17a.20–21

Ob Israel also jemals die Vorschriften zum Sabbatjahr und zum Halljahr einhielt oder nicht – und auch im Blick darauf, dass ein pauschales Übernehmen jener Vorschriften in unsere heutige Welt impraktikabel und unmöglich wäre –, Tatsache ist: Diese Vorschriften zum Schutz und zum fairen und gerechten Umgang mit den Armen, die Gott im mosaischen Gesetz erlassen hat, zeigen immer noch Gottes Liebe, sein Herz, seine Hoffnung und seinen Willen für alle Menschen, insbesondere für diejenigen, die seine Kinder sind, die Bürger seines Reiches.

Nun haben wir die parallelen Krisen der Kirche und der Staatsregierungen betrachtet; beide haben je ihren „Goldstandard" aufgegeben, der ihnen Stabilität und soliden Gegenwert gegeben hatte. Wir sahen auch die vielen mangelhaften und vergeblichen Versuche und Pläne des Menschen, sein eigenes Gottesreich zu errichten; und nachdem wir zuletzt den Gegensatz von Gottes idealem Plan für das alte Israel – eine schuldenfreie Kultur – kennengelernt haben, ist es nun Zeit, zu fragen, wohin wir als Weltgemeinschaft gehen können: Was können wir tun, um wieder in geordnete Bahnen zurückzufinden, zu einer besseren, vollkommeneren Wirtschaft, wie Gott sie gedacht hat?

Das Video zu diesem Kapitel (Englisch):
http://youtu.be/YTBBUL-UyAQ

Kapitel 10

Zu einer besseren Wirtschaft finden

Unser Leben besteht nicht im Streben nach materiellem Erfolg, sondern in der Suche nach geistlichem Wachstum. Unsere gesamte irdische Existenz ist nur ein Übergangsstadium auf dem Weg zu etwas Höherem.

Alexander Solschenizyn

In Hiob 38,33 fragt Gott Hiob: „Weißt du des Himmels Ordnungen, oder bestimmst du seine Herrschaft über die Erde?" Das könnte er genauso gut uns heute fragen. – Kennen *wir* die Ordnungen des Himmels? Können *wir* Gottes Herrschaft über die Erde aufrichten?

Nehmen wir uns zuerst die zweite Frage vor. Wenn Sie den Argumenten in diesem Buch bis hierher gefolgt sind, dann sollte offensichtlich sein, dass die Antwort lautet: Nein, *wir* können nicht Gottes Herrschaft über die Erde aufrichten. Wir können das Gottesreich nicht auf die Erde bringen, und wenn wir uns noch so sehr anstrengen. Wir haben es ja durchaus *versucht*. Die Geschichte ist voll von Bemühungen des Menschen, das Gottesreich in die Welt zu bringen – ein Gottesreich, wie es der menschliche Intellekt versteht, nach menschlicher Weisheit, mithilfe menschlicher Macht. Jeder derartige Versuch ist gescheitert. Warum? Zum Teil, weil Gottes Gedanken nicht unsere Gedanken sind und seine Wege nicht unsere Wege; daran erinnert uns Jesaja 55,8. Gottes Reich auf Erden kann nicht aufgerichtet werden durch unseren Einfallsreichtum. Es kann nicht ausgeführt werden durch menschliche Pläne und Strategien. Gott allein kann sein Reich auf die Erde bringen, und er ist dabei, dies zu tun, seit der Mensch im Garten Eden die Unschuld verlor. Vor zweitausend Jahren trat dieser Prozess in eine neue Phase ein; Jesus Christus, der Sohn Gottes, erschien bei den Menschen und verkündete: „Kehrt um zu Gott! Denn Gottes himmlisches Reich ist nahe" (Matthäus 4,17 HFA). Zu seiner eigenen Zeit und auf seine eigene Weise wird Gott sein Reich vollständig auf die Erde bringen, nämlich, wenn Jesus wiederkommt. Bis dahin hat er hier einen Außenposten seiner Kolonialmacht errichtet, eine große Sippe namens Kirche, mit Christus, seinem Sohn, als Haupt.

Ich meine, auf die erste dieser beiden Fragen – Kennen *wir* die Ordnungen des Himmels? – müssen wir dieselbe Antwort geben: Nein, wir kennen die Bestimmungen des Himmels *nicht*. Selbst wenn wir sie einst kannten: irgendwann im Laufe der Zeit haben wir den Faden verloren. Kapitel 9 malt ein Portrait von Gottes Wirtschaftssystem für die Menschheit nach dem Vorbild im alten mosaischen Gesetz mit seinen sehr spezifischen Vorschriften im Blick auf den Handel mit Land und die Behandlung der Armen; diese Vorschriften sollten die wirtschaftliche Eigenständigkeit maximieren und die Armut minimieren. Unter dem mosaischen Gesetz war das Wirtschaftsleben entschieden dezentralisiert; Wirtschaftskraft und Entscheidungsmacht lagen bei der einzelnen Familie und nicht in der Hand einer Zentralregierung.

Jeder, der mit einem halbwegs wachsamen Auge Volkswirtschaften und Weltwirtschaft anschaut, wird erkennen, dass sie wenig Ähnlichkeit haben mit dem biblischen Modell. Selbst kapitalistische Staaten wie die USA und andere Länder mit freier Marktwirtschaft scheinen unaufhaltsam zuzusteuern auf eine größere Zentralisierung und mehr Kontrolle des Staates über die Wirtschaft. Kleine Familienbetriebe, seit eh und je die primäre Triebkraft des Wirtschaftswachstums, verschwinden zugunsten von Megaunternehmen und zentralisierter Planung. Die Schulden steigen auf jeder Ebene mit zunehmendem Tempo. Entsprechend steigen die Steuern, während der Wert der Währung sinkt. Damit nimmt die Kaufkraft des einzelnen Verbrauchers ab. Die Reichen werden immer reicher, und die Armen werden immer ärmer. Über Jahrzehnte des Bemühens, Armut zu bekämpfen, haben Millionen von Arbeitsstunden und Milliarden von

Dollar verhältnismäßig wenig Fortschritt erbracht. Die Volkswirtschaften der Welt sind in katastrophalem Zustand, die Achterbahn schlingert und droht zu entgleisen.

Der Russe Alexander Solschenizyn, Dissident, Historiker und Nobelpreisgekrönter Schriftsteller, lieferte eine kurze, aber tiefgründige Analyse der Wurzelursache nicht nur hinter den wirtschaftlichen Missständen der Welt, sondern hinter allen Missständen der Menschheit im Allgemeinen, insbesondere im 20. Jahrhundert: „Die Menschen haben Gott vergessen."

Seine Rede anlässlich der Verleihung des Templeton-Preises für Fortschritt in der Religion 1983 eröffnete Solschenizyn mit der Erklärung, alle Übel und Katastrophen, die Russland in den vergangenen 70 Jahren getroffen hatten, seien schlicht und einfach darauf zurückzuführen, dass die Menschen Gott vergessen hätten. Aber damit hörte Solschenizyn nicht auf; er plädierte dafür, die Ablehnung Gottes durch die Menschheit sei die grundlegende Ursache *aller* Mühsal und *aller* Trübsal im 20. Jahrhundert rund um die Welt:

> Dazu kommt: Die Ereignisse der russischen Revolution können erst jetzt, am Ende des Jahrhunderts, verstanden werden vor dem Hintergrund dessen, was sich seitdem im Rest der Welt zugetragen hat. Hier zeigt sich ein Prozess von universaler Bedeutung. Würde ich aufgefordert, kurz und knapp das Hauptmerkmal des *gesamten* 20. Jahrhunderts zu nennen, wäre ich auch hier nicht in der Lage, irgendetwas Präziseres und Prägnanteres zu finden außer, und ich sage es nochmals: **Die Menschen haben Gott vergessen**. Das wiederholte Versagen des Gewissens, das seiner göttlichen Dimension beraubt ist, war ein bestimmender Faktor in allen großen Verbrechen dieses Jahrhunderts. Das erste Verbrechen war der Erste Weltkrieg, und ein Großteil unserer heutigen misslichen Lage kann auf ihn zurückgeführt werden. Es war ein Krieg (die Erinnerung an ihn scheint zu schwinden), in dem Europa, das vor Gesundheit und Reichtum nur so strotzte, in eine Raserei der Selbstverstümmelung fiel, die nichts weiter zur Folge haben konnte als das Aussaugen der Kräfte Europas für ein Jahrhundert oder länger, vielleicht für immer. Die einzig mögliche Erklärung für diesen Krieg ist

> eine mentale Verfinsterung unter den Herrschenden in Europa, da sie das Bewusstsein von einer höchsten Kraft über sich verloren hatten. Nur eine gottlose Verbitterung konnte angeblich christliche Staaten dazu bringen, Giftgas einzusetzen, eine Waffe, die so offensichtlich jenseits der Grenzen der Menschlichkeit liegt.[212]

Laut Solschenizyn wurde der Makel eines „Gewissens, das seiner göttlichen Dimension beraubt ist" auf einer noch tieferen Ebene offenbar, als der Westen „der satanischen Versuchung eines ‚nuklearen Schutzschildes' erlag". In seiner Schilderung der Misere des Westens nahm er kein Blatt vor den Mund:

> Der erbärmlich hilflose Zustand, in den die gegenwärtige westliche Welt gesunken ist, verdankt sich in großem Maße einem fatalen Fehler: dem Glauben, die Verteidigung des Friedens hänge ab nicht von robusten Herzen und standhaften Männern, sondern einzig und allein von der Atombombe.[213]

Seine einleitende Bewertung des gefährlichen Zustandes der Menschheit schließt Solschenizyn mit schonungslos prophetischen Worten:

> Dostojewski warnte: „Es könnte sein, dass große Ereignisse über uns kommen und uns intellektuell unvorbereitet treffen." Genau das ist geschehen. Und er sagte voraus, dass „die Welt nur gerettet werden wird, nachdem sie vom Dämon des Bösen besessen war". Wir werden es sehen, ob sie tatsächlich gerettet werden wird; das wird von unserem Gewissen abhängen, von unserer geistlichen Klarsicht, von unseren individuellen und gemeinsamen Anstrengungen angesichts katastrophaler Umstände. Aber es ist bereits so weit, dass der Dämon des Bösen wie ein Wirbelwind triumphierend durch alle fünf Kontinente der Erde fegt.[214]

Leider gilt das auch für die Kirche. „Große Ereignisse" sind „über uns gekommen" und haben uns nicht nur intellektuell, sondern auch geistlich unvorbereitet angetroffen. Die Familie Gottes hat sich verlaufen. Unseren Prioritäten nach zu urteilen, die sich zeigen an dem, wie wir Gottesdienst feiern, arbeiten und unser Geld ausgeben, diesen Prioritäten zufolge hat die Kirche als Ganzes die Standards Gottes aus den Augen verloren. Wir kennen „des Himmels Ordnungen" nicht mehr.

In diesem Buch habe ich aufgezeigt: Ob wir über die Ökonomien der Reiche und Staaten der Menschen reden oder über die Ökonomie der Kirche, Gottes Hausgemeinschaft des Glaubens – wir sind abgekommen von der Herrlichkeit dessen, was Gott ursprünglich geplant und gewollt hat. In Vollkommenheit werden sie erst verwirklicht, wenn Jesus wiederkommt.

Was sollen wir in der Zwischenzeit tun? Wie sollen wir leben in der Zeit zwischen der teilweisen Anwesenheit des Reiches Gottes hier und jetzt und der Aufrichtung dieses Reiches auf Erden in der Fülle seiner Herrlichkeit? Was müssen wir tun, um die verlorene Herrlichkeit wiederzuerlangen?

Das Mindeste ist ein Kurswechsel: Wir müssen die Richtung ändern und uns wegbewegen von dem wirtschaftlichen Abgrund, der sich vor uns auftut. Aber in welche Richtung? Wir müssen unser Denken ändern und einen neuen Denkrahmen, ein neues Paradigma übernehmen. Aber welches Paradigma? Wir müssen die Richtung ändern, so viel steht fest; aber wir brauchen nicht ein *neues* Paradigma, sondern vielmehr das alte, das wir vor langer Zeit verworfen haben. Wenn wir auf eine bessere Wirtschaft zugehen wollen, müssen wir wieder lernen, *klein* zu denken, nicht groß.

Die meisten von uns, wenn sie das Wort „Wirtschaft" hören, stellen sich darunter eine riesige, schwerfällige und komplizierte Maschine vor und denken, dass ihre Funktionsweise nur wenige wirklich verstehen. Für Volkswirtschaft mag das zutreffen; doch schauen wir einmal genauer hin, legen wir das Wirtschaftsleben gewissermaßen unters Mikroskop, dann sieht man die unzähligen kleinen und kleinsten Komponenten, die zusammenspielen, damit das Ganze funktioniert. Nennen wir diese Einzelteile *Haushalte* oder gar *Familieneinheiten*; beide Begriffe sind treffend. Im Kontext der Volkswirtschaft sind diese „Haushalte" Kleinunternehmen oder Familienbetriebe; wie bereits gesagt, waren diese schon immer die Hauptkräfte des Wirtschaftslebens und des Wirtschaftswachstums. Auch im Geistlichen müssen wir unser Denken wieder neu ausrichten und die Kirche Jesu Christi nicht mehr sehen als die reiche, stolze und schwerfällige Institution voller Prunk, Pracht und Ritual, zu der sie im konstantinischen Zeitalter wurde, sondern als einen Haushalt, eine Hausgemeinschaft, eine Lebens- und Arbeitsgemeinschaft, eine Familie aus Menschen, die miteinander verbunden sind durch einen gemeinsamen Glauben, ein gemeinsames Erbe und eine gemeinsame Bestimmung.

Ist es angemessen, Wirtschaft – Ökonomie – mit einem Privathaushalt zu vergleichen? Untersuchen wir den Ursprung des Wortes: Das Wort „Ökonomie" geht zurück auf das griechische Wort *oikonomia* – „Verwalterschaft" oder „Verwaltung eines Haushalts". Ein *oikonomos* war ein Verwalter (Manager) eines Haushalts. Beide Wörter sind Zusammensetzungen von *oikos* – „Haus, Wohnstätte" und *nomos* – „Gesetz, Regel, Standard".[215] Im Grunde genommen ist eine Ökonomie, ist Wirtschaft also die Verwaltung eines Haushalts, das Management einer Familieneinheit, sei es eine Kernfamilie (Eltern und Kinder) oder ein Familienbetrieb. Verlieren wir die Familie aus den Augen, geschieht es schnell, dass unsere Wirtschaftsprobleme eskalieren, sei es in den materiellen Ökonomien von Nationen oder in der geistlichen Ökonomie der Kirche.

Kein auf den Menschen gegründeter Ansatz von Wirtschaft ist perfekt; doch hat sowohl die antike als auch die moderne Geschichte gezeigt: Der Kapitalismus mit einer freien Marktwirtschaft ist das System, das dem Ideal Gottes am nächsten kommt. Der Sozialwissenschaftler Rodney Stark definiert Kapitalismus so:

> [Kapitalismus ist] ein Wirtschaftssystem, in dem Firmen in Privatbesitz, relativ gut organisiert und stabil, komplexen kommerziellen Aktivitäten nachgehen, innerhalb eines relativ freien (also nicht regulierten) Marktes. Im Blick auf das Investieren und Reinvestieren von Vermögen in produktive Aktivität wird ein systematischer, langfristiger Ansatz verfolgt; dieser schließt angestellte Arbeitskräfte ein und ist geleitet von erwarteten sowie tatsächlichen Erträgen.[216]

Die meisten Historiker und Ökonomen datieren den Ursprung des Kapitalismus auf die Renaissance oder die Reformationszeit; Stark widerspricht und schreibt die Entstehung des Kapitalismus den katholischen Mönchen Anfang des 9. Jahrhunderts zu – diese hätten nach Wegen gesucht, die ökonomische Grundlage ihrer Klöster zu sichern.[217] Welches Datum auch immer zutreffender ist: Die Wurzeln des Kapitalismus gehen noch viel weiter zurück, nämlich auf die Wirtschaftsverordnungen des mosaischen Gesetzes, insbesondere die Regeln zum Sabbat- und Halljahr. Könnten diese Gesetze als Modell dienen für eine heutige Wirtschaftsreform?

James McCunes Buch *The Economics of the Kingdom of God* (Die Wirtschaftslehre des Reiches Gottes) ist eine Herausforderung! Er nimmt sich alle menschengemachten Ansätze des Wirtschaftslebens zur Brust, vom Kommunismus und Sozialismus bis zum Laissez-faire-Kapitalismus. Er nennt die jeweiligen Stärken und Schwächen und zeigt, dass keiner dieser Ansätze es geschafft hat, wahre wirtschaftliche Gleichheit für alle Menschen herzustellen, denn sie alle verstoßen auf die eine oder andere Weise gegen Gottes ursprüngliche Wirtschaftsprinzipien, wie wir sie beispielhaft finden in den Vorschriften zum Sabbatjahr, zum Halljahr (Erlassjahr) und den damit verbundenen Themen. Im 8. Kapitel zählt McCune sieben Säulen einer vernünftigen Ökonomie auf,[218] und sie beruhen auf den Vorschriften des mosaischen Gesetzes. Er erklärt, Erfolg oder Scheitern jeder Volkswirtschaft hingen davon ab, inwieweit das Land diese sieben Säulen zur Grundlage seines Wirtschaftslebens mache:

1. Privatgrundbesitz

Die erste grundlegende Säule der Ökonomie Gottes für die Menschen ist *Privatgrundbesitz*. Sie erinnern sich an Kapitel 9: Gottes Anweisung zur Aufteilung des Landes Kanaan unter die Israeliten lautete, dass die Zuteilung des Landes an die zwölf Stämme sich nach der Größe des einzelnen Stammes richten sollte. Innerhalb jedes Stammes wurde das Land den einzelnen Sippen, den „Vaterhäusern", so zugeteilt, dass jede Großfamilie ihr eigenes Stück Land haben konnte, um ihr ein anständiges Leben zu ermöglichen. Das Gesetz regelte, dass diese Zuteilungen nicht außerhalb der Sippe verkauft werden konnten; das Land war also dauerhaft im Familienbesitz, von Generation zu Generation. Einzige Ausnahme: wenn ein Landbesitzer aufgrund schwieriger Umstände das Land, sich und seine Familie an jemand anderen „verkauft" hatte und damit dem „Käufer" seine Arbeitskraft und Landrechte übertragen hatte, um dafür von dem Käufer versorgt zu werden. (In Wirklichkeit erwarb der Käufer nur eine bestimmte Anzahl von Ernten, nicht das Land selber.) Jedenfalls ging das Land im Halljahr wieder ganz an den ursprünglichen Besitzer zurück, so dass keine Familie in Israel dauerhaft ihres Landes und damit ihrer Lebensgrundlage beraubt sein würde.

Vorschriften dieser Art verankerten das Konzept des Privatgrundbesitzes als grundlegendes Prinzip in Gottes Wirtschaftsmodell für sein Volk. Da Gottes Wort sich niemals ändert, ist dasselbe Prinzip immer noch grundlegend für jedes vernünftige und wahrhaft funktionierende Wirtschaftsmodell. In der Tat bezeichnet McCune Grundbesitz als den „wichtigsten Eckpunkt von wirtschaftlicher Sicherheit und Seelenfrieden".[219] Es ist sehr wichtig, dass wir dieses Konzept verstehen; denn viele Staaten legen zum Recht auf Privatgrundbesitz (eigentlich: -eigentum) – falls sie es überhaupt anerkennen – nur Lippenbekenntnisse ab; und selbst Länder, in denen Privatgrundbesitz geschätzt wird und der Schutz desselben Eingang gefunden hat in die Gesetze, selbst solche Länder schützen das Recht auf Grundbesitz nicht in dem Maße, wie es im Gesetz des Mose festgeschrieben ist: Gott ist Eigentümer des Landes, und er allein hat es dem Volk gegeben, um es zu nutzen und von einer Generation zur nächsten zu vererben. Doch auch in Ländern, in denen Privatgrundbesitz anerkannt und Grunderwerb gefördert wird, behält sich der Staat das „Recht" vor, auf Grundbesitz Steuern zu erheben und den Eigentümer zu enteignen, wenn er diese Steuern nicht entrichtet – per Legalenteignung (gesetzliche Regelung in Gestalt eines Enteignungs„rechts"). Das nun versetzt den Staat in die Position des Landeigentümers, und das hatte Gott nie beabsichtigt. McCune sagt dazu:

> Wenn Gott der wahre Eigner des Landes ist, wer ist dann der Mensch oder vielmehr der moderne Staat, dass er Land besteuert – ganz zu schweigen davon, es zu konfiszieren? ... Lassen wir uns nicht täuschen über einen Staat, der Grundbesitz besteuert: Eine Regierung, die Grundeigentum besteuert und die Macht hat, Grund und Boden zu konfiszieren, wird handeln, als wäre sie der Eigentümer. Im Grunde gibt es in Ländern mit solchen Steuergesetzen Privatgrundbesitz also gar nicht.[220]

Einfach ausgedrückt: Privatgrundbesitz ohne Besteuerung und geschützt vor jeder Möglichkeit der Konfiszierung durch den Staat ist ein entscheidendes und unverzichtbares Element jedes vernünftigen, gerechten und fairen Wirtschaftssystems.

2. Anreize

Hand in Hand mit Privatgrundbesitz gehen *Anreize*, McCunes zweite Säule einer vernünftigen Wirtschaft. Menschen mit eigenem Grundbesitz, ohne Angst, ihn zu verlieren, haben die Freiheit, Handel und Gewerbe zu treiben, und zwar auf Grundlage der Produktivität ihres Landes und der Frucht ihrer Arbeit. Das schafft einen Anreiz, fleißig zu sein und so wohlhabend wie möglich zu werden; dabei gestehen sie anderen das Recht zu, dasselbe zu tun.

Anreize sind verknüpft mit Freiheit und Möglichkeiten. Wo man die Freiheit hat, seinen eigenen Traum zu verfolgen, und die Möglichkeit dazu, da wird der Anreiz stärker. Ein weiterer wichtiger Faktor für die Erzeugung von Anreizen ist die Zuversicht, dass man in der Lage sein wird, die Früchte seiner Arbeit zu genießen (und nicht bloß in die Taschen von jemand anderem arbeitet). Freiheit, Möglichkeiten und Zuversicht im Blick auf Lohn – ist irgendeines davon eingeschränkt oder fällt es ganz weg, ist der Anreiz geschmälert.

Dabei muss es allerdings ein Gleichgewicht geben und die Einsicht, dass Anreize, so wichtig sie auch sind, nicht unbegrenzt sein können. Ja, der Mensch verdient Lohn für seine Initiative, seinen Einfallsreichtum und seinen Fleiß. Das ist ihm Anreiz, weiterhin zu arbeiten, innovativ zu sein und zu wachsen. Doch müssen diese Anreize beschränkt werden, um zu verhindern, dass die Freiheit anderer, ihre eigenen Möglichkeiten auszuschöpfen, beeinträchtigt wird. Anreize ohne Einschränkungen verführen zu hemmungsloser Gier und unbändigem Ehrgeiz – und das wiederum führt zur Unterdrückung anderer sowie zu großer Konzentration von Vermögen in der Hand weniger, zum Nachteil aller anderen. McCune merkt dazu an, das biblische System suche „das Gleichgewicht zwischen den rivalisierenden Zielen der Anreize und der Gleichheit: ein Gleichgewicht, das eine Konzentration des Einkommens in den Händen weniger möglichst gering hält, jedoch mit geringstmöglichem Verlust an wirtschaftlichem Ertrag“[221].

Jedes vernünftige Wirtschaftssystem muss so strukturiert sein, dass es ein Gleichgewicht schafft zwischen ermutigenden, gesunden Anreizen für möglichst viele und der Förderung eines Umfeldes für ein Maximum an Produktivität bei höchster Effizienz.

3. Beteiligung am Kapital unter Wahrung der Menschenwürde

Ein weiteres Gleichgewicht gilt es anzustreben, und das ist eines der schwierigsten Ziele eines Wirtschaftssystems, klebrig und flüchtig zugleich: Beteiligung am Kapital durch Ausschüttung unter Wahrung der Menschenwürde. Dies ist die dritte grundlegende Säule einer vernünftigen Wirtschaft: Beteiligung am Kapital durch eine möglichst gleichmäßige, faire Zuteilung von Reichtum und Vermögenswerten, damit jeder, der zum System beiträgt durch Zeit, Arbeit und Geld, im Wesentlichen denselben Zugang zu dessen Vorteilen hat. Diese Gleichheit muss jedoch angestrebt werden auf eine Weise, die die Würde jedes Einzelnen ehrt und wahrt. Der „Robin Hood"-Ansatz: von den Reichen zu nehmen (durch Steuern), um es den Armen zu geben (durch Sozialleistungen), dieser Ansatz erreicht etwas, was einer gerechten Verteilung von Vermögen ähneln mag, aber er ist weder fair noch respektiert er die Menschenwürde. Es ist nicht fair gegenüber Menschen, die Geld haben, dass man sie *zwingt*, einen Teil davon abzugeben aus keinem anderen Grund als dem, dass sie es *haben*. Der Staat betrachtet sie im Prinzip mehr oder weniger als wandelnde Geldautomaten, die bei Bedarf nach Belieben angezapft werden können. Die Robin-Hood-Methode respektiert auch nicht die Würde der Empfänger, denn wer dauerhaft von „Almosen" leben muss, wird der Selbstachtung beraubt, die auch damit zusammenhängt, dass man sich und seine Familie ernähren kann durch seiner Hände Arbeit.

Die Regierungen versagen in dieser Hinsicht, denn sie verstehen unter Gleichheit nur finanzielle, materielle Gleichheit. Wahre Gleichheit geht aber viel tiefer. McCune erläutert:

> Gleichheit verlangt mehr als die Umverteilung von Geld; sie umfasst die Möglichkeit, sich auszuzeichnen, den eigenen Lebensweg einzuschlagen und die Befriedigung und den Stolz zu erleben, die der Erfolg mit sich bringt. Diese entstehen ausschließlich durch die Anstrengung des Einzelnen – und dazu braucht er Chancen – und nicht durch die künstliche Umverteilung des Einkommens.[222]

McCune fährt fort mit der Aussage: Die Menschenwürde verlange, dass ein Mensch (oder eine Familie) sein Auskommen so verdient, *wie er es will*; Gerechtigkeit hingegen verlange, dass er eine *vernünftige Gelegenheit* bekommt, Geld zu verdienen.[223] Das System, das Gott für Israel einrichtete, sorgt für beides: Von jeder Familie wurde erwartet, das Ihre zu tun, auf eine würdevolle und ehrenhafte Weise sich selber zu ernähren und darüber hinaus beizutragen zur wirtschaftlichen Gesundheit und zum Wohlstand aller. Die Zuteilung von Land stellte jeder Familie den nötigen „Rohstoff" dafür zur Verfügung.

Die meisten modernen Versuche, Verteilungsgleichheit zu erreichen, lassen den Respekt vor der Würde des Einzelnen leider vermissen, besonders die Maßnahmen des Staates – denn es liegt im Eigeninteresse der meisten Politiker, arme Menschen in Abhängigkeit von den staatlichen Sozialleistungen zu halten, damit sie wiedergewählt werden. Die Wahrheit sieht allerdings so aus, dass die meisten Menschen gar keine Almosen wollen; sie wollen Gerechtigkeit, Fairness, Würde sowie die Freiheit, ihren Lebensunterhalt zu *verdienen* (dazu gehört auch Chancengleichheit und Zugang zu den Ressourcen, die eine Erwerbstätigkeit ermöglichen).

4. Freiheit

Sie haben es vielleicht schon vermutet: Die sieben grundlegenden Säulen einer vernünftigen Wirtschaft, die wir hier untersuchen, sind alle miteinander verbunden. Grundeigentum, das sicher ist vor Besteuerung und Beschlagnahmung, ist eine wichtige Voraussetzung für die Wirksamkeit von Anreizen. Wird beides jedem Segment der Bevölkerung zugänglich gemacht, fördert das wiederum die Würde in der Verteilungsgleichheit. Nichts davon allerdings funktioniert ohne die vierte grundlegende Säule: *Freiheit*. Jedes vernünftige Wirtschaftssystem, das Gerechtigkeit und Fairness für alle unterstützt, muss sich auf Freiheit gründen: ein freies Volk, das auf einem freien Markt agiert. Freiheit bedeutet, dass man kommen und gehen kann, wann man will, wohnen und arbeiten, wo man will, zu Preisen kaufen und verkaufen, die vom Markt bestimmt werden, und – wenn nötig oder erwünscht – für andere arbeiten kann zu einem fairen Lohn, von dem man sein Auskommen hat.

Das System der Bibel, beispielhaft besonders in den Gesetzen zum Halljahr, hat für all das Vorkehrung getroffen. Abgesehen von eindringlichen Warnungen vor Unterdrückung und Betrug war die Freiheit praktisch unbegrenzt. Und anders als alle heutigen Wirtschaftssysteme – im Grunde auch anders als jedes System, das jemals irgendwo existierte – gab die Wirtschaft des alten Israel den Armen den Freiraum, die Ursachen der Verarmung auszuschalten, und damit blieben sie (und womöglich ihre Enkel und Urenkel) nicht dauerhaft in der Armutsfalle stecken.

Wahre Freiheit hat immer Grenzen, aber diese Grenzen sollten so gesteckt sein, dass sie die Freiheit aller verbessern und nicht einschränken. Einfach ausgedrückt: Meine Freiheit endet dort, wo deine Freiheit beginnt; es ist verboten, die eigene Freiheit so weit auszuweiten, dass die Freiheit eines anderen verletzt oder eingeschränkt wird. Wahre Wirtschaftsfreiheit garantiert *Chancengleichheit* für alle, für die Armen wie die Reichen; sie garantiert allerdings kein gleiches *Einkommen*. Das Ziel ist ein Wirtschaftssystem, das ein faires und ausgeglichenes Spielfeld bereitstellt, das jedem Menschen die Möglichkeit bietet, für sich und seine Familie ein Leben in Wohlstand und Sicherheit aufzubauen.

5. Wege aus der Armut

Die fünfte Säule einer vernünftigen Wirtschaft habe ich bereits erwähnt; leider glänzt sie in den Ökonomien der heutigen Welt durch Abwesenheit: *Eine Chance, der Armut zu entkommen.* Kein vernünftiger Mensch kann leugnen, dass die heutigen Volkswirtschaften zum Vorteil der Reichen strukturiert sind, oft auf Kosten der Armen; zumindest werden keine Vorkehrungen getroffen, welche die Armen in die Lage versetzten, dauerhaft aus ihrer Armut herauszukommen und sich einen höheren Lebensstandard zu erarbeiten.

Die Vorkehrungen für das Entkommen aus der Armutsfalle sind ein Kernpunkt der Vorschriften zum Sabbatjahr und zum Halljahr. Damit haben wir uns in Kapitel 9 eingehend befasst; deshalb wiederhole ich nur kurz: Die Gebote des allgemeinen Schuldenerlasses, der Freilassung aller hebräischen „Sklaven“ (die sich und ihre Arbeitskraft an einen anderen verkauft hatten) und der Rückgabe allen Landes an den ursprünglichen Besitzer, all das war ausdrücklich dazu gedacht, dafür zu sorgen, dass jegliche Armut in Israel nur zeitweilig war, und dass jeder, der verarmt war, immer die sichere Hoffnung hatte, dass sich das wieder ändern würde.

Der Weg zu einer besseren Wirtschaft verlangt zumindest, die Wirtschaftsstruktur so zu ändern, dass spezifische Vorkehrungen einbezogen werden, die den Armen helfen, aus dem Kreislauf der Armut auszubrechen, und zwar nicht durch Almosen oder Anspruch auf sozialen Ausgleich, sondern durch Chancengleichheit und Zugang zu Ressourcen. Wirtschaftliche Sicherheit für alle zu garantieren könnte bestimmte Einschränkungen der persönlichen Freiheit mit sich bringen, zum Beispiel die Beschränkung der Freiheit reicher Menschen, weiterhin Vermögen anzuhäufen *auf Kosten der Armen*. Egal, welche anderen Veränderungen ein Land in seinen Wirtschaftsgesetzen vornimmt: Solange man keine Möglichkeit eröffnet, der Armutsfalle zu entrinnen, wird ein System niemals eine gerechte und vernünftige Wirtschaft aufbauen können. McCune wird hier sehr direkt:

> Jedes Wirtschaftssystem, das versäumt, eine ernsthafte Chance zu einer solchen vollständigen Erholung bereitzustellen – sondern nur gerade genug Geld verteilt, um für einige Tage Essen kaufen zu können –, ein solches System ist nicht nur deshalb unzulänglich, weil es kleinhält und entwürdigend ist, sondern auch deshalb, weil es die Armut festzurrt, so dass sie von einer Generation an die nächste weitergegeben wird.[224]

6. Wirtschaftliche Sicherheit

Die sechste Säule einer vernünftigen Wirtschaft ist wie die fünfte eine, die von den heutigen Ökonomien nicht bereitgestellt wird, ausgenommen für die reichsten Mitglieder der Gesellschaft: wirtschaftliche Sicherheit. Offenkundig leisten die ersten fünf Säulen, die wir untersucht haben, alle einen bedeutenden Beitrag zu einem Umfeld, in dem es wirtschaftliche Sicherheit für alle geben kann. In gewisser Weise baut jede Säule auf der vorigen auf, wobei das Recht auf Privatgrundbesitz die wichtigste Grundlage überhaupt ist.

Ebenso offensichtlich sollte sein, dass kein Wirtschaftssystem in der heutigen Welt irgendeine dieser Säulen angemessen bereitstellt oder schützt: Grundeigentum kann vom Staat besteuert oder beschlagnahmt werden. Schwierige

Wirtschaftsbedingungen, Verordnungen der Regierung und Einschränkungen durch den Staat sowie der Mangel an angemessenen Möglichkeiten – dies alles dämpft die Anreize für Millionen von Menschen.

Gleichheit der Verteilung in Würde gibt es praktisch nicht, da die gegenwärtigen Strukturen die Reichen immer noch reicher werden lassen, während die Armen immer ärmer werden. Im Ergebnis mangelt es Millionen von Menschen an der Freiheit, zu gehen, wohin sie wollen, zu wohnen, wo sie wollen, und zu tun, was sie wollen. Die Freiheit der Armen in der Lebensgestaltung wird noch weiter eingeschränkt durch den Mangel an irgendwelchen Mechanismen, die ihnen helfen könnten, aus dem Kreislauf der Armut auszubrechen. Dies alles macht wirtschaftliche Sicherheit für alle außer die Reichsten zu einem fernen, unerreichbaren Traum.

James McCune stellt die heutigen Wirtschaftsstrukturen denen des alten Israel gegenüber; dabei nennt er wichtige Elemente der hebräischen Wirtschaft, die Herzstück waren der Gewährung wirtschaftlicher Sicherheit:

- Privateigentum an Land und Wohnraum, frei von Hypotheken, vererbt von einer Generation zur nächsten
- Sicherheit durch Selbstständigkeit; keine Gefahr, entlassen zu werden
- Grundeigentum und Erbe wurden nicht besteuert – damit Schutz für privates Grundeigentum und Vermögenswerte vor jeder Art der Beschlagnahmung durch den Staat
- Einkommen oder Ersparnisse während des Arbeitslebens wurden nicht vom Staat zwangsweise konfisziert, um es nach der Pensionierung bis zum Tod tröpfchenweise auszuzahlen (und den Rest behält der Staat schlicht und einfach ein) – anders ausgedrückt: es gab keine Zwangs-Rentenversicherung, keine Gesetze zur „sozialen Sicherung“[225]

Dies sind die Grundlagen wahrer wirtschaftlicher Sicherheit.

7. Wirtschaftliche Effizienz

Das letztendliche Ziel der ersten sechs Säulen einer vernünftigen Wirtschaft ist *wirtschaftliche Effizienz,* die siebte Säule. Doch auch dieses Element ist nicht absolut. Zusammengenommen zeigen die sieben Säulen ein Gleichgewicht zwischen Gerechtigkeit und Barmherzigkeit; doch erreicht und aufrechterhalten wird dieses Gleichgewicht nur durch ein Geben und Nehmen zwischen den einzelnen Säulen. Ein Beispiel: Wie bereits gezeigt, kann es mitunter nötig sein, die Freiheit des Einzelnen einzuschränken, um für eine Verteilungsgleichheit in Würde und das größtmögliche Wohl aller zu sorgen. Wirtschaftliche Effizienz ist daher nicht das „letzte Ziel", dem alle anderen sechs Säulen untergeordnet wären und dienen müssten, sondern schlicht eine von sieben Säulen, die gemeinsam angewendet und sorgfältig ausbalanciert werden müssen, um das fairste System hervorzubringen, das möglich ist.

Streng genommen bedeutet wirtschaftliche Effizienz, die richtige Vielfalt und Menge an Waren und Dienstleistungen zu produzieren mit den niedrigsten Kosten für Material und Arbeit und dabei die Vergeudung dieser Ressourcen auf einem absoluten Minimum zu halten. Im Allgemeinen gilt: Je höher die Gesamt-Effizienz einer Wirtschaft, umso höher der Lebensstandard. Historisch gesehen erreichte man das höchste Niveau wirtschaftlicher Effizienz mit dem besten Gleichgewicht zwischen Gerechtigkeit und Barmherzigkeit zum größten Wohl des größten Teils der Bevölkerung dadurch, dass freie Menschen in einem freien Markt sich frei assoziieren (nach Gutdünken zusammenschließen, zusammenarbeiten) können. Genau dieses Wirtschafts-Umfeld sollten die altisraelischen Gesetze zum Halljahr und zum Sabbatjahr hervorbringen.

Ein weiterer bemerkenswerter Aspekt des althebräischen Wirtschaftslebens, der dessen Erfolg sichern sollte, war der Fokus auf Kleinlandwirtschaft oder Kleinunternehmen im Familienbesitz als zentraler Wirtschaftseinheit. Die Familie war die erste irdische Institution, die Gott gegründet hat damals im Garten Eden; so sollte es nicht überraschen, dass er die Familie, den Haushalt zum entscheidenden Antreiber der Wirtschaft Israels machte.

Später in diesem Kapitel beleuchten wir dieses Konzept des Haushalts – Lebens- und Wirtschaftsgemeinschaft, Wohn- und Arbeitsgemeinschaft – und seine Bedeutung für eine bessere Wirtschaft sowohl in natürlicher als auch in geistlicher Hinsicht; doch zunächst ist zu unterstreichen: Die Familie war zu allen Zeiten das Herzstück der Gesellschaft; und heute ist sie in größerer Gefahr als je zuvor. Die Existenz kleiner Familienbetriebe (im Folgenden bezeichne ich auch sie als „Haushalt") ist durchweg gefährdet; sie werden in rasantem Tempo von multinationalen Mega-Unternehmen geschluckt und verdrängt durch staatliche Planwirtschaft. Im Blick auf das rasante Verschwinden dieser „Haushalte" als der grundlegenden Wirtschaftseinheit schreibt McCune:

> Im Verlaufe dieses Umbruchs sind Hunderte von Familienbetrieben untergegangen, und weitere folgen ... Während Vermögen und Einkommen der bereits Reichen weiter anwachsen, schrumpft die wirtschaftliche Sicherheit und Unabhängigkeit einer zunehmenden Zahl von Menschen. Das steht nicht im Einklang mit Gottes Wirtschaftsprinzipien, und es stimmt auch nicht überein mit seinem Wunsch, dass alle Menschen Grundeigentum haben und selber entscheiden über Berufsweg und Erwerb.[226]

Es ist Zeit – ja, allerhöchste Zeit –, dass wir wieder sehen, wie wichtig der Haushalt ist, die familiäre Lebens- und Wirtschaftsgemeinschaft, als zentrales Element für die Gesundheit und den Erfolg sowohl des Wirtschaftslebens als auch der Kirche. Räumen wir dem Haushalt, der Lebens- und Wirtschaftsgemeinschaft der Familie, wieder seine rechtmäßige, ihm angemessene Stellung ein.

Die Geschichte lässt keinen Zweifel an der entscheidenden Bedeutung von Kleinunternehmen für das Wohlergehen einer Volkswirtschaft, zumindest in Ländern mit einer vorrangig dezentralen Wirtschaft, wo die Kräfte des freien Marktes agieren dürfen mit einem Minimum an Einschränkungen und Verordnungen seitens des Staates. Ein Beispiel: In den USA stellen über 25 Mio. Kleinunternehmen über die Hälfte aller Arbeitsplätze. Diese Betriebe schaffen 70 % und mehr aller neuen Arbeitsplätze, sie stellen 40 % der neuen High-Tech-Arbeitsplätze, und sie erwirtschaften über die Hälfte des Bruttoinlandsprodukts. Über 50 % aller neuen Technologien und anderer Innovationen kommen aus Kleinbetrieben. Diese schaffen nicht nur die große Mehrheit neuer Arbeitsplätze, sondern sind auch für die meisten Menschen das Eingangstor zur Arbeitswelt. Für Frauen und Minderheiten oder auf dem Arbeitsmarkt benachteiligte Personen bietet der Kleinbetrieb die beste Chance auf ein eigenes Einkommen und zur Vermögensbildung. In den USA sind über die Hälfte aller Erwachsenen entweder selbstständig oder sie arbeiten für Firmen mit weniger als 500 Angestellten. Eine gesunde Wirtschaft braucht gesunde, starke Kleinbetriebe. Wenn Kleinbetriebe leiden, leidet die Wirtschaft.

Laut SBA (US Small Business Administration, US-Behörde für Kleinunternehmen) ist ein Kleinbetrieb eine Firma in Privatbesitz, die unabhängig agiert, in ihrer Branche wenig zu sagen hat und weniger als 500 Personen beschäftigt. Große Firmen sind für Kleinbetriebe zwar eine starke Konkurrenz (besonders innerhalb der Branche und branchennah), doch sind sie vielfach auf die Kleinunternehmen angewiesen; zum Beispiel brauchen auch die großen Autobauer die Zuliefererbetriebe, die von der Schraube über Platinen bis zur Fußmatte viele Einzelteile herstellen. Viele Konzerne lagern bestimmte Tätigkeiten an Kleinbetriebe aus, z. B. Rechnungsstellung und Kundendienst, Werbung und Vertrieb, Lohnbuchhaltung und Buchführung.

Verglichen mit den „Großen" mag ein Kleinunternehmen in seiner Branche vielleicht wenig Macht haben, zumindest in wirtschaftlicher und finanzieller Hinsicht; in Gesellschaft, Kultur und in Wertefragen jedoch kann seine Wirkung in Alltag und Geschäftsleben sehr groß sein. Ein Grund dafür: Die meisten Kleinunternehmen sind Familienbetriebe und handeln nach denselben Prinzipien und Werten wie die Familien, in deren Besitz sie sind. Viele dieser Unternehmen sind seit Jahrzehnten im Geschäft; ihr Erfolg und ihre Langlebigkeit verdanken sich der Weitergabe und Fortschreibung dieser Familienwerte von einer Generation an die nächste.

Die positive Wirkung von Familienwerten auf Kleinbetriebe und ihr Umfeld ist derart markant, dass dazu schon Studien erstellt wurden; sie sollten diese Werte erkunden, ihren Einfluss feststellen und erklären, warum sie so viel bewirken. Eine dieser Studien, ein Forschungsprojekt der IESE Business School der University of Navarra, untersuchte die Langlebigkeit der Familienbetriebe lateinamerikanischer Zuwanderer in den USA. Sie fanden 14 Schlüsselwerte als Grund für Erfolg und Langlebigkeit dieser Firmen – und zweifellos sind das die Werte von Familienbetrieben überall auf der Welt: Respekt, Qualität, Exzellenz, Unternehmergeist, Bescheidenheit, Fleiß, guter Ruf, Verwalterschaft, soziales Engagement (sich der Armen annehmen), Rechenschaftspflicht, Umsicht, Treue, Ehrlichkeit und Rentabilität.[227] Diese Ergebnisse wurden verglichen mit Ergebnissen früherer Studien über Familienbetriebe in Frankreich, Italien und

Finnland, um eine kulturübergreifende Analyse zu erstellen und unter anderem die Verzerrung der Ergebnisse aufgrund kultureller Vorurteile zu minimieren.[228] Natürlich gab es kleinere Abweichungen; doch waren die Listen einander bemerkenswert ähnlich, auch wenn manchmal dasselbe Prinzip verschiedene Namen trägt oder derselbe Begriff für unterschiedliche Konzepte gebraucht wird. Drei Werte kristallisierten sich heraus als die wichtigsten für die Langlebigkeit dieser Familienbetriebe: Qualität, Ehrlichkeit und Fleiß.[229]

Zusätzlich zur Feststellung der 14 Werte gruppierte die Studie die Werte, die die Langlebigkeit des Familienbetriebs begründen, in drei Hauptkategorien: *Zusammenhalt, Nachhaltigkeit* und *Weitergabe von Kernwerten*. Die Gruppierungen sahen wie folgt aus:

- Zusammenhalt: Respekt, Treue, Ehrlichkeit, guter Ruf
- Nachhaltigkeit: Unternehmergeist, Exzellenz, Fleiß, Umsicht, Qualität, Rentabilität
- Weitergabe von Kernwerten: soziales Engagement, Rechenschaftspflicht, Transparenz (Bescheidenheit) und insbesondere: Haushalterschaft[230]

Diese Werte, anerkannte Faktoren für den langfristigen Erfolg und die Funktionsfähigkeit von Familienbetrieben, ebendiese Werte würde man im alten Israel erwarten, wären die Vorschriften zum Sabbatjahr, zum Halljahr und ähnliche Vorschriften zur Haushalterschaft im mosaischen Gesetz voll zur Anwendung gekommen: ein Volk von selbstständigen Unternehmern, die auf ihrem eigenen Land, in ihrer eigenen Firma arbeiten (Privatgrundbesitz), die Wohlstand erwerben durch Ehrlichkeit, Exzellenz, Qualität und Fleiß und die jeweils die Grundlage bilden für den Erfolg der nächsten Generation, indem sie vor Gott und voreinander Rechenschaft ablegen, sich sozial engagieren (sich der Armen annehmen) und (vor Gott) gute Verwalter ihres Landes und anderer Ressourcen sind.

Dieses Szenario malt eine Kultur, die maximale Freiheit des Einzelnen, der Gemeinschaft und des Wirtschaftens verbindet mit einem Minimum an Beteiligung und Einmischung des Staates. Ich sagte es bereits: Das Wirtschaftssystem, das heute am nächsten an die Schaffung eines solchen Wirtschaftsraums herankommt, ist der Kapitalismus der freien Marktwirtschaft, allerdings mit der Einschränkung, dass ein völlig hemmungsloser Kapitalismus für die Freiheit des Wirtschaftslebens und das Wohlergehen der allermeisten genauso gefährlich ist wie der Sozialismus, der Kommunismus oder jeder andere Zentralisierungs-Ansatz. Wir sahen es oben bei McCunes sieben Säulen: Manchmal muss ein gewisses Maß an Freiheit aufgegeben werden, ein Teil der Freiheit im Streben nach Wohlstand und Vermögen, um nicht die Rechte anderer zu verletzen, ebenfalls nach danach zu streben.

Was hat all das zu tun mit der Welt, in der wir heute leben? Die außer Kontrolle geratene Vermehrung der Fiatpapierwährung und die daraus folgende globale Schuldenkultur haben uns dem Goldstandard derart weit entfernt, dass eine Rückkehr zu ihm zwar erstrebenswert wäre, aber unmöglich ist. Der Trend der Weltwirtschaft geht selbst in den Demokratien in Richtung größerer Zentralisierung und Staatsbeteiligung, was die Freiheit von Einzelpersonen und Haushalten zum unabhängigen Agieren verringert. Die gegenwärtigen Strukturen bieten keine Lösung und wenig echte Erleichterung für die Milliarden von Menschen, die im Teufelskreis der Armut feststecken.

Radikale Schritte könnten angezeigt sein. Zunächst einmal müssen die Regierungen der Welt anerkennen, welch hohen, unverzichtbaren Wert die kleinen Familienbetriebe als Grundeinheit und zentrale Antreiber gesunder Wirtschaftsaktivität haben, und Gesetze verabschieden, die dazu anregen und es ermöglichen, dass diese Haushalte als Wirtschaftsakteure maximale Teilnahme und Selbstbestimmung haben können. Für das Armutsproblem müssen echte Lösungen gefunden werden; Löcherstopfen, Feigenblätter und bloße Symptombekämpfung helfen nicht weiter. Von allen Seiten hört man ernst zu nehmende Stimmen, die einen weltweiten Schuldenerlass fordern, also die Streichung der Staatsschulden insbesondere von Entwicklungsländern. Einige sehen darin die einzige Möglichkeit, dass diese Länder und ihre Einwohner in der Weltwirtschaft zu Partnern auf Augenhöhe werden können, und dass dadurch die Weltwirtschaft wieder auf eine vernünftige Basis gestellt wird, bevor sie vollends zusammenbricht unter der übermächtigen Schuldenlast.

Es gibt allerdings viele andere, die sich des Problems genauso bewusst sind und denen ebenso daran liegt, eine Lösung zu finden, die aber darauf bestehen, dass ein wörtliches Wiedereinsetzen des alttestamentlichen Gesetzes im

Weltmaßstab keine Lösung sein kann. Dr. Ronald Sider sagt, wir bräuchten die Prinzipien, nicht den Buchstaben des Gesetzes: „Nach wie vor glaube ich nicht, dass die *speziellen* Vorschriften des Jubeljahres für uns heute bindend sind. Die moderne Industriegesellschaft unterscheidet sich völlig von der bäuerlichen Gesellschaft in Palästina ... Wir brauchen Methoden, die unserer eigenen Zivilisation angemessen sind. Es sind die Grundprinzipien und nicht die speziellen Einzelheiten, die für die Christen heute wichtig und normativ sind."[231]

Viele Christen glauben, alle Vorschriften des mosaischen Gesetzes seien durch das Kommen Christi und die Gründung der Kirche überflüssig geworden und abgetan. Sie behaupten, das Neue Testament habe das Alte Testament gänzlich abgelöst, oft mit dem Verweis auf Jesu Gleichnis von den Talenten (Matthäus 25,14–30), das sie als ein Gutheißen des modernen Kapitalismus verstehen. In diesem Gleichnis vertraut ein Mann kurz vor der Abreise dreien seiner Diener Geld an, das sie klug investieren sollen, solange er weg ist: Einer bekommt fünf Talente, der zweite zwei, der dritte ein Talent. Die beiden ersten Diener machen sich ans Werk und durch umsichtiges Wirtschaften verdoppeln sie ihr Geld; der dritte Diener aber versteckt sein Geld nur und unternimmt weiter nichts. Bei der Rückkehr belohnt der Herr dieser Diener die ersten beiden für ihre gute Haushalterschaft und den dritten bestraft er, seiner Untätigkeit wegen.

Ein sachkundiger christlicher Ökonom sagt, wenn Christen behaupten, dieses Gleichnis unterstütze den Kapitalismus, sei ihnen nicht bewusst, worum es hier gehe. In einem Vortrag an der Bettagskonferenz 2008 der EVP (Evangelische Volkspartei, Schweiz) kritisierte Professor Prabhu Guptara diese Behauptung scharf und schlüssig und sagte dazu, die Kirche müsse lernen, über die alttestamentlichen Vorschriften *hinauszugehen*:

> [Das Gleichnis von den Talenten] ist der *einzige* Text im gesamten Neuen Testament, der so hingedreht werden kann, dass er eine irgendwie geartete Verteidigung des gegenwärtigen Wirtschaftssystems hergibt. Dieses eine Gleichnis ist so oft zur Verteidigung des modernen Kapitalismus angeführt worden, dass man wirklich betonen muss, dass ein Gleichnis nur *einen Punkt* lehrt – nur einen einzigen Punkt. Und der Punkt in ***dieser***

> Geschichte ist nicht, dem Kapitalismus das Wort zu reden, denn den gab es damals noch gar nicht; der Punkt *dieser* Geschichte lautet: Jeder von uns soll seine Intelligenz und Arbeitskraft nutzen, um im Dienste unseres Herrn fleißig zu arbeiten, und zwar mindestens so intelligent und fleißig wie Atheisten, Agnostiker und Götzendiener für ihre Herren. Unser Denken und Arbeiten, unsere Klugheit, unser Dienen und Lieben soll das der Gottlosen übertreffen. Der ganze Tenor des Neuen Testaments besteht auch hier darin, weit über das Alte Testament hinauszugehen: Das AT verbietet Ehebruch, Jesus aber verbietet sogar ehebrecherische *Gedanken*; das AT untersagt Zinsen und bittet um Schuldenerlass alle 50 Jahre, der Herr Jesus aber bittet uns, jedem, der uns nur um den Mantel bittet, auch das Hemd zu geben: also zu lieben und zu geben, ohne auf die Kosten zu achten, denn unser Lohn ist im Himmel.[232]

Die starre, gesetzliche Anwendung des Wortes Gottes führt oft zu tragischen Resultaten. Sider erzählt als Beispiel, wie die mittelalterliche Kirche versuchte, die alttestamentlichen Gesetze gegen das Erheben von Zinsen auf Kredite wörtlich zu nehmen, und ein absolutes Zinsverbot erließ (und wer hätte schon zinslose Kredite vergeben?). Könige und andere Mächtige umgingen es – sie nutzten einfach jüdische Geldverleiher als Kreditquelle, denn die waren nicht an die Gesetze der Kirche gebunden. Das entfachte einen weit verbreiteten und ansteckenden Judenhass; es weckte in der Theologie große Kreativität, um Begründungen zu liefern, wie man diese Beschränkung umgehen könnte; und es verhalf zum Aufkommen der modernen Annahme (auch vieler Christen), alles Wirtschaften inklusive Kredite, Zinsen und Bankwesen seien völlig neutral und ständen sozusagen im luftleeren Raum, Glaube und Religion hätten hier also nichts zu suchen. „Vom Offenbarungsglauben her ist eine solche Sicht unmöglich", so Sider.[233] Denn in der geschaffenen Welt gibt es nichts, das außerhalb von Gottes Geltungsbereich läge.

Im Westen mögen viele, auch viele Christen, keinen Zusammenhang erkennen zwischen den jüdisch-christlichen Werten und dem wirtschaftlichen Erfolg des Westens; im Rest der Welt jedoch sind viele anderer Ansicht. Das gilt besonders für China, dessen Wirtschaftskraft, so prognostizieren viele Analysten, in der Mitte des 21. Jahrhunderts die Wirtschaftskraft des Westens übertreffen wird. Ein führender chinesischer Experte äußert sich in einer Studie über die Gründe für die Vorrangstellung des Westens dazu sehr eindeutig. Zunächst hatten sie die Militärmacht, das politische System und das Wirtschaftssystem als Hauptgründe für den Aufstieg des Westens gehalten – und verworfen –; dann kamen die Forscher zu einer überraschenden Schlussfolgerung. Besagter Experte fasste es so zusammen:

> In den letzten zwanzig Jahren haben wir erkannt, dass das Herz eurer Kultur eure Religion ist: das Christentum. Das ist der Grund, warum der Westen so mächtig ist. Die christliche Moral als Grundlage des sozialen und kulturellen Lebens hat das Auftreten des Kapitalismus und dann den erfolgreichen Übergang zu demokratischer Politik ermöglicht. Daran haben wir keinerlei Zweifel.[234]

Ein Großteil unseres modernen Ansatzes zur Armutsbekämpfung dreht sich um Wohltätigkeit. Ja, das Spenden von Geld oder Hilfsgütern für die Armen ist gut und manchmal notwendig, insbesondere in Krisenzeiten; aber es ist nicht so wirksam wie eine langfristige Behebung der Armut und bewirkt auf lange Sicht nur wenig – außer dass vielleicht das schlechte Gewissen der Geber beruhigt wird, die tief in sich spüren, dass sie mehr tun müssten. Wohltätigkeit allein reicht nicht; Gott erwartet von seinem Volk mehr, wie Ronald Sider erläutert:

> Gott will Gerechtigkeit, nicht bloß Wohltätigkeit. Christen sollten daher an der Beseitigung der Armut unter Gläubigen arbeiten. Gleichzeitig werden Christen, die vom biblischen Verständnis der wirtschaftlichen Gerechtigkeit geprägt sind, in der Gesellschaft nach wirksamen Strukturen suchen, die jeder Familie ermöglichen, das grundlegende Kapital zu haben, das man braucht, um sich seinen Lebensunterhalt zu verdienen.[235]

Hier wird impliziert, dass die christliche Kirche vor Gott und Menschen unleugbar den Auftrag hat, sich einzusetzen für soziale und wirtschaftliche Gerechtigkeit in der Welt. Doch wir müssen Sorge tragen, dass wir dies immer im Kontext unseres primären Auftrags tun, der Erfüllung des Missionsbefehls, den Jesus seiner Kirche gab: Geht hin in alle Welt und macht zu Jüngern alle Völker (Matthäus 28,18–20). Soziale Gerechtigkeit zu suchen und dabei abzusehen von der

Evangeliumsverkündigung – damit werden wir beide Ziele verfehlen; das zeigt die Bewegung des Sozialen Evangeliums in den liberalen protestantischen Kirchen Ende des 19. und Anfang des 20. Jahrhunderts.

Vielleicht ist ein Grund dafür, warum die Volkswirtschaften des Westens sich verlaufen haben, dass auch (oder zuerst?) die *Kirche* sich verirrt hat; könnte das sein? Wenn zurzeit unser Augenmerk nicht mehr auf den „Haushalten" kleiner Familienbetriebe ruht, sondern mehr auf der zentralisierten Kontrolle durch den Staat: Könnte das ein Widerschein sein davon, dass wir die ursprüngliche Identität der Kirche als „Hausgemeinschaft des Glaubens" aufgegeben haben zugunsten einer hierarchischen Institutionalisierung seit der Zeit Konstantins?

Die größte Hoffnung auf eine Reform des globalen Wirtschaftssystems, damit wieder der einzelne Haushalt sowie soziale und wirtschaftliche Gerechtigkeit für alle in den Blick genommen werden – die größte Hoffnung auf eine Reform also liegt darin, dass *die Kirche* zurückfindet zum Denken und zur Struktur der Familie, des Haushalts, der Lebens- und Arbeitsgemeinschaft, und dass sie das, was sie am Anfang hatte, neu ergreift: das Denken, dass die Gläubigen eine *Gemeinschaft* des Glaubens und die *Familie* Gottes sind, und dass sie entsprechend leben.

Am Anfang der Kirche sahen die Christen ihr Glaubensleben als Verwalterschaft unter Gott, eine Haushalterschaft mit dem Auftrag, einander im Glauben zu stärken und zu schützen und gemeinsam als Hausgemeinschaft Gottes zu leben unter dem Haupt Christus. Dieser Haushalt hatte nichts zu tun mit materiellem Besitz und dem Reichtum der Welt; er bestand aus Menschen von jedem sozialen Status und aus jeder Gesellschaftsschicht: Juden und Heiden, Sklaven und Freie, Reiche und Arme, Männer und Frauen. Abstammung und Herkunft waren belanglos; alle von Menschen erdachten Unterschiede waren in Christus abgetan. Paulus war der einzige Leiter, den wir aus dem Neuen Testament kennen, der eine systematische theologische Ausbildung genossen hatte; die anderen waren Fischer, Zöllner und radikale Polit-Aktivisten gewesen – sie alle waren gewöhnliche Menschen, aber sie verbrachten drei Jahre unter der Anleitung des außergewöhnlichsten Lehrers, der je gelebt hat.

Die Könige Israels im Alten Testament waren nach Gottes Plan auch Hirten des Volkes; sie hatten den Auftrag, sie anzuleiten zur Anerkennung und

Anbetung Gottes, der ihr oberster, allmächtiger Herr und König war – die Menschenkönige sollten sich lediglich als Verwalter des Landes sehen. Entsprechend ist Jesus Christus sowohl der Gute Hirte, der sein Volk weidet mit sanftem Erbarmen, als auch der König der Könige, der diese regiert in Recht und Gerechtigkeit. Jesus ist der Gottmensch, der Sohn des Vaters, der Gott, der Mensch wurde; so wurde der abstrakte Gott für uns real, damit wir nicht nur wissen können, *wie* Gott ist, sondern ihn selber kennenlernen können. Haushalterschaft beginnt daher mit geistlichen Vätern, die Gottes Schätze verwalten, seinem Plan folgen und sein Volk lehren, ihren himmlischen Vater, den Vater des Lichts, den Schöpfer, den allmächtigen Gott, zu erkennen und immer besser kennenzulernen. Dazu ist Jesus gekommen: den Vater zu offenbaren und Diener, Haushalter des Willens seines Vaters auf Erden zu sein.

Johannes Calvin nannte die Welt ein „herrliches Theater", in dem Gott, der Schöpfer, seine Herrlichkeit zeigen könne. Gott hat die Welt aber auch als Heimat für seine Kinder gedacht: für die Menschen, die er nach seinem eigenen Bild erschaffen hat, als Krone der Schöpfung, als krönende Herrlichkeit seines Schöpferhandelns. Der deutsche Theologe Helmut Thielicke nennt die Bibel „eine großartige Liebesgeschichte, eine große Suche". Wem gilt Gottes Liebe, und worauf richtet sich sein Suchen? Auf eine Familie; eine Familie aus *Menschen*. Dies ist eine der atemberaubendsten Wahrheiten über Gott: Er wollte eine Familie, und so erschuf er – *uns*!

Von Anfang an bestimmte Gott die Familie zur Keimzelle der Gesellschaft. Keine Kultur hat lange überlebt, die den Respekt vor der Kernfamilie hinter sich ließ und die Verteidigung dieses fundamentalen und wesentlichen Bausteins der Gesellschaft verschmähte. In der Tat: Beständige Vermögensbildung zum Wohle aller geschieht durch die zuverlässige Familienstruktur, wie Gott sie gedacht hat.

Die Kirche hat es bitter nötig, zurückzukehren zu ihrem traditionellen, historischen Verständnis des ursprünglichen Planes Gottes: Er wollte ein Volk erschaffen, das aus seinen, Gottes, Nachkommen besteht – sie sollten seine Kinder sein, seine Familie auf Erden. Um diesen Plan zu verwirklichen, erschuf er Adam und Eva und setzte sie in den Garten Eden. Sie waren Gott ungehorsam, und der Sündenfall war eine gewisse Störung, konnte Gottes Plan aber nicht völlig hintertreiben: Gott war immer noch willens, eine eigene Familie zu haben; also setzte er den Rettungsplan in Kraft, den er schon vor Grundlegung der Welt festgelegt hatte, einen Plan zur Erlösung seines Volkes aus der Versklavung an die Sünde und der Befreiung hinein in das Licht seiner Gegenwart. Das hatte der Apostel Petrus im Sinn, als er schrieb:

> *Ihr aber seid das auserwählte Geschlecht, die königliche Priesterschaft, das heilige Volk, das Volk des Eigentums, dass ihr verkündigen sollt die Wohltaten dessen, der euch berufen hat von der Finsternis zu seinem wunderbaren Licht; die ihr einst „nicht ein Volk" wart, nun aber „Gottes Volk" seid, und einst nicht in Gnaden wart, nun aber in Gnaden seid.*
>
> 1. Petrus 2,9–10

Gott ist der souveräne König des Universums. Sein Thron ist ewig, und dasselbe gilt für seine Pläne: Sie werden vollständig ausgeführt werden. Seine Absicht mit der Erlösung eines Volkes für sich selber, zu seinem Eigentum, besteht darin, dass wir, seine Familie, ein lebendiger Tempel seiner herrlichen Gegenwart sein sollen:

> *So seid ihr nun nicht mehr Gäste und Fremdlinge, sondern Mitbürger der Heiligen und Gottes Hausgenossen, erbaut auf den Grund der Apostel und Propheten, da Jesus Christus der Eckstein ist, auf welchem der ganze Bau ineinander gefügt wächst zu einem heiligen Tempel in dem Herrn. Durch ihn werdet auch ihr mit erbaut zu einer Wohnung Gottes im Geist.*
>
> Epheser 2,19–22

Das Buch Haggai im Alten Testament spricht vom Wiederaufbau des Tempels des Herrn und sagt, der künftige Tempel werde herrlicher sein als der frühere. Mithilfe der neutestamentlichen Analogie – Christen, ein Tempel Gottes – können wir dies interpretieren als prophetischen Verweis auf die herrliche Zukunft von Gottes „Haushalt":

> *Denn so spricht der HERR Zebaoth: Es ist nur noch eine kleine Weile, so werde ich Himmel und Erde, das Meer und das Trockene erschüttern. Ja, alle Heiden will ich erschüttern. Da sollen dann kommen aller Völker Kostbarkeiten, und ich will dies Haus voll Herrlichkeit*

machen, spricht der HERR *Zebaoth. Denn mein ist das Silber, und mein ist das Gold, spricht der* HERR *Zebaoth.*

Es soll die Herrlichkeit dieses neuen Hauses größer werden, als die des ersten gewesen ist, spricht der HERR *Zebaoth; und ich will Frieden geben an dieser Stätte, spricht der* HERR *Zebaoth.*

Haggai 2,6-9

Eine der grundlegenden Fähigkeiten, die Gott bei der Schöpfung jedem lebendigen Wesen eingepflanzt hat, ist *Nachhaltigkeit* (im Sinne der *Arterhaltung*): Jedes Lebewesen hat die Fähigkeit zur Fortpflanzung – Apfelbäume wachsen aus Samen heran und bringen Äpfel hervor, und die wiederum enthalten Samen für die nächste Generation von Apfelbäumen. Gott braucht nicht ständig Apfelsamen vom Himmel regnen zu lassen; er stattete den Apfelbaum aus mit der Fähigkeit, sich zu reproduzieren und damit seine Art zu erhalten. Arterhaltung, Nachhaltigkeit ist nicht vom Menschen erdacht. Wenn wir in einem Unternehmen von Nachhaltigkeit sprechen, meinen wir Marktanteil, Gewinn und Verlust und dergleichen mehr (und inzwischen auch Sozial- und Umweltverträglichkeit); aber das ist doch nicht etwas, was wir uns erträumt haben, sondern wir kopieren bloß ein fundamentales Prinzip, das Gott allen Lebewesen mitgegeben hat.

Kleine Familienbetriebe agieren im Allgemeinen nicht auf der Grundlage von Geschäftskrediten; daher sind sie tendenziell gesünder als die Firmen, die sich für Investitionen verschulden. Der menschliche Körper besteht aus Billionen von Zellen, und jede ist besonders, eigenständig und selbsterhaltend. Die Zellen unseres Körpers sind ständig dabei, sich zu multiplizieren und zu erneuern; so arbeiten sie zusammen, um den ganzen Körper gesundzuhalten. Die „Zellen“, die die Gesellschaft funktionstüchtig halten, sind die Familien. Solange die Zellen gesund sind, ist der Körper (die Wirtschaft) gesund; wenn die Zellen krank sind, leidet der ganze Körper.

Gottes ursprüngliche Absicht war, eine Familie zu erschaffen; deshalb gab er seiner Familie die Macht zur Arterhaltung. Er wollte, dass seine Familie, sein Volk, überlebt und gedeiht. In 5. Mose 8,18 heißt es, dass Gott dem Menschen „Kräfte gibt, Reichtum zu gewinnen“. Deshalb gab er spezifische Anweisungen für die Zuteilung des Landes an die Israeliten nach der Ankunft im Land Kanaan. In einer bäuerlichen Gesellschaft wie dem Volk Israel war das Land das entscheidende Element zur Erhaltung jeder Familie. Wenn es bebaut wurde, konnte das Land alles hervorbringen, was sie brauchten zum Überleben, um vernünftig leben zu können und um den Wohlstand an die nächste Generation weiterzugeben.

Heute ist die Situation eine ganz andere. Wie bereits gesagt, unterscheidet sich unsere hochtechnisierte Kultur stark von der des alten Israel. Heute passiert es nicht mehr, dass der eine Bauer uns Milch bringt und wir uns revanchieren mit Getreide oder ein paar Äpfeln oder gar einen Ringtausch veranstalten; diese Art von gemeinschaftlicher Interaktion ist in unserer Welt nicht mehr praktikabel (höchstens noch marginal unter Freunden oder innerhalb der Großfamilie). Stattdessen sind wir fast ausschließlich auf Geld angewiesen, um uns zu erhalten. Die meisten Menschen, zumindest in den hochindustrialisierten Ländern, wüssten sich nicht zu helfen, wenn plötzlich das Geld ausginge. Wenn die Wirtschaft zusammenbrechen würde und ihre Ersparnisse aufgezehrt oder verfallen wären, stünden sie vor dem Nichts. Und es mutet widersinnig an: Am wenigsten davon betroffen wären die, die von vornherein kaum mit der modernen Gesellschaft verflochten sind – also diejenigen, die immer schon ihren Lebensunterhalt von ihrem eigenen Land bestritten haben.

Natürlich können wir unsere Abhängigkeit von Geld im Alltag, einfach gesagt: Gehaltskonto und Einkaufstasche, nicht komplett rückgängig machen; aber wir können umdenken und einen einfacheren Lebensstil übernehmen, der uns hilft, uns wieder als Haushalt zu sehen, als Lebens- und Arbeitsgemeinschaft, als eine Familie von Einzelpersonen, die eng und kompliziert miteinander verbunden sind in gegenseitiger Abhängigkeit. Dann werden alle Haushalte, die Teil der Familie Gottes sind, zur Familie Gottes auf Erden.

Das größte Problem der Kirche unserer Tage ist, dass wir abgekommen sind von unserer Sicht der Kirche als Familie Gottes. Stattdessen haben wir Pseudostrukturen erschaffen, Pseudorealitäten, und halten sie für das Wahre. Gott aber will sein Reich auf Erden nicht offenbaren durch ein Wirtschafts- oder ein politisches System, sondern durch Familie. Deshalb kann die Kirche überall überleben und gedeihen, unter jeder Art von politischem Regime und in jedem Wirtschaftssystem, denn die Kirche ist eine Familie, und Familien haben eine eingebaute, von Gott gegebene Fähigkeit der Art-, der Selbsterhaltung.

Wir sehen Gottes ursprüngliche und letztendliche Absicht offenbart im letzten Buch der Bibel:

> *Und ich sah einen neuen Himmel und eine neue Erde; denn der erste Himmel und die erste Erde sind vergangen, und das Meer ist nicht mehr. Und ich sah die heilige Stadt, das neue Jerusalem, von Gott aus dem Himmel herabkommen, bereitet wie eine geschmückte Braut für ihren Mann.*
>
> *Und ich hörte eine große Stimme von dem Thron her, die sprach: Siehe da, die Hütte Gottes bei den Menschen!*
>
> *Und er wird bei ihnen wohnen, und sie werden sein Volk sein und er selbst, Gott mit ihnen, wird ihr Gott sein; und Gott wird abwischen alle Tränen von ihren Augen, und der Tod wird nicht mehr sein, noch Leid noch Geschrei noch Schmerz wird mehr sein; denn das Erste ist vergangen.*
>
> Offenbarung 21,1-4

Seit über zweitausend Jahren ist die Kirche Jesu Christi, der Tempel des lebendigen Gottes, die Verwirklichung des Reiches Gottes auf Erden. Zwar haben wir in dieser Verwirklichung des Reiches Gottes noch längst keine Perfektion erreicht; doch in Gottes Augen sind wir bereits perfekt, vollkommen, und er ist ständig am Werk, um uns in jeder Hinsicht vollkommen zu machen. Die volle Perfektion kommt an dem Tag, an dem Gott seine „Hütte", sein Zelt aufschlägt im neuen Jerusalem und mitten unter uns wohnt.

Wie bereiten wir uns als Kirche auf jenen Tag vor? Im Großen und Ganzen sind wir ja abgekommen von unserem fundamentalen, biblischen Verständnis dessen, wer wir als Familie Gottes sein sollen. Stattdessen sind wir wie besessen von Veranstaltungen und Pomp und Ritualen und Ideologien, wir hüllen sie in religiöse Gewänder und erklären sie für heilig. Ob wir sie „Vision" nennen oder „Mandat" oder was auch immer – wir behaupten, das alles täten wir zu Gottes Ehre; dabei machen wir in Wirklichkeit bloß Schulden und lassen Menschen geistlich verarmen mit unserem vollen Gemeindekalender voller Angebote, die von Weitem wirklich großartig aussehen und klingen, aber weder Kraft noch Herrlichkeit haben.

Wir müssen innehalten, etwas zurücktreten und uns fragen: „Wie sieht Gottes ursprünglicher Entwurf aus? Wie haben wir ihn verloren und wie bekommen wir ihn zurück?" Unser Christentum ist in Schräglage geraten. Wir sehen uns nicht als Familie, sondern als Institution, dazu als eine, die ständig belagert wird von einander widerstreitenden Erwartungen und Aufträgen: Einige sagen, unser Auftrag sei der geistliche Kampf; manche sagen, unser Auftrag sei die Fürbitte; und wieder andere sagen, unser Mandat bestehe darin, unsere Kultur zurückzuerobern – also den Staat zu christianisieren und mittels Gesetzgebung ein irdisches Gottesreich aufzurichten.

Geistlicher Kampf und Fürbitte sind wichtig, ja entscheidend, aber sie sind nicht unser Auftrag; sie sind einfach zwei der vielen Werte eines Familienlebens. Zweifellos würde eine Christianisierung der Kultur allen guttun und große Vorteile mit sich bringen; aber das ist weder unser Auftrag noch ist es überhaupt möglich. Harte Diktaturen vielleicht einmal ausgenommen, bauen menschliche Regierungssysteme auf das Prinzip des Kompromisses: ein Geben und Nehmen in dem Versuch, die Lösung zu finden, die für die meisten Menschen die beste ist, und dabei jedem die größtmögliche Freiheit zu lassen, so zu leben, wie er will. Gottes Reich hingegen besteht auf Absolutem: auf dem Charakter und den Geboten Gottes. „Du sollst nicht ehebrechen", das ist ein Absolutum. „Du sollst den Herrn, deinen Gott, lieben mit deinem ganzen Herzen und mit deiner ganzen Seele und mit deiner ganzen Kraft und mit deinem ganzen Denken" (Lukas 10,27 SLT), das ist ein Absolutum. „Liebe deinen Nächsten wie dich selbst", das ist ein Absolutum. Eine Regierung, die auf Kompromisse angewiesen ist, und eine Regierung, die mit Absoluta regiert, sind miteinander inkompatibel, unvereinbar. Diese Reiche stehen im Konflikt zueinander. Vermischung ist keine Lösung. Die Lösung ist, dass das eine Reich abgelöst wird durch das andere. Es kommt der Tag, da wird das Reich der Absoluta, das Reich Gottes, alle Reiche der Menschen mit all den Kompromissen, Heucheleien, Täuschungen und Ungerechtigkeiten ablösen, abtun.

Wenn wir nicht zurückkehren zu Gottes ursprünglichem Entwurf und seiner ursprünglichen Absicht, dann suhlen wir uns weiterhin im Sumpf unserer eigenen leeren frommen Veranstaltungen. Im Großen und Ganzen sind wir weiterhin die Christenheit, aber die Herrlichkeit fehlt.

Doch es gibt Hoffnung. Alexander Solschenizyn hat das eingeräumt, als er sagte, nicht einmal der Kommunismus mit all seinem militant atheistischen Bösen könne „das Christentum [jemals] überwinden". Die Hoffnung der Menschheit liegt nicht im Streben nach dem Materiellen, sondern nach dem Geistlichen:

> Unser Leben besteht nicht im Streben nach materiellem Erfolg, sondern in der Suche nach geistlichem Wachstum. Unsere gesamte irdische Existenz ist nur ein Übergangsstadium auf dem Weg zu etwas Höherem, und wir dürfen nicht stolpern und fallen und auch nicht fruchtleer auf einer Sprosse der Leiter herumtrödeln. Die Gesetze der Materie allein erklären unser Leben nicht und können ihm auch nicht Sinn verleihen. Die Gesetze der Physik und Physiologie werden nie offenbaren, wie der Schöpfer fraglos ständig, tagaus, tagein an unser aller Leben Anteil nimmt und uns zuverlässig Lebenskraft verleiht; sobald diese Unterstützung uns verlässt, sterben wir. Und im Leben unseres gesamten Planeten bewegt sich der göttliche Geist gewiss mit nicht geringerer Kraft: Das müssen wir begreifen in unserer dunklen und schrecklichen Stunde ... Unsere fünf Kontinente sind in einem Wirbelsturm gefangen; doch in Prüfungen wie dieser manifestieren sich die höchsten Gaben des menschlichen Geistes.[236]

Gott, der Vater, der Allgenugsame, der hochgelobte und allmächtige Gott, der selber alle Fülle ist, er hatte es nicht nötig, dass sein Sohn hingeht und gegen das Böse kämpft. Gott erschuf uns nicht, damit wir gegen den Teufel kämpfen und einen Auftrag ausführen. Gott, der Allgenugsame, der nichts bedarf, erschuf den Menschen zu seinem Bilde, weil er sich eine *Familie* wünschte. Gott wollte jedoch nicht eine Familie auf Erden, damit sie den Teufel bekämpft. Er wollte nicht eine Familie auf Erden, damit sie etwas Bestimmtes für ihn tut. Als dem allmächtigen Gott wäre es ihm ein Kleines, alles selber zu machen. Doch er erschuf Adam und Eva – und sagte ihnen, sie sollten fruchtbar sein, sich vermehren und die Erde füllen. Durch Adam versuchte Gott, sein Reich auszubreiten, damit in ihm auch eine Familie auf Erden sei. Durch Jesus Christus, seinen Sohn, den zweiten Adam, hat Gott diesen Wunsch verwirklicht. Wir, die Kirche, sind seine Familie, und eines Tages wird er in unserer Mitte wohnen und wir werden uns auf ewig seiner Gegenwart erfreuen.

Das ist der Grund, weshalb Jesus kam: um seinem Vater die Familie zurückzuholen, sie gewissermaßen erneut zu gründen. Der Apostel Paulus spricht von Kindschaft und Kindsein, in meiner englischen Bibel steht hier das Wort „Adoption“ :

> *Als aber die Zeit erfüllt war, sandte Gott seinen Sohn, geboren von einer Frau und unter das Gesetz getan, damit er die, die unter dem Gesetz waren, erlöste,* ***damit wir die Kindschaft empfingen****.*
>
> Galater 4,4–5

> *Denn in ihm [Christus] hat er uns erwählt, ehe der Welt Grund gelegt war, dass wir heilig und untadelig vor ihm sein sollten; in seiner Liebe hat er uns dazu* ***vorherbestimmt, seine Kinder zu sein*** *durch Jesus Christus nach dem Wohlgefallen seines Willens, zum Lob seiner herrlichen Gnade, mit der er uns begnadet hat in dem Geliebten.*
>
> Epheser 1,4–6

Die Kirche ist dazu bestimmt, sich wieder als Familie Gottes zu sehen, als Söhne und Töchter eines liebenden himmlischen Vaters. Das ist der gewichtige Goldstandard seiner herrlichen Gegenwart, der wiederhergestellt wird.

Das ist Gottes Plan.

Das ist Gottes Auftrag.

Das ist Gottes großes Ziel.

Das Video zu diesem Kapitel (Englisch):
http://youtu.be/yMbGw2Oi0Qs

Der Autor

Elijah Morgan stammt aus Port Shepstone in Südafrika. In dieser Kleinstadt wuchs er unter der Apartheid auf; schon früh machte er sich Gedanken über Gott und die Welt und entwickelte seine christliche Weltsicht. Nach dem Theologiestudium in Kapstadt wurde er als Pastor ordiniert.

Dann folgte ein Aufbaustudium in Deutschland: Volkswirtschaft, Betriebswirtschaft und Theologie mit Schwerpunkt auf der Auswirkung von Luthertum und Calvinismus auf Wirtschaft und Gesellschaft. Über 35 Jahre hat er in Europa verbracht, unter anderem beim Verteidigungsministerium der USA und der US-Botschaft in Frankfurt. Schwerpunkte seiner Tätigkeit waren u. a. Personalmanagement und das Coaching von Führungskräften.

Besonders am Herzen liegen ihm Jungunternehmer und Nachwuchs-Führungskräfte; in vielen Ländern hat er Gastvorlesungen gehalten.

Dr. Morgan ist in den letzten Jahren vor allem tätig als Trainer und Consultant von Managern multinationaler Firmen, in Hilfswerken sowie militärischen und religiösen Organisationen in Deutschland, der Schweiz und den USA, aber auch in Ländern Asiens und Afrikas.

Eine andere, einzigartige Gabe von Dr. Morgan ist die Fähigkeit, wie ein „Seher“ in der geistlichen Welt für Kirche und Gesellschaft relevante strategische Fragen wahrzunehmen und zur Sprache zu bringen.

Dr. Morgan ist seit 43 Jahren verheiratet mit Stephanie aus Deutschland; er lebt im Bodenseeraum in der Schweiz.

Dr. Morgan begann seinen Berufsweg in Südafrika als Theologe im Kirchendienst. Ende der 1970er-Jahre zog er nach Deutschland und schloss hier seine Studien mit Magister und Promotion in Betriebswirtschaft und Politikwissenschaften ab.

Im Mittelpunkt seiner beruflichen Laufbahn in Europa stand die Tätigkeit für das US-Verteidigungsministerium und die US-Botschaft in Frankfurt. Schwerpunkte seiner Tätigkeit waren u. a. Personalmanagement und das Coaching von Führungskräften.

Dr. Morgan ist in den letzten Jahren vor allem als Trainer und Consultant von Managern multinationaler Firmen, humanitärer, militärischer und religiöser Organisationen in Europa und den USA, aber auch in afrikanischen Ländern tätig.

Was ist God@Work?

God@Work ist eine Bewegung, die das übliche, nur auf Erfolg ausgerichtete Denken auf den Kopf stellen will.

Wie?

God@Work unterstützt Unternehmer, die eine geistliche Veränderung ins Auge fassen, sich von korrupten Systemen abzuwenden und von ausschließlicher Erfolgsorientierung zu lösen.

Ein neuer, Sinn-orientierter Führungsstil wird implementiert. Der erkennbare Mehrwert eines offenbar andersartigen Netzwerks ist es, in Gottes vorzügliche Pläne einzusteigen und die dringend notwendigen Neuschöpfungen kreativ zu erfahren.

God@Work geht in Betriebe hinein für diese neue Wirklichkeit.
www.godatwork-germany.de

God@Work
— GERMANY —

Anmerkungen

1 M. N. Rothbard, *A History of Money and Banking in the United States: The Colonial Era to World War II* (Auburn: Ludwig von Mises Institute, 2002), 353.
2 M. Palyi, *The Twilight of Gold 1914–1936: Myths and Realities* (Chicago: Henry Regnery Co., 1972), 1.
3 Rothbard, *History* (wie Anm. 1), 353–354.
4 Ebd., 354.
5 Ebd., 354–355.
6 M. Palyi, *Twilight* (wie Anm. 2), 1914–1936, 5.
7 Ebd., 6.
8 A. J. Schwartz, *Money in Historical Perspective* (Chicago: University of Chicago Press, 1989), 369–370.
9 M. Palyi, *Twilight* (wie Anm. 2), 328.
10 Ebd., 141.
11 Ebd., 280.
12 M. Friedman, *Kapitalismus und Freiheit*, 9. Aufl. (München: Piper, 2004).
13 Palyi, *Twilight* (wie Anm. 2), 1–2.
14 G. Davies, *A History of Money from Ancient Times to the Present Day*, 3. Aufl. (Cardiff: University of Wales Press, 2002), 50.
15 Ebd., 51.
16 Ebd., 61–62.
17 Ebd., 62–63.
18 Ebd., 67.
19 Ebd., 88–89.
20 Ebd., 95.
21 Ebd., 95–102.
22 Ebd., 106.
23 Ebd., 107–108.
24 Ebd., 108.
25 Ebd., 116.
26 Ebd., 118–120.
27 Ebd., 123.
28 Ebd., 124–125.
29 Ebd., 130–136.
30 Ebd., 153–155.
31 Ebd., 139–143.
32 Ebd., 192.
33 A. J. Schwartz, *Money in Historical Perspective* (wie Anm. 8), 365.
34 B. Eichengreen und M. Flandreau (Hrsg.), „Editors' Introduction", in: *The Gold Standard in Theory and History*, 2. Aufl. (New York: Routledge, 1997; E-Book-Ausgabe: Taylor and Francis, 2005), Kindle Edition, Pos. 649–651.
35 Ebd., 141–142.
36 C. K. Elwell, „Brief History of the Gold Standard in the United States", in: Congressional Research Service, 23. Juni 2011, S. 2–3. www.fas.org/sgp/crs/misc/R41887.pdf. Zugang am 13. April 2012.
37 Ebd., 2–3.
38 Ebd., 5.
39 Ebd., 6.
40 Ebd., 8.
41 Ebd., 9.
42 Siehe 1. Könige 10,14–25.
43 „Gold" oder „golden" taucht in der *Lutherbibel* 434 Mal auf; in der *Hoffnung für alle* 416 Mal; in der *Gute Nachricht Bibel* 468 Mal; in der *Neues Leben Übersetzung* 426 Mal.
44 W. D. Mounce, *Mounce's Complete Expository Dictionary of Old and New Testament Words* (Grand Rapids: Zondervan, 2006), 643–644.

45 C. L. Feinberg, „Tabernacle", in: *The Zondervan Encyclopedia of the Bible*, rev. Aufl., hrsg. von M. Silva (Grand Rapids: Zondervan, 2009), Bd. 5, 667.

46 W. E. Vine, M. F. Unger, W. White, *Vine's Complete Expository Dictionary of Old and New Testament Worlds* (Nashville: Thomas Nelson Publishers, 1996), „kabod", 114.

47 Ebd.

48 Ebd., 115.

49 M. R. Gordon, „Glory", in: *The Zondervan Encyclopedia of the Bible*, hrsg. von M. Silva, Bd. 2 (Grand Rapids, 2009), 772.

50 Mounce, *Mounce's Complete Expository Dictionary of Old and New Testament Words* (wie Anm. 44), 289.

51 Eine gründliche Analyse einer „besucherfreundlichen" Kirche findet sich in dem Buch von G. L. Hawkins und C. Parkinson, *Prüfen: Aufrüttelnde Erkenntnisse der REVEAL-Studie: Die harte Wahrheit über Gemeindeleben und geistliches Wachstum. Mit einem Vorwort von Michael Herbst* (Asslar: Gerth Medien, 2009). Die Willow Creek Community Church, „Vater" des „besucherfreundlichen" Modells, führte eine tiefgehende Untersuchung ihres Ansatzes durch und entdeckte: Im Blick auf das Hervorbringen wachsender und geistlich reifer Jünger Jesu war die Gemeinde nicht so wirkungsvoll wie erwartet. Siehe auch unten, Kap. 8.

52 F. Schaeffer, *Wie können wir denn leben? Aufstieg und Niedergang der westlichen Kultur* (Neuhausen: Hänssler 1985), 204 (Hervorhebung im Original).

53 Mounce, *Mounce's Complete Expository Dictionary of Old and New Testament Words* (wie Anm.44), 290.

54 Vine, Unger und White, *Vine's Complete Expository Dictionary of Old and New Testament Words* (wie Anm. 46), „glory"; New Testament, 267.

55 Gordon, „Glory", in: *The Zondervan Encyclopedia of the Bible* (wie Anm. 49), 771.

56 B. L. Shelley, *Church History in Plain Language* (Nashville: Thomas Nelson Publishing, 1995), 27.

57 W. Barclay, *Brief an die Philipper – Brief an die Kolosser – Briefe an die Thessalonicher* (Neukirchen-Vluyn: Aussaat Verlag, 1991^4), 65–66.

58 E. Ferguson, *Backgrounds of Early Christianity*, 3. Aufl. (Grand Rapids: Eerdmans, 2003), 141.

59 Shelley, *Church History in Plain Language* (wie Anm. 56), 25 (Hervorhebung im Original).

60 Ebd., 89.

61 Ebd., 91.

62 Ebd., 96.

63 R. C. Sproul, *Biblical Economics* (White Hall: Tolle Lege Press, 2008), 13.

64 T. Sowell, *Applied Economics* (New York: Basic Books, 2009), 131.

65 L. Robbins, zitiert von T. Sowell, *Basic Economics* (New York: Basic Books), 1.

66 T. Sowell, *Basic Economics* (wie Anm. 65), 2.

67 Ebd., 3.

68 G. Callahan, *Economics for Real People: An Introduction to the Austrian School*, 2. Aufl. (Auburn: Ludwig von Mises Institute, 2004), 11–12.

69 L. v. Mises, *The Ultimate Foundation of Economic Science* (New York: D. Van Nostrand Company, Inc., 1962), 75.

70 L. v. Mises, *Human Action* (Auburn: The Ludwig von Mises Institute, 1998), 21.

71 Ebd., 266.

72 Ebd., 11.

73 A. Smith, *Wohlstand der Nationen (nach der Übersetzung von Max Stirner in Der Reichtum der Nationen von Adam Smith* (Leipzig: Alfred Kröner o. J. [1910]; Köln: Anaconda, 2009), S. 451.

74 J. M. Keynes, *The General Theory of Employment, Interest, and Money* (Kindle Edition), Pos. 284. – Dt.: *Allgemeine Theorie der Beschäftigung, des Zinses und des Geldes* (Berlin: Duncker & Humblot, 2009).

75 Callahan, *Economics for Real People* (wie Anm. 68), 310.

76 Ebd., 25.

77 C. Menger, *Principles of Economics* (Auburn: The Ludwig von Mises Institute, 1976), 116. – Dt.: *Grundsätze der Volkswirtschaftslehre*. Nachdruck der 2. Aufl. (Tübingen: Mohr-Siebeck, 1968).

78 M. Friedman und R. Friedman, *Free to Choose: A Personal Statement* (New York: Harcourt Inc., 1980), Kindle Edition, Pos. 11.

79 Ebd.
80 J. Weatherford, *The History of Money: From Sandstone to Cyberspace* (New York: Three Rivers Press, 1997), 264.
81 Ebd., 19–20.
82 R. Davies und G. Davies, *A History of Money from Ancient Times to the Present Day* (Cardiff: University of Wales Press), 1996.
83 Ebd., 39–40.
84 Weatherford, *The History of Money* (wie Anm. 80), 17.
85 M. N. Rothbard, *What Has Government Done to Our Money?* 5. Aufl. (Auburn: Ludwig von Mises Institute, 2005), 11.
86 Ebd., 12.
87 Davies und Davies, *A History of Money*, 45.
88 Ebd.
89 Weatherford, *The History of Money* (wie Anm. 80), 27.
90 Ebd.
91 J. G. Hülsmann, *Die Ethik der Geldproduktion. Aus dem Englischen von Robert Grözinger* (Waltrop und Leipzig: Manuscriptum, 2007), 37.
92 Davies und Davies, *A History of Money* (wie Anm. 82), 66.
93 Ebd., 71.
94 Weatherford, *The History of Money* (wie Anm. 80), 34.
95 Ebd., 48.
96 Davies und Davies, *A History of Money* (wie Anm. 82), 106.
97 Ebd., 23.
98 Ebd., 48–49.
99 Ebd., 50.
100 Ebd.
101 Ebd., 55.
102 Ebd., 73.
103 Ebd., 108.
104 Ebd., 111–112 (Hervorhebung nach *The Economic Pendulum*).
105 Weatherford, *The History of Money* (wie Anm. 80), 64–65.
106 Ebd., 67–68.
107 Ebd., 71.
108 Ebd., 72.
109 Ebd., 73.
110 Ebd., 75.
111 Ebd., 92.
112 Davies und Davies, *A History of Money* (wie Anm. 82), 282–283.
113 Hülsmann, *Die Ethik der Geldproduktion* (wie Anm. 91), 103.
114 Ebd., 104.
115 Meinem guten Freund Professor Prabhu Guptara bin ich zu Dank verpflichtet für die meisten Informationen in diesem Kapitel. Mit seiner freundlichen Erlaubnis wurden die Ausführungen über die Auswirkungen der Reformation, die Abwärtsspirale der weltweiten Schuldenkultur sowie einige Vorschläge für Abhilfe dem Vortrag „The Global Culture of Debt" entnommen und angepasst (Bettagskonferenz der EVP – Evangelische Volkspartei, Schweiz – am 20. September 2008). Der vollständige Text seines Vortrags (Englisch) ist zu finden auf www.evppev.ch, Suchfenster: bk2008_referat_guptara_global_culture_of_debts_01.pdf.
116 Auch hier bin ich meinem Freund Professor Guptara zu Dank verpflichtet: Die folgende Erörterung der Auswirkungen und Konsequenzen eines globalen Wuchersystems ist eine Anpassung, wieder mit freundlicher Genehmigung, des Vortrags „What No One Wants to See: The Consequences of a Global Econonic System Based on Usury" (Was keiner sehen will: Die Folgen einer auf Wucher gebauten Weltwirtschaft), gehalten an der Konferenz in Bad Boll zum „Tabuthema Zinsen", 5. März 2007.
117 So die *Elberfelder Übersetzung* und die *Zürcher Bibel*, die *Gute Nachricht Bibel* und die *Neue evangelistische Übersetzung*.

118 R. J. Sider, *Rich Christians in an Age of Hunger: Moving From Affluence to Generosity*, 5. Aufl. (Nashville: W Publishing Group, 1997), 2. – Dt.: *Der Weg durchs Nadelöhr: Reiche Christen und Welthunger* (Neukirchen-Vluyn: Aussaat, 1978/1985[5]).
119 Sider, *Der Weg durchs Nadelöhr* (wie Anm. 118), 27. (*Rich Christians*, 8.)
120 Ebd., 34.
121 D. Hay, *Economics Today* (Leicester: IVP, 1989), 257.
122 Sider, *Rich Christians* (wie Anm. 118), 11.
123 Sider, *Der Weg durchs Nadelöhr* (wie Anm. 118), 15.
124 Ebd., 14.
125 P. Guptara, „Tackling Poverty: The Role of Business, Governments and NGOs", in: *Ethix Magazine 50* (2006) (eine Online-Veröffentlichung des Center for Integrity in Business in der School of Business and Economics der Seattle Pacific University).
126 Ebd.
127 Ebd.
128 Ebd.
129 T. Sowell, *A Conflict of Visions: Ideological Origins of Political Struggles* (New York: Basic Books, 2007), 9.
130 „There is, by the essential fundamental constitution of things, a radical infirmity in all human contrivances." E. Burke, *The Portable Edmund Burke*, hrsg. von I. Kramnick (New York: Penguin Books, 1999), 548.
131 Sowell, *Conflict of Visions* (wie Anm. 129), 13.
132 A. Smith, *The Theory of Moral Sentiments*, Kindle-Pos. 2675–2678.
133 Sowell, *Conflict of Visions* (wie Anm. 129), 14.
134 Ebd., 18.
135 Ebd.
136 Ebd., 19.
137 M. Friedman, *Capitalism and Freedom: Fortieth Anniversary Edition* (Chicago: University of Chicago Press, 1962, 1982) Kindle-Edition 2002, Pos. 298.
138 Ebd., 3348–3350.
139 Ebd.
140 Ebd.
141 Ebd., 3086–3091.
142 Ebd., 3112–3116.
143 D. Acemoğlu und J. A. Robinson, *Warum Nationen scheitern: Die Ursprünge von Macht, Wohlstand und Armut* (Frankfurt: S. Fischer, 2013), 76.
144 Ebd., 77.
145 Ebd., 78–79.
146 Ebd., 84.
147 Ebd.
148 Ebd., 86–87.
149 Ebd., 92.
150 Ebd.
151 Ebd.
152 Ebd., 95.
153 Ebd., 108.
154 Ebd., 108–109.
155 M. Plaut und P. Holden, *Who Rules South Africa?* (Jeppestown: Jonathan Ball Publishers, 2012).
156 1995 lag der Gini-Koeffizient (der Ungleichheit misst) bei 0,64. Bis 2008 war er auf 0,68 angestiegen, was eine zunehmende Verlagerung des Reichtums weg von den Armen anzeigt. Das brachte Südafrika den Titel der „am stärksten ungleichen Gesellschaft der Welt" ein. („The Battle Against the Predatory Elite", Cosatu Central Executive Committee document, 8. September 2010).
157 Diese Ausführungen über Wirtschaftsethik im Hinblick auf westliche Firmen, die in China Geschäfte machen, sind die Bearbeitung einer Zusammenfassung von M. Santoro, *China 2020: How Western Business Can–and Should–Influence Social and Political Change in the Coming Decade* (New York: Cornell University Press, 2009).
158 Sider, *Rich Christians* (wie Anm. 118), 121–122.
159 Ebd., 122.

160 B. L. Myers, *Walking With the Poor: Principles and Practices of Transformational Development* (Orbis Books). Kindle-Pos. 3213–3215.
161 Ebd., 3227–3229.
162 Ebd., 3238–3244.
163 R. K. Barnhart und S. Steinmetz, *Chambers Dictionary of Etymology* (London: Chambers, 1988), 321.
164 „elite", in: *Merriam-Webster's Collegiate Dictionary*, 11. Aufl. (Springfield: Merriam-Webster, 2007).
165 „Karl der Große", in: https://de.wikipedia.org/wiki/Karl_der_Große (Zugang am 21. Juli 2015).
166 S. E. Frost, *Basic Teachings of the Great Philosophers*, überarb. Aufl. (New York: Anchor Books, 1962), 74.
167 Ebd., 74–75.
168 Ebd., 75.
169 Ebd., 124.
170 Ebd., 171.
171 W. Durant, *The Story of Philosophy* (New York: Washington Square Press, hrsg. von Pocket Books bei Simon & Schuster Inc., 1961), 352 (Hervorhebung nach *The Economic Pendulum*).
172 Frost, *Basic Teachings* (wie Anm. 166). 201–202.
173 Barnhart und Steinmetz, *Chambers Dictionary of Etymology* (wie Anm. 163). 1120.
174 P. Wood, „Carbon Currency: A New Beginning for Technocracy", in: The August Forecast and Review, www.augustforecast.com/2010/01/26/carbon-currency-a-new-beginning-for-technocracy/. Zugang am 26.Mai 2012.
175 P. Wood, „Technocracy's Endgame: Global Smart Grid", in: The August Forecast and Review, www.augustforecast.com/2011/06/15/technology's-endgame-global-smart-grid/. Zugang am 26. Mai 2012.
176 Wood, „Carbon Currency" (wie Anm. 174).
177 Ebd.
178 Ebd.
179 Diese Statistik wurde dem abschließenden Clip einer Reihe von Videoclips namens „Technocracy 101" entnommen, zugänglich auf der US-Internetseite von Technocracy Inc.: www.technocracy.org/about-technocracy. Zugang am 26. Mai 2012.
180 M. K. Hubbert und H. Scott, *Technocracy Study Course* (New York: Technocracy Inc., 1963), 232–233.
181 P. Wood, „Smart Grid: The Implementation of Technocracy", in: The August Forecast and Review, www.augustforecast.com/2010/03=03/smart-grid-the-implementation-of-technocracy-2/. Zugang am 26. Mai 2012.
182 Ebd. (Hervorhebung nach *The Economic Pendulum*).
183 Wood, „Technocracy's Endgame" (wie Anm. 175).
184 Wood, „Carbon Currency" (wie Anm. 174).
185 www.technocracy.org/component/content/article/71-archives/212-the-energy-certificate. Zugang am 28. Mai 2012.
186 Wood, „Carbon Currency" (wie Anm. 174).
187 Mounce, *Mounce's Complete Expository Dictionary of Old and New Testament Words* (wie Anm. 44), 275.
188 Ebd.
189 Der Tradition zufolge soll z. B. der Apostel Thomas das Evangelium bis nach Indien gebracht haben, wo er Christus predigte und Gemeinden gründete; Ende des 1. Jh. starb er als Märtyrer. Bis heute gibt es in Indien die „Thomaskirchen", sie führen ihre Gründung auf Thomas und sein Wirken im ersten Jahrhundert zurück.
190 Matthäus 6,24: „Niemand kann zwei Herren dienen: Entweder er wird den einen hassen und den andern lieben, oder er wird an dem einen hängen und den andern verachten. Ihr könnt nicht Gott dienen und dem Mammon."
191 Jesus sagte: „Und fürchtet euch nicht vor denen, die den Leib töten, doch die Seele nicht töten können; fürchtet euch aber viel mehr vor dem, der Leib und Seele verderben kann in der Hölle" (Matthäus 10,28).
192 Barnhart und Steinmetz, *Chambers Dictionary of Etymology* (wie Anm. 163), 169.
193 „Humanism in Italy", *Dictionary of the History of Ideas: Studies of Selected Pivotal Ideas*, Bd. 2, hrsg. von P. P. Wiener (New York: Charles Scribner's Sons, 1973), 515.

194 M. Erdmann, *Building the Kingdom of God on Earth: The Churches' Contribution to Marshal Public Support for World Order and Peace, 1919–1945* (Eugene: Wipf and Stock Publishers, 2005), 193.
195 Ebd., 207.
196 Ebd., 307.
197 Ebd.
198 Ebd., 301.
199 Ebd., xi.
200 G. L. Hawkins und C. Parkinson, *Reveal: Where are You?* (Barrington: Willow Creek Resources, 2007), 3–4. – Dt.: *Prüfen: Aufrüttelnde Erkenntnisse der REVEAL-Studie* (wie Anm. 51).
201 Ebd., 33–48.
202 Sider, *Rich Christians* (wie Anm. 118), 66.
203 Guptara, „The Global Culture of Debt" (wie Anm. 65).
204 V. P. Hamilton, *Handbook on the Pentateuch* (Grand Rapids: Baker Academic, 2005), 291.
205 Sider, *Der Weg durchs Nadelöhr* (wie Anm. 118), 80. (*Rich Christians*, 66).
206 Ebd., 44.
207 T. D. Alexander und D. W. Baker (Hrsg.), *Dictionary of the Old Testament: Pentateuch* (Downers Grove: IVP, 2003), 700.
208 Ebd., 701.
209 Sider, *Rich Christians* (wie Anm. 118), 71.
210 Alexander und Baker, *Dictionary of the Old Testament: Pentateuch* (wie Anm. 207), 704.
211 Ebd.
212 A. Solschenizyn, „Men Have Forgotten God". Templeton Address, World Copyright © 1983. Hervorhebung hinzugefügt.
213 Ebd.
214 Ebd.
215 Mounce, *Mounce's Complete Expository Dictionary of Old and New Testament Words* (wie Anm. 44), 1218, 1222.
216 R. Stark, *The Victory of Reason: How Christianity Led to Freedom, Capitalism, and Western Success* (New York: Random House, 2005), 56.
217 Ebd., 55.
218 Die folgenden Ausführungen über die sieben grundlegenden Säulen einer vernünftigen Ökonomie sind eine Zusammenfassung von J. A. McCune, *The Economics of the Kingdom of God* (2011), Kindle Edition, Pos. 3172–3473.
219 Ebd., 3172.
220 Ebd., 3197–3200.
221 Ebd., 3217.
222 Ebd., 3234–3236.
223 Ebd., 3237–3239.
224 Ebd., 3368–3371.
225 Ebd., 3380–3387.
226 Ebd., 3356–3361.
227 J. Tàpies und M. Fernàndez, „Values and Longevity in Family Business: Evidence from a Cross-Cultural Analysis", Working Paper, WP-866 (IESE Business School, University of Navarra, July 2010), 4.
228 Ebd., 5.
229 Ebd., 7.
230 Ebd., 8.
231 Sider, *Der Weg durchs Nadelöhr* (wie Anm. 118), 87. (*Rich Christians*, 73.) Hervorhebung hinzugefügt.
232 Guptara, „The Global Culture of Debt" (wie Anm. 65); Hervorhebung in Zeile 1 nach *The Economic Pendulum*, weitere Hervorhebungen hinzugefügt.
233 Sider, *Der Weg durchs Nadelöhr* (wie Anm. 118), 88. (*Rich Christians*, 74).
234 D. Aikman, *Jesus in Beijing: How Christianity Is Transforming China and Changing the Global Balance of Power* (Washington: Regnery, 2003), 5.
235 Sider, *Rich Christians* (wie Anm. 118), 74.
236 Solschenizyn, „Men Have Forgotten God" (wie Anm. 212).

Was wurde aus der Kraft, die vor 2000 Jahren die ersten Christen auszeichnete? Peter Ischka wollte es wissen – und begab sich auf den Spuren von Paulus auf eine leidenschaftliche Suche nach der Kraft des Glaubens. Herrliche Panoramabilder begleiten den spannenden Text.

Geschichte und Gegenwart verschmelzen: Istanbul, Konstantinopel, die Höhlenkirchen der Kappadokier – und die apokalyptischen Orte. An der türkischen Südküste sollte Peter Ischka vieles selbst erleben, wovon in der Apostelgeschichte berichtet wird: Er bekommt den „Auftrag", einen wegen seiner Bekehrung Eingesperrten aus dem Gefängnis zu befreien. Lesen Sie, wie das Unmögliche geschah. Am Tag darauf: Kirschgroße Nierensteine verschwinden nach schlichtem Gebet. Muslime erleben Träume und Visionen von Jesus, sogar ein störrischer Esel wird von dieser Kraft berührt.

DIESES BUCH LIEST SICH WIE DIE FORTSETZUNG DER APOSTELGESCHICHTE

Leseprobe

Gebunden, 160 S.,17 x 26 cm, 80 Farb- und 34 SW-Bilder
Best.-Nr: 453.103.778 ISBN 978-3-944764-01-6

€ 17,95

http://shop.agentur-pji.com